本书是教育部人文社科青年基金项目《垃圾能源项目中邻避危机的法律治理研究》的最终成果，项目编号：15YJC820073。

本书是山东政法学院"新旧动能转换法治保障"研究团队和"三大攻坚战法治保障"研究团队成果。

垃圾能源项目中邻避危机的法律治理研究

LAJI NENGYUAN XIANGMU ZHONG LINBI WEIJI DE
FALÜ ZHILI YANJIU

于家富◎著

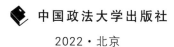

中国政法大学出版社

2022·北京

图书在版编目（CIP）数据

垃圾能源项目中邻避危机的法律治理研究/于家富著. —北京：中国政法大学出版社，2022.5
　ISBN 978-7-5764-0435-7

　Ⅰ. ①垃…　Ⅱ. ①于…　Ⅲ. ①垃圾处理－环境综合整治－环境保护法－研究－中国　Ⅳ. ①D922.684

　中国版本图书馆 CIP 数据核字 (2022) 第 082736 号

出 版 者　　中国政法大学出版社

地　　址　　北京市海淀区西土城路 25 号

邮寄地址　　北京 100088 信箱 8034 分箱　邮编 100088

网　　址　　http://www.cuplpress.com (网络实名：中国政法大学出版社)

电　　话　　010-58908586(编辑部) 58908334(邮购部)

编辑邮箱　　zhengfadch@126.com

承　　印　　固安华明印业有限公司

开　　本　　880mm×1230mm　　1/32

印　　张　　8.125

字　　数　　210 千字

版　　次　　2022 年 5 月第 1 版

印　　次　　2022 年 5 月第 1 次印刷

定　　价　　59.00 元

前 言
FOREWORD

近年来，随着我国城市化进程的加快，大中城市的垃圾日产生量是巨大的，相应地加快推进城市垃圾能源项目建设就成了一种必然，而当下在此类项目落地过程中多会引发邻避事件，这就使各地对破解垃圾能源项目中邻避危机的法律治理路径和方式方法有了现实需求。在我国，垃圾能源类邻避事件频发的原因是多方面的，既有当地居民对此类项目风险的担忧，也有项目选址不当给周边居民带来诸多不确定风险的影响，而且还往往夹杂着征地搬迁、房产价值贬值、相关补偿金难达成一致等利益冲突，如果当地政府的处置方式不当，很容易导致当地居民的焦虑和担忧不断发酵，再通过各类媒体的加速放大，最终可能导致大规模垃圾能源类邻避冲突的发生，社会影响比较大的，如 2009 年广州市番禺区垃圾焚烧发电厂邻避事件、2012 年广东省惠州市博罗垃圾焚烧发电厂邻避事件、2013 年广东省汕头市潮南垃圾焚烧厂邻避事件、2014 年杭州市九峰垃圾焚烧发电厂邻避事件、2016 年江西省赣州市王母渡垃圾焚烧厂邻避事件、2016 年湖北省仙桃市垃圾焚烧发电厂邻避事件、2018 年江西省九江市垃圾焚烧发电厂邻避事件等。这类邻避事件的发生，既考验着当地政府化解新型群体性事件的法律治理能力和治理水平，也在相关事件处置后为深入研究其破解之道提供了非常难得的课题研究现实素材。

总体上，本书是从五个层面予以分析和展开的。一是项目涉及的理论研究层面。具体在第一章分四节对此类项目建设涉及的相关背景、学界研究、必要性和可行性，分别进行了梳理和论证。二是项目涉及的法律实施制度层面。具体在第二章分九节对此类项目有关的垃圾分类与资源化回收制度、环境信息公开制度、环境公众参与制度、环境听证制度、环境行政应急处置、环境影响评价制度、社会稳定风险评估、环境司法裁判等法律实施情况进行了细致分析，并对此类项目建设未来进行专门立法进行了必要性分析。三是域内实证典型案例层面。具体在第三章分六节对两种惯用邻避应对模式、项目建设标准不高、实际操作程序不规范、利益补偿不到位、企业运营困难导致此类项目推进缓慢的多重成因进行了分析，并总结了我国垃圾能源类邻避项目推进中面临困境的经验和教训。四是域外实证典型案例层面。具体在第四章分两节对域外运用法律手段破解垃圾能源类邻避冲突的典型案例及其法律治理经验进行了系统分析和总结。五是我国未来推进此类项目的优化路径层面。具体在第五章分十四个小节，对相关立法、垃圾强制分类、资源回收与再利用、旅游项目建设、基本权利保障、升级技术标准、做好稳评和预警、丰富项目民主参与形式、投入资金与保障力量、加重行政处罚、严厉官员问责、规范民间组织发展、善用司法裁判机制、保障媒体监督权分别进行了专门分析，目的是加快提升我国应对垃圾能源项目邻避危机的法律治理经验与对策。

基于如上考虑，本书分五个部分进行研究分析：一是对垃圾能源项目遭遇邻避危机法律治理背景和研究现状的分析；二是从垃圾能源类环境邻避冲突视角看我国相关法律制度的实施情况；三是我国垃圾能源类邻避项目推进缓慢的多重成因及困境分析；四是系统总结域外典型国家和地区破解垃圾能源类邻避冲突的典型案例与法律治理经验；五是优化我国垃圾能源项目邻避危机法律治理的具体路径。

　　由于个人水平所限，本书的遗憾之处也是存在的，期待学界同仁多多批评指正，以便笔者以后继续提高对该领域的研究水平。

于家富

2021 年 11 月 22 日

目 录
CONTENTS

随着 2018 年"生态文明"入宪，我国经济在更加注重绿色循环、高质量发展的轨道上不断前行。人民生活水平不断提高，作为居民消费生活的伴生物——各类生活垃圾也给我们的生态环境和生活系统带来了很多烦恼。当今世界，先进的垃圾焚烧发电方式是世界各国采取比较多的一种垃圾处理方式。但是，此类垃圾能源项目的推进也同样给许多国家带来了新的烦恼，我国也不例外。2009 年广州市番禺区垃圾焚烧邻避事件，2018 年北京市海淀区宝山垃圾处理厂邻避事件等典型案例不仅考验着各级政府化解此类邻避冲突的法律治理能力，还对其推进重大公共项目的治理水平提出了更高要求。

与之相伴的是，经过对该领域十多年的研究与探索，学界对于邻避冲突的研究正逐渐深入，但主要还是对邻避冲突的整体性研究偏多，在垃圾能源类邻避事件的专门研究方面系统性的研究著作则不多。在已有的研究中，相关学者的关注点也各有侧重。总体上可分为两类：一是对环境邻避冲突内涵与动因的研究；二是针对环境邻避冲突解决路径上的探索。

目前，学界对于破解邻避冲突法治路径的研究涉及的不多。在目前能查到的文献里，只有寥寥几篇是从行政法角度予以研究的，而其他文献只是在路径探索部分略提了一些法治保障的内容。然而，处置邻避冲突过程中的诸多公私利益对抗，折射出传统治理模式和管理手段在解决此类问题上的弊端，所以必须加快对此类项目涉及的相关法律治理机制及多元权利救济途径等问题的精细研究。当前，学界就邻避冲突的类型化研究方面就更缺乏了，不同类型邻避设施在内涵、动因及解决路径等方面是需要不同应对策略的，故而推进这方面的类型化研究是具有重要现实意义的。

　　所以，加快对我国垃圾能源项目中邻避危机的法律治理经验及相关对策的研究是非常必要的，现实中也有这种迫切的需求。本书拟运用文献分析、规范分析、实证分析、比较研究和综合分析等研究方法，分别就我国垃圾能源项目推进过程中发生的诸多真实典型案例，从学界研究和相关法律制度实施层面梳理此类项目推进缓慢的诸多原因，并在系统总结中外破解此类项目法律治理经验的基础上，探讨优化我国垃圾能源项目邻避危机法律治理的具体路径，最终实现提高我国化解此类邻避冲突法律治理能力和治理水平的目标。

第一章

对垃圾能源项目遭遇邻避危机法律治理背景和研究现状的分析

第一节 垃圾能源项目遭遇邻避危机法律治理的背景分析

一、经济背景

（一）我国城乡垃圾数量的大幅增长与垃圾种类的增多

从经济角度看，中国垃圾焚烧发电厂的出现与国民经济发展有着深厚的关系。根据住房和城乡建设部发布的《中国城乡建设统计年鉴》，我国城镇化率由 2007 年的 46.35% 提升到 2016 年的 57.35%，这直接导致了我国城镇生活垃圾清运量由 2007 年的 15 215 万吨提升至了 2016 年的 20 362 万吨。[1] 同时，国民经济水平的发展、城乡居民消费观念的改变也直接导致了城乡居民人均垃圾产量的大幅增长，据中国城市环境卫生协会的统计报告显示，我国现阶段垃圾年产量为 10 亿吨，垃圾量年增速为 5% 至 8%。[2]

---

〔1〕 张井涛：“行业研报 | 垃圾焚烧发电行业仍处于上升期”，载北极星固废网，https://huanbao.bjx.com.cn/news/20190604/984176.shtml，2021 年 10 月 4 日访问。

〔2〕 李惠钰：“给垃圾焚烧发电戴上‘紧箍咒’ 垃圾焚烧发电行业能否获得民心？”，载北极星电力新闻网，https://news.bjx.com.cn/html/20190429/977823.shtml，2021 年 10 月 27 日访问。

除大幅增长的城乡居民生活垃圾外，经济高速发展背景下各行各业的发展也使得工业固体垃圾与化学品危险废物等数量大幅增长。一方面是高速增长的垃圾供应量，另一方面是垃圾种类的增多，这对我国的垃圾处理容量与质量都提出了巨大的现实挑战。

（二）城乡地价的不断攀升

近年来垃圾焚烧邻避事件的多发也与我国地价的攀升有关。一方面，土地属于不可再生资源，具有有限性，伴随人口（尤其是城镇人口）的增长，城市用地紧张情况日益加剧；另一方面，伴随着我国土地管理政策的变化，土地使用权可以入市，而城乡土地征收、土地征用补偿机制也日益完善，不论是在城镇还是乡村，土地所能带来的财产利益都日益增多；此外，在经济发展背景下，城乡公共设施配套日益健全，这也在无形中提升了许多地区土地的价值。在诸多因素叠加下，本身就价值高昂的土地在市场经济规律作用下，价格更是不断攀升。这也就导致传统的垃圾填埋处理方式由于占地面积大，且容易产生各种有害滤液已经不能适应社会发展需要。而垃圾焚烧发电项目从理论上讲，耗费的土地资源更少、项目产生的附加值多且有益于环保，目前已经成为传统垃圾填埋处理方式的现实替代选择。

（三）政府对垃圾焚烧发电项目的高额补贴激励

由于政府对垃圾焚烧发电项目的大力支持，参与该项目的企业一般能从中获得高额的上网电价收入与垃圾处理费用补贴，不管是从政府的环保意愿还是企业逐利的角度考虑，垃圾焚烧发电都逐渐成为我国垃圾无害化处理的首要选择，这一点从《"十三五"全国城镇生活垃圾无害化处理设施建设规划》的"主要目标"中提出的，到2020年底部分先进地区原生垃圾"零填埋"就可以窥见。在此背景下，我国各地垃圾焚烧项目纷纷加快上马，这也导致随之而来的垃圾焚烧邻避冲突事件的增多。

二、社会发展背景

垃圾能源发电项目属于污染类邻避项目，普通民众对其有抵触情绪不难理解。但从域外经验与我国的实践看，此类项目仅存在环境污染的可能性，并不必然会向大气排放二噁英等危险物质，也不必然会带来其他严重危害。因此，为何垃圾焚烧发电项目在选址确定或项目建设初期就遭遇邻避危机，为何邻避冲突会演化为群体性事件是值得我们反思的。由于个体对风险的感知由认知维度与情感维度两方面综合形成，认知维度是由理性推导形成的判断，与个体的经验和知识相关；情感维度则更为感性，与个体的心理状态与情绪相关。[1]因而，从风险感知层面讲，城乡居民受教育水平的提升、公民权利意识的勃兴，以及信息传播速度的加快等社会发展因素是此类邻避冲突出现的重要原因。

由于个体受教育程度与风险感知能力呈正相关，故在义务教育全面普及，高等教育普及率大幅提升的背景下，我国绝大多数普通民众的风险意识会更为强烈。例如，基于对垃圾焚烧发电项目的简单了解，民众会担心垃圾焚烧炉内的温度不能持续保持在 850 度以上，从而导致炉内垃圾不能完全燃烧，以至于垃圾无害化处理不能实现。同时，由于垃圾焚烧发电项目中的风险判断需要大量的专业知识，普通民众对该类项目的观点往往要依赖专家的判断。而在科学研究中，专家间常常会存在不同的意见分歧，例如，赵章元教授就持坚定的"反焚烧"观

---

〔1〕 黄震、张桂蓉："居民对垃圾焚烧发电项目风险感知的影响因素研究——基于 H 省 J 市垃圾焚烧发电项目的实证分析"，载《行政论坛》2019 年第 1 期。

点。学术界的百家争鸣本属正常现象，但为了追求所谓的轰动效应，媒体会更热衷于宣传负面新闻或营造恐怖氛围，在信息技术的加持下，反对垃圾焚烧的声音传播范围会更广，如垃圾焚烧因不利于环保已被发达国家淘汰的这种观点就获得了众多拥趸。

一方面，普通民众对垃圾焚烧项目给予了诸多关切；另一方面，垃圾焚烧项目所蕴含的风险难以依靠个体自身的认知水平被准确感知。由于项目本身的专业性，少数专家垄断了判断垃圾焚烧项目利弊的权力，但在专家与民众存在知识鸿沟且立场不同的情况下，由于项目建设关系着普通民众最为看重的生命权、健康权和财产权等利益，民众并不容易像以往一样迷信多数专家的意见，而少数学者持有的"反焚说"契合了民众"宁可信危险有，不可信危险无"的心态，民众会认为反对垃圾焚烧发电项目建设会更安全稳妥。

当然，在民众对垃圾焚烧项目已有负面、刻板印象的前提下，如果政府能够在论证项目建设合法性、合理性与可行性的初期，就严格按照法律的规定主动、切实地保障普通民众的参与权，主动公开项目建设相关信息，及时回应民众的关切与质疑，保障公民的环境知情权、参与权、监督权等基本权利，积极构建此类新型邻避冲突的协商治理模式，那么绝大部分冲突也能得到快速化解。但在公民权利意识勃兴的背景下，一些地方政府并未能主动保障公民的知情权、参与权等权利，政府的封闭决策与刚性治理更易招致权利意识已经觉醒的人们的反抗。

三、公众心理背景

正如学者所言，公众心理是邻避抗争出现的内部诱因。[1]

---

〔1〕 黄震、张桂蓉："居民对垃圾焚烧发电项目风险感知的影响因素研究——基于 H 省 J 市垃圾焚烧发电项目的实证分析"，载《行政论坛》2019 年第 1 期。

故对邻避危机的治理也需考虑公众的心理背景。正如本书前面"社会发展背景"部分分析的那样，专家意见与科学理性已经不能再统治公众对邻避风险的认知。[1] 由于民众本身更偏向"反焚烧"的观点，因而在对海量信息进行选择时，民众就会倾向于聆听与其内心真意相一致的反垃圾焚烧的声音，在群体极化效应影响下，反对垃圾焚烧的意愿也更加坚定。

由于反焚烧冲突常常以群体性事件形式表现出来，且由于个体对垃圾焚烧项目的反对常常是一种非理性的表达，且在群体中，本能的、感性的情绪感染力非常强。因此，在群体性事件中，理智的声音常常被吞没，个体意见逐渐趋同并在偏执与专横的道路上一去不复返。[2] 这极易导致个人受群体的狂热情绪影响而丧失独立思考、理性思辨的能力，群体对垃圾焚烧项目的反对常常演化为群体的不理性，而这种群体参与失序情况下的反对意见自然难以反映民众的心声。

同时，由于垃圾焚烧设施是一种典型的公共基础设施，这种设施的建设可以提高设施辐射区域内的环境卫生水平，对整个辐射区域的居民而言具有正外部性。但是，对于垃圾焚烧设施选址周围的居民而言，其负外部性则更为明显，因而，设施若被建成则意味着设施周围的居民作出了"牺牲"。这种牺牲少数人利益以维护更多人环境利益的做法，实质上并不符合大众对环境正义与人性公平的追求，若当地政府对这些作出"牺牲"的人给予了充足的利益补偿，这种不公平感会减弱；而在利益

---

〔1〕 张紧跟："邻避冲突何以协商治理：以杭州九峰垃圾焚烧发电项目为例"，载《行政论坛》2018 年第 4 期。

〔2〕 李修棋："为权利而斗争：环境群体性事件的多视角解读"，载《江西社会科学》2013 年第 11 期。

补偿不到位的情况下，这种不公平感则会加剧，该种心理失衡极易诱发和加剧此类邻避冲突。

由于实践中绝大部分垃圾焚烧厂的位置并不位于城市的中心地带，实际选址与政府就该项目选址时的决策者位置较远、而与部分生活小区的位置较近，因而，在了解到一些发达国家或者我国部分先进地区（如海口市）垃圾焚烧厂与政府间的距离，不得远于垃圾焚烧厂距生活小区的距离相关规定后，民众对垃圾焚烧项目选址的质疑心理会进一步加剧。[1]此外，由于垃圾能源项目常常是"一建就反，一反就停"，从政府角度看是在维护稳定压力下的无奈妥协，但这种妥协会在普通民众心中留下当地政府垃圾焚烧项目选址决策本就失当的不良印象，在此种大众心理下，民众在一次邻避冲突中的胜利极有可能为下次的邻避事件"吹响冲锋的号角"。

四、政府惯性思维背景

我国垃圾焚烧发电厂在"十一五"期间及之后大量出现，随之而来的邻避事件也不断出现，这些邻避冲突反映了民众对当地政府决策能力的质疑，而这些问题不少是由当地政府的惯性思维导致的。

实践与研究已经表明，民众的反垃圾焚烧情绪很大程度上来源于民众对二噁英的恐惧，而消除恐惧是政府与企业应当共同承担的责任，例如，法国、英国、德国政府对垃圾焚烧项目利弊进行了长期的科学研究，有些研究甚至达 30 多年，这些研

---

〔1〕 生态环境部环境与经济政策研究中心："怎样防范邻避类项目环境社会风险？这 6 招要用好！"，载中国固废网，https://www.solidwaste.com.cn/news/292573.html，2021 年 9 月 9 日访问。

究成果推动了当地民众对垃圾焚烧项目的支持。[1]因此，在垃圾能源发电项目建设中，作为项目倡导者的当地政府应当对垃圾焚烧有深刻的认识，而在其自身对垃圾焚烧有了全面了解的基础上，政府应努力增强与当地公众的沟通力度频度、主动保障民众的知情权、参与权等，这样就可以有效提升民众对垃圾焚烧项目的信任度，从而消弭冲突发生的可能性。

　　然而，现实中有些政府的表现却并不如设想中的那般让人满意。以杭州市九峰垃圾焚烧厂邻避事件为例，2014年5月10日，有5000多名群众针对焚烧厂的选址走上余杭街头、省道、杭徽高速抗议，抗议过程中因群众与特警发生冲突，造成了多人受伤，该事件在国内外引起了强烈反响。而该事件之所以引起当地群众如此大的反应，重要原因在于2014年3月29日杭州市政府公示九峰垃圾焚烧厂规划选址之后，至4月22日浙江省住房和城乡建设厅对九峰垃圾焚烧厂项目进行审批前公示期间，政府相关单位并未对项目选址及项目建设的其他具体情况进行公众调查、公示听证，环评信息亦缺乏。并且，政府选择的项目建设单位即一家市属国企的专业资质亦有所欠缺，政府在该事件中忽视公众参与的做法加深了本就对垃圾焚烧项目持反对态度的民众的疑虑。[2]事实上，杭州市九峰垃圾焚烧厂邻避事件并不是第一次发生，相似的情形在广州市番禺区垃圾焚烧厂邻避事件中就已经上演过，2009年11月，番禺居民就曾经针对两个月前公布的番禺将要兴建大型垃圾焚烧发电厂的决策发起了一场无组织但有序的大型街头抗议，而这场抗议的导火索也

---

　　[1]　"垃圾焚烧发电海外经验：在曲折中发展"，载北极星电力新闻网，https://news.bjx.com.cn/html/20131107/470820.shtml，2021年9月26日访问。
　　[2]　张紧跟："邻避冲突何以协商治理：以杭州九峰垃圾焚烧发电项目为例"，载《行政论坛》2018年第4期。

是政府对事实上在 2006 年已经作出的项目选址未进行公众调查。[1]也是在 2009 年，北京市也发生了针对阿苏卫垃圾焚烧厂的反建事件，此次事件爆发的原因同样是政府对项目选址的公众调查不足、环评沦为走过场，并且在 2014 年发生的针对该项目再一次的反建浪潮中，民众与非政府组织（NGO）还质疑环评报告造假。[2]

从以上事件不难看出，在垃圾焚烧项目中，我国一些地方政府常常与涉事企业站在"同一战线"，而民众参与决策不足，政府与民众间缺乏协商机制，为了维护稳定，这些政府更愿意采用封闭决策的方式，而在民众对项目建设出现抵抗情绪乃至进行抗议时，当地政府则倾向于动用行政手段解决，若行政手段不奏效，才会与抗议民众进行协商对话，甚至最终作出项目停建的妥协。同时，民众在抗议中反映的政府在项目建设前期民意调查工作不到位、中期过程跟进缺乏与建设完成后的后期监管缺乏，反映出了一些地方政府的"重结果，轻过程"的思维。此外，垃圾焚烧发电项目服务范围早在项目开建时就已经确定，非经政府批准不能更改这一弊端也反映出了长期存在的行政壁垒难以打破，不同地域行政权力相互戒备的惯性思维仍然存在。[3]种种现象表明，要减少此类邻避事件的发生，一些地方政府还有很长的路要走。

---

〔1〕 张紧跟："地方政府邻避冲突协商治理创新扩散研究"，载《北京行政学院学报》2019 年第 5 期。

〔2〕 谭爽、胡象明："中国大型工程社会稳定风险治理悖论及其生成机理——基于对 B 市 A 垃圾焚烧厂反建事件的扎根分析"，载《甘肃行政学院学报》2015 年第 6 期。

〔3〕 邬慧颖："垃圾焚烧发电厂为何'吃不饱'"，载《瞭望》2019 年第 46 期。

五、生态文明建设背景

党的十八大以来，大力推进生态文明建设被提上了我国政府的日程，十八大报告中提出的全面建成小康社会目标中就明确指出，我国的经济发展要增强平衡性、协调性与可持续性，我国要建设资源节约型与环境友好型社会。而在党的十九大报告中，这方面则被赋予浓墨重彩的创新、协调、绿色、开放、共享的新发展理念，党对人与自然和谐共生的坚持莫不昭示着我国政府长期以来对绿水青山的不懈追求。

在国家环境政策的推动下，各地政府逐渐改变了之前仅注重经济发展而忽视生态健康的发展理念，垃圾的减量化、无害化与资源化处理自然也被提上了议事日程。这些改变从《"十三五"全国城镇生活垃圾无害化处理设施建设规划》提出的"全国规划新增生活垃圾无害化处理能力 50.97 万吨/日（包含'十二五'续建 12.9 万吨/日），设市城市生活垃圾焚烧处理能力占无害化处理总能力的比例达到 50%，东部地区达到 60%"中可窥见端倪。与此同时，为了建设美丽乡村，农村的村容治理也得到了我国社会各界的大力关注，尤其是在 2018 年 2 月，中共中央办公厅、国务院办公厅发布《农村人居环境整治三年行动方案》之后，农村垃圾的无害化处理受到了广泛关注，这使得在 2017 年至今的邻避问题治理转型阶段，我国农村地区的邻避问题也呈现加剧发展的趋势。

在此背景下，我国政府对垃圾焚烧发电项目这一垃圾无害化处理手段进行了大力的宣传，并大力治理以及淘汰了许多垃圾填埋处理点，垃圾填埋处理方式在垃圾处理方式中的重要性被削弱，在大量的政策优惠与财政补贴下，垃圾焚烧发电厂如雨后春笋般涌现。值得注意的是，在垃圾焚烧发电项目落地过程中，出于环保政绩及维护稳定等因素的考虑，政府为了加快垃圾焚烧发电项目上马，常常为项目中的企业提供便利。而对于持抵触情绪的民众则缺乏沟通与疏导，仅停留在"民心工程"与"依法行政"的宣传层面，缺少有效的公众参与方式，从而在有些地方激化了矛盾。[1]

第二节　目前学界对运用法律手段破解垃圾能源类环境邻避冲突的研究分析

一、主要学者

学界对于环境邻避冲突的研究这几年正在逐渐深入，但主要都是关于邻避冲突的整体性研究，在垃圾能源类环境邻避冲突方面的专门研究则较少。在已有文献中，相关学者的研究也各有侧重，总体而言学者分为两类：一是对环境邻避冲突的内涵与动因展开研究的学者，这类学者侧重从社会学角度进行总体研究；二是针对环境邻避冲突解决路径进行探索的学者，他们的研究路径有社会治理模式的，也有法治治理模式的。

（一）研究环境邻避冲突的内涵与动机的学者

第一，以风险社会论为主要观点的学者有李德营、严燕。前者认为，随着公民意识觉醒，国内城市的邻避运动目前已经呈现出风险预防的趋势，邻避设施正在逐步向农村地区移转。[2]后者认为，目前国内邻避风险以现实风险与潜在风险为代表，因此有必要充分发挥多元主体的作用，创建出多元主体互动、共

---

〔1〕张紧跟："邻避冲突何以协商治理：以杭州九峰垃圾焚烧发电项目为例"，载《行政论坛》2018年第4期。

〔2〕李德营："邻避冲突与中国的环境矛盾——基于对环境矛盾产生根源及城乡差异的分析"，载《南京农业大学学报（社会科学版）》2015年第1期。

同参与公共事务管理的协同治理模式，以此来降低风险的发生概率。[1]

第二，以社会运动论为核心的学者主要有崔晶、石发勇和冯仕政。崔晶认为，邻避运动表现出的"次政治"性以及其新社会下产物的特征，使得其需要民众和地方政府共同发力，打造一种长效沟通机制并以此作为促进邻避冲突解决的有效路径。[2]石发勇通过案例佐证，认为关系网络对城市基层社会运动发生及结果有着深刻影响。[3]冯仕政的研究结果表明，公众展开邻避运动的概率与其自身经济社会地位呈正相关。[4]

第三，以公民权利论为中心的学者主要有郭小平、郭巍青、张文龙、黄岩、陈宝胜等。郭小平提出，邻避运动的解决核心在于保障公民的环境权利，而其途径则是要建构多元协商机制、保障公民的参与权。[5]郭巍青等人认为，公民能力的有效提升以及中国公民社会的成长对邻避冲突的解决有所裨益。[6]张文龙认为，政企、政社关系的脱节以及社企关系错位导致的企业责任感缺失共同导致了中国的邻避危机，而解决的核心在于将保障公民权利落实到位。黄岩提出，邻避运动的法律治理路径

---

〔1〕 严燕、刘祖云："风险社会理论范式下中国'环境冲突'问题及其协同治理"，载《南京师大学报（社会科学版）》2014年第3期。

〔2〕 崔晶："中国城市化进程中的邻避抗争：公民在区域治理中的集体行动与社会学习"，载《经济社会体制比较》2013年第3期。

〔3〕 石发勇："关系网络与当代中国基层社会运动——以一个街区环保运动个案为例"，载《学海》2005年第3期。

〔4〕 冯仕政："沉默的大多数：差序格局与环境抗争"，载《中国人民大学学报》2007年第1期。

〔5〕 郭小平："'邻避冲突'中的新媒体、公民记者与环境公民社会的'善治'"，载《国际新闻界》2013年第5期。

〔6〕 郭巍青、陈晓运："垃圾处理政策与公民创议运动"，载《中山大学学报（社会科学版）》2011年第4期。

在于构建多元协商机制和民主机制以及利益补偿机制。[1]陈宝胜则提出，要强调政府的引导功能和指导作用，充分保障公民的知情权。[2]

第四，秉持环境正义论的学者主要有何艳玲、华启和、王彩波和彭春翎。何艳玲是我国早期即开始关注邻避冲突的学者，她提出要以环境正义为原则，保障各个阶层群体对于环境资源的平等享用权，以此来降低邻避设施给社会弱者带来的潜在危害。[3]华启和认为，环境正义理念的缺失是导致邻避运动利益冲突和信息冲突产生的主因。[4]王彩波认为，邻避运动呈现出极大的不平等性特征是对环境正义理论的巨大挑战。[5]在环境正义的视角下，彭春翎致力于探寻邻避冲突产生的根源，并在合理界定利益与需求、权利与义务关系的基础上，重点考察公平正义对于环境道德的影响。

第五，秉持网络与媒体动员论的学者有童志锋、黄晗等。童志锋认为，社交媒体的兴起为邻避运动社会动员提供了便利条件。[6]黄晗认为，新媒体为邻避运动提供了新的媒介平台和资源。[7]朱清海和宋海涛将环境正义作为评价标准，强调邻避

---

〔1〕 黄岩、文锦："邻避设施与邻避运动"，载《城市问题》2010 年第 12 期。

〔2〕 陈宝胜："邻比冲突治理若干基本问题：多维视阈的解读"，载《学海》2015 年第 2 期。

〔3〕 何艳玲："'邻避冲突'及其解决：基于一次城市集体抗争的分析"，载《公共管理研究》2006 年第 0 期。

〔4〕 华启和："邻避冲突的环境正义考量"，载《中州学刊》2014 年第 10 期。

〔5〕 王彩波、张磊："试析邻避冲突对政府的挑战——以环境正义为视角的分析"，载《社会科学战线》2012 年第 8 期。

〔6〕 童志锋："动员结构与农村集体行动的生成"，载《理论月刊》2012 年第 5 期。

〔7〕 黄晗："网络赋权与公民环境行动——以 PM2.5 公民环境异议为例"，载《学习与探索》2014 年第 4 期。

冲突的解决取决于环境信息披露和公民参与、利益补偿以及社区回馈等机制。

（二）专注于研究邻避危机对策分析的学者

第一，社会学治理思路的学者。何艳玲通过实例分析的方法探寻出路：首先政府在解决纠纷时要秉持中立态度，同时保持与民众对话机制的畅通，其次要建立相应的边缘机构机制。汤仁浩认为，要以民主政治方式解决此类问题，注重邻避设施负面效应的解决，健全利益补偿机制。张向和、彭绪亚提出，政府决策时要考虑各阶层的合理诉求，同时要辅设损害赔偿机制。[1]陈澄建议，要建立自上而下的统一标准，同时完善相应的专家评估机制、居民参与机制和环境利益补偿机制。张冰和侯天媛则提出了温和型治理模式，注重政府的引领和引导作用。乔艳洁、曹婷和唐华认为，解决邻避问题的核心在于提高公民的参与度。陶鹏提出邻避冲突事件的治理框架，并根据不同的治理阶段构建了相应的配套机制。史杰则以多元模式为核心，提出要构建多中心的共同行动体系，实现多元主体间的利益衡平。张婧飞则提出了"参与–回应型"社会治理模式，强调完善公民参与机制。

第二，法学治理思路的学者。李巍从行政法视角着手，提出一方面要健全参与机制，构建协商参与的行政治理模式，另一方面也要完善相应问责机制，建立行政公益诉讼制度，程序与实体并重，共同解决邻避冲突难题。张文龙认为，此类问题的治理在于法律转型，重点在于构建精细化的法律治理体系以

---

〔1〕　张向和、彭绪亚："垃圾处理设施的邻避特征及其社会冲突的解决机制"，载《求实》2010年第S2期。

充分回应公民的权利诉求。[1]郑卫则更倾向以程序手段来解决邻避冲突问题，在具体进行邻避设施规划的过程中，要将公共利益的界定作为前提，将利益保护作为关键环节，而程序公正则作为保障。任峰等人提出，从风险沟通机制、公民参与机制以及新型社会治理模式三方面共同入手来解决邻避冲突。

二、学界对垃圾能源类环境邻避冲突的理解和认识

我国学者对于邻避冲突的研究开始时间相对较晚，笔者在中国知网的检索结果显示，国内最早有关"邻避"的文献是2006年出现的。目前在邻避冲突的相关文献里，直接关于垃圾能源类环境邻避冲突治理的文献寥寥无几，故我们只能试图从环境邻避冲突角度着手进行尽可能全面的分析，以期探索出符合我国国情的破解垃圾能源类环境邻避冲突的相关解决路径。

（一）环境邻避冲突内涵的研究

邻避，即英文中的"Not In My Back Yard"或"NIMBY"。美国学者奥·黑尔（O'Hare）最先提出这一概念，他提出，邻避是指那些对周边居民具有潜在环境风险性或环境负外部性的公共设施，而此种设施同时也会带来公共利益。简言之，邻避即为同时存在正、负外部效应的设施，然则全社会共享正外部效益，但负效应却只由周边居民负担，亦即存在严重的"搭便车"现象。学界通说认为，邻避设施催生邻避运动。在此基础上，何艳玲提出邻避设施就是指那些存在潜在污染威胁的设施。[2]管荟璇将邻避设施分为能源类、废弃物类以及社会类三种，并

---

〔1〕 张文龙："中国式邻避困局的解决之道：基于法律供给侧视角"，载《法律科学（西北政法大学学报）》2017年第2期。

〔2〕 何艳玲："'邻避冲突'及其解决：基于一次城市集体抗争的分析"，载《公共管理研究》2006年第0期。

列举了其具体类型：发电厂、垃圾焚烧厂、火葬场、变电站、核电项目、高压线、化工厂等。樊良树认为，精神病院、屠宰场以及监狱也属于邻避设施，因为邻避设施具有传导效应，可能导致空气污染、噪音污染以及心理紧张，故而会使当地居民利益受到潜在威胁，于是在公共利益与个人利益的博弈过程中就产生了邻避运动。王佃利认为，邻避运动是指居民为避免将邻避设施兴建在自家附近而进行的集体性活动。高新宇则将前述活动的目的扩大为维护自身权益，对象扩大为有环境污染和环境风险的项目。李佩菊归纳出邻避运动的本质：在本地居民不知情的情况下，某一存在环境污染的项目突然开始推进，之后被曝光，激起民众的愤慨之情继而引发运动，该运动在媒体的发酵和民间环保组织的推动下不断扩大影响力，从而给当地政府施加压力以叫停项目或者项目迁移。

邻避运动可以分为不同的类别。童志锋以运动发生与否为标准，将其分为事前预防型邻避运动与事后追究型邻避运动。[1]张乐、童星以"预期损失——不确定性"的分析框架为标准，将其分为污染类、风险集聚类、心里不悦类以及污名化类这四种。[2]陈涛以运动主体的特征为标准，将其分为个体抗争和集体运动。还有学者以运动的激烈程度，将其分为温和型与激进型。

对于邻避运动冲突的进程，黄馨瑶提出可以将其分为四个阶段。第一阶段，萌芽，即将公众排除在外的项目筹备。具体到项目中，即为项目的筹备过程，包括项目的招标、选址、审批等，由于这一阶段公众完全不知情，故而为邻避冲突埋下隐

〔1〕　童志锋："历程与特点：社会转型期下的环境抗争研究"，载《甘肃理论学刊》2008年第6期。

〔2〕　张乐、童星："'邻避'行动的社会生成机制"，载《江苏行政学院学报》2013年第1期。

患。第二阶段，预热，即舆论发酵。项目建设之初，刚知道项目情况的公众很可能会被一条导火索而引燃，随时准备聚集起来进行维权。例如，厦门市的 PX 项目推进之初，市民相继收到了以 PX 项目的潜在危害为内容的短信，之后事件不断发酵，网络上民声鼎沸。第三阶段，爆发，即大规模的游行或者静坐。具言之，就是在当地政府的不作为或者作为效果不佳的情况下，公众进行自发运动以维权的阶段。由于群体素质差异以及组织的低强制力，通常会使得群体行动由最开始的理性推进演变为后期的非理性抗争。第四阶段，消退，即冲突解决阶段。通常是在爆发阶段之后，政府进行有效的信息公示以及多渠道和民众沟通，最终得出具有可接受性的解决方案，多为项目停止、项目迁移或者增加利益补偿。

（二）环境邻避冲突的动因

第一，邻避设施本身的负外部性是环境邻避冲突产生的客观因素。邻避设施可能会对周边群众身体健康、环境质量以及资产价值产生潜在的负面影响。以垃圾焚烧厂为例，一方面，垃圾焚烧所带来的排放物可能会影响当地空气质量，从而影响周边群众身体健康；另一方面，由于公众对此类工厂的天然排斥和对负面效应的主动远离，可能会压低本地区的房价，同时也会影响周边基础设施服务经营商的进入。

第二，公民环保意识觉醒成为环境邻避冲突产生的主观前提。高新宇在《"中国式"邻避运动：一项文献研究》中[1]提到了这一点。他认为，公民环境意识构成了民间环保力量形成和发展的重要前提，伴随着环保知识的普及和公民权利意识的觉醒，公众的环保热情空前高涨。而邻避设施存在的负外部效

---

〔1〕 高新宇："'中国式'邻避运动：一项文献研究"，载《南京工业大学学报（社会科学版）》2015 年第 4 期。

应，可能影响设施投放地居民的利益，然则邻避设施所带来的正效益却使得公众普遍受益，即大部分群体存在"搭便车"现象，如此一来，更激起了设施影响地居民的维权热情。

第三，信息不对称与风险规避心理的双重作用激发了公众对当地政府的不信任感。邻避冲突一般涉及三方主体：政府、项目开发方（即企业）、设施投放地群众（受影响群众）。在三方主体中，与项目建设相关的内容始终掌握在当地政府以及开发方手中，鲜少会将其公示给民众，尤其是项目相关的风险信息与应对机制。与此同时，民众受制于专业素质，一定程度上会放大项目本身的风险，进一步加深了其对项目的不信任感。同时，民众为了最大程度地规避这种风险，即会选择奋起维权。

第四，民间环保组织不断壮大成为环境邻避冲突产生的重要基础。高新宇提出，随着环保意识的觉醒，民间组织不断发展，数量和规模都在不断扩大，环保组织通过自身的影响力与号召力参与到环境抗争运动中来，进一步推动了环境邻避冲突的产生与发展。

第五，互联网技术的发展为环境邻避冲突提供了新的媒介平台。公民意识觉醒之余，公众需要一个利益表达机制，而互联网平台的简单操作性、即时性及覆盖面大的特点，使得其成为公众表达利益诉求的重要途径，微信、QQ、贴吧、微博等在内的媒体全都成了邻避危机的信息媒介平台。

第六，经济利益冲突是邻避冲突产生的又一诱因。一方面，邻避设施项目可能是政策性行为，故而可能存在私人利益争端；另一方面，邻避设施会对周边既存业态产生潜在威胁，故而会引发新的矛盾冲突。

第七，政府维护稳定的方式给了民众心理支撑。邻避冲突是群体性事件，行动过程中可能会产生非理性行为，从而造成较大的负面影响，导致事态升级而难以掌控。故而政府在解决此类问题时通常会选择"息事宁人"的态度，直接以叫停或者迁移的方式回应群众要求，给人造成"一闹就停"的社会印象。

同时，也有学者认为，外来政治干预以及基层政府权威的削弱，以及开放的司法体制也是激发邻避运动的因素。总体而言，导致邻避冲突产生的原因是多方面的，故而在解决机制的构建上也要从多角度入手，建立有针对性的法治化应对机制。

（三）我国环境邻避冲突的特点

第一，冲突所涉及的范围较窄。目前我国的邻避冲突基本上围绕常规性邻避设施，例如，变电站、垃圾焚烧厂、大型石化项目等，而对于特殊邻避设施的关注度则较低，例如，殡仪馆、精神病院、监狱等。

第二，群体理性程度较低。我国的邻避运动大多开始于个体理性维权，终结于大规模群体非理性抗争。究其原因，主要是我国的邻避设施基本都放在乡村或者城市偏远地区，受影响群体的素质参差不齐，知识宣传不到位，加之群体性心理的推波助澜，最终演化成为群体性抗争。

第三，行动目的简单。我国邻避运动的利益诉求基本是项目停建或项目迁移，或者进行足够的经济补偿。只要目的达成，运动便会很快结束。以宁波市的"反 PX 运动"为例，政府宣布项目取消之后，爆发了六天的运动迅速结束。

第四，最终结果基本是民众胜利。由于此类群体性事件波及范围较广、社会关注度较高，当地政府多会采取息事宁人态度，紧急叫停项目或者是要求项目迁建，从而解决争端。例如，厦门市的 PX 项目、广州市番禺区的垃圾焚烧发电项目、江苏省启东市的王子制纸排海工程项目，以及广东省江门市的核燃料产业园项目等。

（四）环境邻避冲突的负面效应

第一，减损了当地政府的公信力。前面已经提到，政府多会采取叫停项目或者项目迁移的方式来解决争端，此举在造成巨大经济损失的同时也会减损当地政府的公信力。项目实施前已经进行了诸多环节，无论是从招投标还是项目评估、项目选址，都经过了一系列程序，不仅耗时而且也会投入巨大成本，而最终结果不仅会让之前的投入成本化为乌有，也会减损当地政府在群众中的公信力。

第二，环境邻避冲突会制约我国的经济发展和产业升级。现有的邻避项目大都是我国工业化进程中的重要环节，对于解决我国的能源问题大有裨益。例如，核电项目、垃圾能源发电项目等，都可以在一定程度上缓解我国的能源短缺局面，而且可以实现资源的有效利用，同时还可以进一步扩大对清洁能源的使用范围。

第三，易造成大规模冲突。邻避冲突多为群体性事件，参与人数多、规模大、方式简单，多为静坐或者游行，但是由于其群体素质各异且组织纪律性欠缺，故而其可能会造成负面的社会影响，例如，可能在执法过程中造成激烈冲突，从而导致大规模的群体抗争，进而影响当地社会稳定。简言之，环境邻避冲突如果处置不当，可能会失控进而转变成为部分地区民众的严重暴力犯罪行为。

（五）环境邻避冲突的困境

第一，项目规划的科学性不够。邻避设施存在负外部性，故而项目本身的风险性以及项目选址、操作手段等都需要严格的测评。但是现行体制下，并没有对这些问题进行有效的及时回应。项目潜在的负面影响以及项目的风险预警方案，甚至项目选址的合理性等都缺少科学评估，以至于群体冲突爆发时，项目建设方和政府都处于被动的局面。

第二，信息不对称问题突出。信息不对称，原指与交易有关的信息掌握在交易一方主体手中，而此处所指的信息不对称，是指与项目风险相关的情况掌握在政府以及项目建设企业手中。在传统的政府管理模式下，政府无需进行充分的信息公示，只需要履行完毕政府内部程序即可将项目推进。但是，在公民意识不断觉醒的当下，在公众对邻避设施带来的负外部效应产生恐慌心理的情况下，政府必须要给予公众充分的知情权、参与权保障，才能得到当地群众的谅解与支持。然而，由于现行项目信息公示的不充分以及知识科普程度不够，导致民众对于风险的忧虑被过分放大，从而激化其反抗情绪最终导致邻避冲突。

第三，公众利益表达机制不完备。利益表达机制不完备即公众没有合法正当途径去表达自己的合理权利诉求，进而无法与企业以及当地政府进行有效沟通。加之信息不对称下邻避设施负外部效应所带来的风险迫在眉睫，使得公众只能选择自发组织群体性活动方式来为自身维权。

第四，政府治理能力的不足。在推进和谐社会建设过程中，对于此类大规模的群体性事件，当地政府出于避免事态扩大的心理，一般会选择支持民众，从而得到短时间内息事宁人的效果。基于此，公共利益与私人利益博弈的结果则从效益考量转变为民意考量。

（六）环境邻避冲突的解决路径

1. 域外国家的解决路径

第一，新加坡。其一，完善的事前评估程序。对邻避项目的严格把控，力求实现科学选址，同时对类似 PX 项目进行风险评估。其二，健全的公众参与机制。加强信息公开力度的同时，还组织公民进行内部参观，确保主体之间良性的沟通状态。其三，健全附近公共基础设施。即建立实物补偿机制，以无负外部效应的公共基础设施的投放来补偿周边民众由于邻避设施而遭受的损失，例如，医疗机构、公园、健身房等。

第二，英国。其一，完备的立法体系。英国建立了以《公共卫生法》为基础，相关法规为辅助的全方位立法体系，实现了责任主体权利义务的法定化。其二，完善的公众参与机制。充分听取公众意见并进行针对性回应，消除民众的忧虑心理。其三，有观赏性的外形设计。赋予邻避设施以美感，体现出对当地民众的尊重。其四，激励机制与补偿机制。激励机制是为附近民众提供就业机会和培训计划等，而补偿机制则是对民众的实物或者金钱补偿。

第三，法国。法国的邻避项目主要是针对核能的，故而其经验也是与核能相关，具体有两点值得借鉴：其一，透明的信息机制。在《核电安全与信息透明法令》中明确核信息透明，要求核电站要切实履行公示义务和说明报告义务。其二，人身保障机制。政府为核电站10公里以内的群众提供免费的碘片，以保护民众甲状腺免受放射性碘的侵害。

第四，日本。其一，建立了完备的垃圾分类回收立法体系。该体系结构层次分明：以《环境基本法》为基础，以《建立循环型社会基本法》为主导。同时，该体系采用综合法与单行法相结合的模式，综合法为《废弃物处理法》，单行法有《容器和包装物的分类收集与循环法》《特种家电循环法》《可循环性食品资源循环法》等。其二，"生态城建设项目"。生态城建设项目以零排放为指导思想，以循环型社会建设和可持续经济发展为目的，以政府经济产业部和环境部共同开发生态城资助项目为手段，以求推进垃圾减量化和再资源化。

2. 国内学者的路径探究

第一，经济补偿手段的运用。有学者认为，邻避设施的受益者应该建立利益补偿机制，从而以经济补偿来抵消周边民众的利益受损心理。但亦有学者对此手段提出疑问，其认为此手段的合理性和有效性无法经过检验。

第二，建立预防治理机制。钱轶群从管理机制层面着手，提出构建以前馈控制[1]理论为指导的环境诱致型群体性事件预防治理机制。而朱宏锋则提出，可以借助第三方评估机制来实现决策的合理性与科学性。

第三，建立风险沟通机制，保障公民的参与权。在这点上，国内学者的看法与国际一致，他们都强调要推动公民积极参与到项目中来，提升其话语权，要进行充分的信息公示与知识宣传，同时建立健全其利益表达机制，与民众进行有效的风险沟通，从而最终达到利益博弈的互动平衡。

第四，建立健全法律规制机制。朱清海和宋涛提出，以程序正义和利益补偿机制来解决邻避冲突。而郑卫也强调了程序问题的关键。杜建勋则提出，要推动法权结构的合理化以此解决邻避冲突。

第五，政府职能转变。杨志军认为，邻避问题的解决在于打造生态型政府；而陈宝胜则提出，要建立多元协作型治理模式；熊炎认为，政府要听取民意从而实现自下而上的决策过程与政治对话的强化。

第六，建立第三方评估机制。沈琼璐和杨蓓蕾认为，在主体之间信任缺乏的情况下，引入第三方评估机构或者社会团体

[1] 指通过观察情况、收集整理信息、掌握规律、预测趋势，正确预计未来可能出现的问题，提前采取措施，将可能发生的偏差消除在萌芽状态中，为避免在未来不同发展阶段可能出现的问题而事先采取的措施。

来体现信息的真实性。但是，要保证这个第三方机制的中立性、独立性以及专业性，力求给出最客观的结论，从而使利益相关主体信服。在这个过程中，第三方评估机构就是主体间沟通的桥梁，其评估结论具有权威性和真实性，能让主体之间的冲突由非理性的忧虑转化为理性的协商对话。

第七，培养企业的社会责任感。企业社会责任感低下是邻避冲突的导火索之一，即企业认为自身的各项技术以及数据是符合国家相关规定的，故而已经尽到责任，无需关注公众诉求。但事实上，周边公众的忧虑并不会因为符合国家标准而减少，反而会因为企业的不作为而激发他们的愤怒情绪，最终导致冲突爆发。对于企业而言，如果自身在尽到责任之余，依然可以以社会责任为原则严格要求自己，及时处理公众的负面情绪，则可以很大程度避免冲突产生。

三、破解垃圾能源类环境邻避冲突法治路径的具体研究

（一）总体思路

1. 法治保障前提——明确环境权的内涵及边界

公众之所以会发起邻避运动，是因为其认为自身拥有环境权，故而有权对周边的设施建设发表意见，并且其意见应该被尊重。然而，现有法治体系下，公民的环境权处于模糊地带，故而会出现滥用权利或者过分扩大权利范围的问题，而明确权利的内涵以及法律边界则是解决之道。

第一，要明确环境权的内涵。公民环境权，即公民有权在环境良好的地方生存。我国现行法律法规体系中并不缺乏对于环境权的界定描述、宣示性内容。但是只有抽象的描述，而没有具体的权利内涵，因而实践性不强。具体而言，缺少对于公民的环境使用权、知情权、参与权、监督权和请求权等的细化规定。

第二，要明确公民环境权的界限。为避免环境权的滥用，防止极端个人主义对环境权的过分使用，必须要厘清权利的边界。任峰将此权利细化为四项进阶式权利，并认为此即为环境权的外延，具体为：环境的知情权、良好环境的参与权、恶化环境的拒绝权以及优良环境的享有权。

2. 法治补偿之策——利益补偿机制的完善

当负外部效应无法避免时，就要以经济补偿方式来对群众利益展开救济，从而填补公众的排斥心理。但是，如果不以法定方式加以规制的话，很可能导致负向激励的问题。同时也要避免政府及企业的"单方话语权"之下得出的过低补偿标准，从而使得补偿不能填补公众的实际损害。刘海龙提出，补偿数值评定要将环境价值计算在内。换言之，邻避补偿的考虑因素不只局限于对土地以及房屋等有形价值的补偿，还要考量环境、美学以及周边群众的心理等因素。同时，他认为要改变单一的补偿方式，可以通过补偿分享成本、收益的重新分配以及其他方式来补偿，同时增加就业机会亦是重要的补偿方式。最后要健全监督机制，以此实现补偿全过程的公开透明化。

3. 法治保障机制——程序公正

刘海龙提到，当下我国邻避项目的建设采用"决定—宣布—辩护"模式，而在决定过程中存在许多不规范现象，导致项目宣布后遭遇反对，故而需要辩护来得到民众支持，但是在辩护过程中同样缺乏法律依据，往往处于被动局面。由此，就有学者提出，希望建立"参与—协商—共识"的模式，从而使得项目在筹备阶段就得到周边群众的理解与支持。具体而言，就是要实现治理主体的一元向多元转变，健全沟通机制，保障群众的参与权。同时，要注重制度保障，完善环境信息公开、公众参与、风险沟通以及环境权益救济机制，使得项目过程中的各个环节都有制度保障。

4. 法治宣传机制——风险认知治理体制

邻避冲突所指向的是潜在的风险，即危险并未发生，也不一定发生。但是，受限于认知以及对风险的天然恐慌，公众往往会以此种虚拟危害作为冲突矛头，从而开展邻避运动。在邻避运动中，对风险的界定是解决的必由之路，故而从源头上解决此问题的良策便是建立科学的风险认知，而这个目标的达成便要依赖于风险认知治理体制的完善。具体而言，其一，要健全政府信息公示制度。充分利用政府的宣传功能，在各类网站以及主流媒体上，及时公布与项目有关的安全信息、风险信息以及应急方案。同时，要通过发布会等方式，将公众关注的信息准确、全面地发布出去以安抚民心。如此一来将在很大程度上避免谣传，增强公众对项目的认可度。其二，健全沟通机制。政府作为三方主体之一，要做好服务工作，不仅是服务于项目推进方的企业，也要服务于项目影响地的居民。对于企业而言，政府需要通过沟通了解项目的各项风险信息，并且对于项目存在的风险也要进行把控，力争将项目的潜在风险降到最低。对于民众而言，则是要充分知晓其知情权和表达权行使的权利边界，对于民众关心的问题相关方面要做到及时回应。其三，要充分利用高校、研究机构等科研组织，使其加入到知识科普阵营中，这类组织不仅在专业知识上具有权威性，而且不隶属于任何一方利益主体，故而其具有相对的中立地位，在公众中具有较高的可信度。

（二）具体制度建设

2010年《国务院关于加强法治政府建设的意见》（已失效）提到重大决策程序包括：公众参与、专家论证、风险评估、合法性审查以及集体讨论。而2014年《中共中央关于全面推进依法治国若干重大问题的决定》也提到了以上内容，并且将其作为"决策制度科学、程序正当、过程公开、责任明确"的重要保障。故而具体的制度建设要围绕这几个方面展开：

第一，完善环境影响评价机制。环境影响评价，即对待建项目实施后可能对环境造成的影响进行预先评估和分析，并提出预防或者减轻不良影响的对策，其是待建项目立项之前的必然工作。简言之，环境影响评价就是对项目潜在的负外部效应进行事先估测并提前作出一些应对之策，以使这种负面效应降到最低。环境影响评价制度是一种对潜在风险未雨绸缪的良策，在绿色发展的推进过程中，该制度对邻避项目建设有着重要意义。目前，应针对现实中存在的突出问题，加快堵塞制度漏洞，严格落实新修改的《环境保护法》[1]《环境影响评价法》相关环境影响评价的制度规定，加快完善具有我国特色的环境影响评价机制。

第二，健全完备的信息公示与宣传制度。信息公开是保障公众知情权的应有之义，更是保障公众参与权的必然前提。邻避项目作为涉及重大公益的民生项目，必须保证全过程的信息公开，才能尽可能地避免邻避冲突。我国已经有信息公开的相关法律制度和实施机制，但是邻避事件的偶有发生折射出对于此类事件的信息公开还需要在实践中不断完善。具体而言，有学者提出可从以下几方面入手：其一，建立健全信息公开专门机构，多途径进行公开；其二，统一公开内容的标准，对于公开的范围以及时效作出明文规定；其三，强化公开的效果，实现公开信息的简便易得，主要是从相关政府网站的页面设计上

---

〔1〕《环境保护法》，即《中华人民共和国环境保护法》，为表述方便，本书中涉及我国法律文件直接使用简称，省去"中华人民共和国"字样，全书统一，后不赘述。

着手。

第三，打造新型的风险沟通机制。由于邻避设施天然存在风险，故而建立有效的沟通机制是必然的选择。有学者提出，要在沟通中建立多元主体共同治理的新型合作关系，具体而言就是，一方面要让传统的主体加入进来，如政府、专家和民众，另一方面也要让社会团体、大众传媒等多元主体加入其中。项目筹备阶段即应建立完善的沟通机制，保障民众的知情权、参与权等。政府、企业和专家应及时且主动地将邻避设施可能存在的环境风险告知当地公众，告知的具体内容包括风险的级别以及风险的防控手段，如此行为将会在一定程度上打消公众的抵触情绪，从而愿意相信政府公示出的相关项目信息及其结论，接受这一评估结果。公众充分的知情也将使其可以更理性地看待环境风险，缓解风险认知不足导致的排斥心理。

在此过程中要避免无效的沟通：其一，被动沟通。即政府在沟通过程中不作为或不主动作为，信息公示以及风险提示都是在公众的要求下被迫实施的。此种沟通一般存在于项目建设之初，公众此前对此项目建设一无所知的情形中。此种情形下，民众已经丧失了对当地政府的信任，故而后期的沟通效果可能大打折扣。其二，单向沟通。即政府只存在单方面的信息输出，而不接受信息输入（群众给出的信息反馈）。换言之，要避免简单地把沟通机制作为程序事项只进行形式上的公示与宣传，将评估结果传递给公众，而对公众担心以及忧虑的心态置之不理，也不顾及公众的现实困惑以及利益诉求，最终导致公众的利益表达机制受阻。一方面，环境影响评价存在专业性，普通群众并不能全盘接受；另一方面，个别地方政府的不作为加剧了民众的焦虑心理。其三，不平等沟通。即政府在沟通过程中未对民众表现出充分的理解与尊重，对其利益诉求进行了不合理的解决，激化了官民之间的矛盾。

第四，设置科学高效的公众参与机制。具体而言，就是要进一步完善相关的利益表达机制，在项目立项前通过民意调查、实地走访、信息公开、召开专家听证会等形式，实现三方主体之间的有效沟通与合作交流，将与项目有关的风险信息及时准确地传递给周边公众，并将公众的疑虑等问题及时反馈给决策方，以求实现部分矛盾的事前解决。在具体的公众参与实施机制中，要充分保障公众的话语权，充分耐心地听取其多样化的意见，在三方主体取得一致的基础上共同作出决策，从而使潜在的邻避冲突尽可能被化解。

第五，规范并不断细化利益补偿与监督机制。现行《宪法》第 13 条第 3 款以及现行《土地管理法》《国防法》等都有拆迁补偿的相关规定，但是具体对于邻避项目的补偿制度则缺少相关规定，没有具体补偿标准和方法。就解决路径学界认为：一方面是立法明确涉及邻避项目的一般利益补偿标准和补偿形式；另一方面是要建立并完善邻避补偿监督机制，确保补偿方案落实到位。

第六，完善有针对性的党政问责机制。问责机制更像一个倒逼机制，会督促责任主体认真负责履责从而给企业施压，使其保持邻避项目安全性能上的常态化运营。黄馨瑶提出，具体机制建立要从主体、对象、范围、原则以及程序方面入手。主体方面，分为内部主体和外部主体。内部主体则为行政机关的内部问责机制，通常是上级行政主体启动的问责，而外部主体则是指司法机关的裁判机制。对象而言，包括项目相关的主要行政人员。范围则是相关行政机关的违法作为或者不作为事项。原则方面，为了兼顾三方利益，避免公众不合理的诉求，故而应该以无过错为原则，以过错为例外。程序上则要凸显公正价值。

第七，强化多元化法律救济机制保障。宪法规定公民有批评权、建议权、检举权、控告权以及申诉权，但是这些权利多为原则性规定。在党政机关治理过程中，信访作为一个相对温和的方式一直被使用，然而信访工作也有自身的短板，故而需要有效破解邻避冲突的权利救济机制。具体而言，其一，应在环保法律法规体系中更明确规定公民受到邻避设施严重威胁或发生实际损害的多种救济渠道；其二，加强信访工作处理力度，提高处理这方面利益冲突的信访效率；其三，完善专门化的行政复议和行政诉讼制度；其四，探索并完善行政公益诉讼介入环境邻避冲突解决法律机制。

四、对目前学界研究状况的综合分析评价

就整体情况而言，目前学界这方面的相关研究成果还不多，研究方向也多为公共政策路径，大都选择从社会学角度进行原因分析以及路径探索，且缺乏比较系统性的专门研究，而对于破解邻避冲突的法治路径研究则涉及得不多。目前能查阅到的文献里只有寥寥几篇是从行政法角度予以研究的，而其他文献只是在路径探索部分略提一些法治保障的内容。然而，邻避冲突处理过程中的诸多公私利益对抗折射出传统公共管理手段在解决此类问题上的弊端。邻避冲突是个涉及公共管理、公共政策、社会学、心理学、法学、经济学等方面的复杂难解问题，必须加快相关法律保障及权利救济机制的精细化设计与制度完善。

目前，对于环境邻避冲突内涵、动因、分类、困境等方面的研究较多，但多为综合研究，而比较缺少对破解具体类型邻避冲突的针对性研究。换言之，就邻避冲突的类型化方面的研

究还是比较缺乏的。邻避设施大体可分为污染类、风险类、心里不悦类、污名化类等，而针对不同类型邻避设施的内涵、动因以及解决路径等方面应有不同的应对策略，故而这方面的类型化研究的现实意义还是不小的。

就法治化路径研究方面，现有的研究文献比较少，且权威性还较弱。一方面，现有的几篇相关文献大多为硕士生的研究成果，缺乏主流法学专家学者的关注。邻避冲突是一种对社会影响较大的环境突发事件，学界探索的有限解决方案并不能得到政府及相关机构的重点关注，亦很难获得民众及相关企业的信服。另一方面，现有的法学方面的研究更多侧重行政法方面的研究，而鲜有涉及民法、刑法乃至环境法方面的研究。推进邻避项目建设多是相关企业与当地政府之间直接进行的，但是企业作为项目实施主体，与政府之间必然存在相关民事合同，一旦发生邻避冲突争议，后续的解决很多也属于民事争议，故而要全方位地研究邻避冲突的发生机理，既要考虑相关企业的信赖利益及成本投入，也得加快研究这方面的民事纠纷的解决路径。在刑法方面，对于违反安全要求进行生产的项目企业，以及故意造谣、传播不实消息引发邻避冲突的主体，应该启动相应的刑事追责机制。在环境法方面，对于严格落实新修订的《环境影响评价法》《固体废物污染环境防治法》等法律法规，保障专业评估活动的真实、有效和权威性，以及优化不同固废污染物治理手段等方面还有很多工作需要去做。

五、本书的理论和实践价值

（一）理论价值

第一，可以完善环境邻避冲突治理理论的相关研究，为我国健全邻避治理法律法规体系打下坚实理论基础。邻避危机的产生涉及社会、经济、法律等多个领域，而法律治理又需要立足于我国的特定文化背景和制度基础，故而通过对破解邻避危机相关理论的专门研究，可有效探索出我国本土的优化治理路径。

第二，对环境公正理论的张扬。环境公正理论是域外国家对邻避困境研究的重点，是解决邻避冲突的有效机制之一。邻避冲突要实现三方主体之间的利益协调，必然会牺牲特定主体的部分利益，而为了减少这种牺牲或妥协带来的冲突与矛盾，就要适度引入环境公正理论展开分析，从而实现法律治理过程中的利益衡平，体现法律的公正价值。

第三，保护特定范围公民权益的现实需要。在邻避项目利益冲突之下，可能会牺牲部分公民的权利。但随着时代发展，公民权利意识不断觉醒，对自身权益维护的关注度空前提高，表达利益诉求的方式也更为直接，而开展针对垃圾能源类邻避设施困境的法理及实证化研究，将从理论上划分公民权利保护法定边界，提供更好、更有效的保护途径。

（二）实践价值

第一，契合我国加快推进垃圾分类工作契机，能最大限度地实现垃圾能源的资源化利用。生活垃圾焚烧发电作为进行垃圾焚烧实现能源转化项目，随着科技发展带来的焚烧技术革新，垃圾处理问题已不再是经济与社会发展的掣肘。一方面，现代化的垃圾焚烧技术不仅可以显著减少垃圾体积和重量，而且可以实现大部分有害物质的无害化处理，体现出很强的减排作用；另一方面，垃圾焚烧处理过程还会产生大量热能，利用一定技术回收后，还可以变成新的能源供给从而获取收益。但是由于此类邻避项目现实建设和运营过程中的利益冲突，又直接影响到垃圾能源项目的快速推进，从而降低了巨量垃圾能源的应用和转化效率。而针对实践中的问题完善相应的法律保障机制，将很大程度上缓解甚至有效解决这一问题，最终实现垃圾资源的有效合理利用。

第二，对完善我国环境影响评价、社会稳定风险评估等制度具有重要现实意义。本书通过对国家发展和改革委员会 2012 年实施的一项重大项目前期程序——社会稳定风险评估制度的设立与完善、通过立法提升垃圾能源项目选址合理性、强化项目主体与公众沟通渠道和能力、以合理补偿手段化解项目所在地与周边民众矛盾等问题进行全面分析，这对已经收尾结束的"十三五"规划，以及已经开启的"十四五"规划中加快推进垃圾能源项目建设都具有积极意义。

第三，可以有效化解环境污染类利益矛盾冲突，加快和谐社会构建进程。我国现在仍然处于社会的转型期，公民环境权利意识的空前觉醒，以及互联网时代利益表达途径的直观化、便利化，将更容易导致此类群体性事件的发生。我国在污染治理方面遇到的问题较多，一遇此类特定事件的刺激极有可能引发社会的负效应抗争。开展垃圾能源类邻避冲突法律治理路径尽可能实证化等方面的研究，将为相关政府职能部门有效调整涉及重大公共利益的冲突，依法公正高效开展相关执法和利益疏导活动，缓解或消除特定项目公众负面情绪，维护当地经济社会的正常运转，加快构建和谐社会提供有益参考。

第三节　运用法律手段破解垃圾能源类环境邻避冲突的必要性分析

从前面的分析中可以看出，我国垃圾焚烧项目邻避冲突的出现有着深厚的背景与渊源，民众的抗议也有一定的合理性。但从已有的此类邻避事件看，民众意见的表达采用的基本是

"街头散步"形式，这种抗争形式一方面会导致垃圾焚烧项目及当地政府形象的污名化；另一方面，由于这种抗争形式损害了当地的公共秩序和社会稳定，也可能导致民众抗议行为的污名化与非法化。然而，尽管街头抗争形式存在诸多弊端，但诉诸法律这一本应更为合法、合理的手段却并不总是在民众的维权方式中，这一现象无疑反映出当前法律手段对于破解邻避问题发挥的成效并不突出。而实践经验又已经证明，特定政府采用的行政压制措施也很难消弭此类邻避冲突，反而是确保政府的一切行为在法律框架内，并让项目涉及的利害关系人有机会阐释观点，则更有助于利益各方尽快达成共识。因而，完善相关法律、实现法律治理的精细化、规范化就是化解此类邻避冲突的必然需求了，但我国目前涉及垃圾能源项目方面的法律有待完善，主要包括：

一、垃圾能源项目直接相关法律规范有待完善

在我国当前法律体系中，与垃圾能源项目直接相关的法律规范并不多，我们以"垃圾焚烧"为关键词在北大法宝进行相关搜索，搜集到现行有效的法律规范仅仅有 23 项，按其效力层级分类，仅有 1 项为部门规章、10 项为部门规范性文件、11 项为部门工作文件、1 项为行政许可批复。其中，部门规章是生态环境部 2019 年 10 月审议通过，2020 年 1 月 1 日正式施行的《生活垃圾焚烧发电厂自动监测数据应用管理规定》。根据该规定的要求，自动监控系统可为环保部门收集垃圾焚烧发电厂的违法行为提供证据；部门规范性文件则涉及《生活垃圾焚烧发电建设项目环境准入条件（试行）》等，对生活垃圾焚烧发电厂自动监测系统的"装、树、联"与数据标记规则、垃圾焚烧发电项目中的各项技术标准等均有相应规定；部门工作文件则

多涉及垃圾焚烧中的排污标准、垃圾焚烧行业的环境监察执法，以及垃圾焚烧炉制造、垃圾焚烧厂标识、垃圾焚烧厂运行的行业标准等，这些部门工作文件中比较值得注意的是，国家发展和改革委员会、住房和城乡建设部等于 2017 年 12 月发布的《关于进一步做好生活垃圾焚烧发电厂规划选址工作的通知》，但该通知中的亮点仅在于推动生活垃圾焚烧发电项目的跨地市、跨省域建设，并未对垃圾焚烧项目中的公众意见采集与环评工作等予以详尽规定；而这方面仅有的一项行政许可批复则涉及生活垃圾焚烧的飞灰运输工作。

从以上与垃圾能源项目直接相关的法律规范中可以看出，这方面的法律规范效力位阶较低，且多与垃圾能源项目建成后的运营有关，而对邻避冲突中民众最关心的垃圾焚烧项目选址问题几乎没有涉及，相应的垃圾焚烧项目选址法定决策主体、程序、标准与补偿机制等规定均有待完善。这样的状况一方面可能导致部分地方政府在对项目选址进行决策时的恣意妄为；另一方面可能使项目周边民众在进行维权时于法无据，最终只能进行街头散步式的抗议。

二、垃圾能源项目间接相关法律规范有待完善

由于垃圾焚烧项目属于污染类的邻避设施，因而在与环境保护有关的部分法律中可以找到与邻避项目选址间接相关的个别法律，如《环境保护法》（2014 年）、《环境影响评价法》（2018 年）、《城乡规划法》（2019 年）等。其中，《环境保护法》第 56 条规定了对应当进行环评的建设项目，建设单位在编制环评报告时应当向可能受影响的民众说明情况并充分征求他们的意见，并在环评报告完成后要依法公开；《环境影响评价法》第 11 条规定："专项规划的编制机关对可能造成不良环境

影响并直接涉及公众环境权益的规划，应当在该规划草案报送审批前，举行论证会、听证会，或者采取其他形式，征求有关单位、专家和公众对环境影响报告书草案的意见。但是，国家规定需要保密的情形除外。编制机关应当认真考虑有关单位、专家和公众对环境影响报告书草案的意见，并应当在报送审查的环境影响报告书中附具对意见采纳或者不采纳的说明。"《城乡规划法》第 36 条第 1 款规定："按照国家规定需要有关部门批准或者核准的建设项目，以划拨方式提供国有土地使用权的，建设单位在报送有关部门批准或者核准前，应当向城乡规划主管部门申请核发选址意见书。"

　　但是，这些规定都比较笼统，具体操作中仍然存在很多模糊地带，如环境影响评价中的具体评估主体、评估内容、参与环评的专家人数与资质条件、被征求意见公众范围等内容都难以确定，根本不进行环评或者环评走过场的情况都有可能出现，若出现不太严重的违法行为也难以追责，且行为主体需要承担的违法成本也普遍比较低。除了上述法律外，《民法典》《刑法》《行政诉讼法》中也有相关的规定，但前两部法律中的规定一般是在垃圾焚烧厂确实污染周边环境时才可能适用；民众按照《行政诉讼法》中法院的受案范围起诉政府时，一般也需要垃圾焚烧项目确实给周边群众造成实质损害，而这些损害在民众针对垃圾焚烧项目的选址提出抗议时通常是不存在的，因而民众的抗议在此阶段是难以通过司法途径表达的。前述相关的法律规定，虽然在一定程度上能起到事前预防和事后处理及一定的警示作用，但因为制度性规定本身的模糊性与不易操作性，其实际效果与作用是非常有限的。

三、社会稳定风险评估法律规范有待完善

　　除了传统的环评制度外，国家在"十二五"规划纲要中还

提出了建立重大工程项目的社会稳定风险评估（以下简称"稳评"）机制，而垃圾焚烧项目明显在重大工程项目范围之列，因而，垃圾焚烧项目的法律治理还需考虑其稳评问题。近年来，全国人大及其常委会虽未对稳评机制进行立法，但中共中央办公厅、国务院办公厅发布了《关于建立健全重大决策社会稳定风险评估机制的指导意见（试行）》（2012 年）与《关于加强社会治安防控体系建设的意见》（2015 年），国家发展和改革委员会发布了《重大固定资产投资项目社会稳定风险评估暂行办法》（2012 年）与《重大固定资产投资项目社会稳定风险分析篇章和评估报告编制大纲（试行）》（2013 年），中央维护稳定工作领导小组发布了《关于贯彻中办发〔2012〕2 号文件的具体意见》（2014 年）[1]。

上述文件的出台为我国稳评体系中评估范围和内容、评估主体和程序、评估决策应用和实施跟踪、责任追究等内容的明确提供了一定指导，但我国的稳评体系与环评体系一样仍存在着个别的制度模糊性，一些规定在实践中也难以操作。并且，按照《关于建立健全重大决策社会稳定风险评估机制的指导意见（试行）》第 5 条评估主体的规定，决策机构同时享有指定评估主体的权力。而在稳评之前，政府一般都已经为大型垃圾焚烧项目的招商引资作出了诸多努力，且上马大型项目符合政绩考核指标中最重要的经济建设指标要求，故在此种背景下，地方政府一般会不遗余力地推动稳评通过。这种制度设计确实会产生学者所担忧的"将稳评工作交给政府部门，无疑与其市政建设职能不相吻合，这也是稳评制度推行的阻滞所在"[2]。

---

〔1〕 即中共中央办公厅、国务院办公厅《关于建立健全重大决策社会稳定风险评估机制的指导意见（试行）》（中办发〔2012〕2 号）。

〔2〕 谭爽、胡象明："中国大型工程社会稳定风险治理悖论及其生成机理——基于对 B 市 A 垃圾焚烧厂反建事件的扎根分析"，载《甘肃行政学院学报》2015 年第 6 期。

四、垃圾能源项目配套法律规范有待完善

除了针对环境能源项目的法律规范有待精细化，部分现有规范内容需要及时修改以及一些法律空白需要填补外，与垃圾焚烧项目有关的配套法律制度缺乏也是造成当前邻避困境的原因之一。受我国饮食习惯与生活方式影响，餐厨垃圾量在家庭生活垃圾（不含可回收物）中占比约为 75%，由于分类不足，这些垃圾使得生活垃圾的含水量高达 60%，垃圾焚烧中的热值降低，垃圾燃烧不充分极易造成大气污染，且渗滤液还易造成水污染。[1]实践经验已经证明，科学垃圾分类是垃圾焚烧的前提。虽然，近年来垃圾分类制度在我国已经得到了大力推行，且按照规划全国 46 个重点城市，在 2020 年底已基本建成垃圾分类处理系统，地级及以上城市已经全面启动了生活垃圾分类工作，且有望在 2025 年底前基本建成其垃圾分类处理系统，但目前我国这方面的垃圾分类专项立法仍未启动，国家层面的政策性倡导虽然可以在全国掀起一股垃圾分类热潮，但垃圾该如何分类、分为哪几类、如何减量、违法责任等，仍需尽快上升到国家法律层面才有助于促进公民长久坚持进行科学的垃圾分类。[2]

综合上述分析，运用法律手段解决邻避冲突显然比当前民众采用的街头抗议方式负面作用更小，也更合法有效。然而，尽管我国针对垃圾焚烧项目中的邻避事件已有一定的法律制度，这些制度在一定程度上已起到了事前预防与事后警示的作用，但目前相关法律法规仍有待完善。这些不足导致了我国垃圾能

---

〔1〕 贾明雁：“瑞典垃圾管理的政策措施及启示”，载《城市管理与科技》2018 年第 6 期。

〔2〕 目前，国内一些经济发达地区的城市，如上海、深圳、广州等城市都已经先行各自制定了实施于本行政区域的“垃圾分类条例”。

源项目推进中政府与企业的定位不清、政府与民众间的信任缺失、争议解决渠道明显不足，在这些因素综合作用下就必然导致这类邻避事件屡有发生。因此，在各地垃圾能源项目建设不断推进的背景下，加快完善我国相应的法律法规体系，通过法律的明确规定、通过协商性对话、市民会议等渠道，积极建构面向城市边缘群体的政治吸纳机制，从而有效化解此类邻避冲突有其必要性。

第四节　运用法律手段破解垃圾能源类环境邻避冲突的可行性分析

尽管我国当前规范体系对于化解垃圾能源类邻避冲突的作用有限，但这并不意味着用法律手段破解此类邻避冲突的可行性是不存在的，相反从国内外正反两方面实践经验来看，破解当前突出的垃圾能源类环境邻避冲突困境是可以实现的。

一、域外经验的借鉴

从域外先进国家的经验看，唯有采用法律手段才能减少以及化解此类邻避冲突。而从国内的实践看，诸多此类邻避事件的处置不当已经暴露了我国垃圾能源项目建设中的短板，实际发生的诸多抗争事实也孕育着用法律手段治理此类邻避冲突的契机，而一些成功的法律治理经验更为实现此类冲突的良性转化提供了有益借鉴。从以往的实践看，我国一些地方政府在垃圾能源项目中采用的思维模式通常为"冲突的处置"与"冲突的化解"，即在冲突出现时被动地消灭冲突、在冲突出现或可能出现时，政府采用更加主动的手段与民众协商对话从而实现合作共赢。但是，我国还未能注重对事件中蕴含的变革性力量进行研究，从而把冲突转化为机会，使垃圾焚烧项目的影响跳出项目本身，推动相关环保法律出台、环保部门建立、环保组织成长、企业社会责任履行等，最终实现"冲突的转化"。[1]

同我国一样，垃圾焚烧项目在发达国家的发展并非一帆风顺。发达国家对垃圾焚烧的态度也经历了肯定——否定——肯定的历程，这样的积极转变来源于垃圾焚烧技术进步以及民众对二噁英认识的进步。技术进步与科学的发展相关，而民众对二噁英认识的进步则与其政府对垃圾焚烧项目的危害性，进行了充分研究并充分保障了民众的知情权等权益有关。同时，欧盟国家在《欧盟工业排放指令（2010/75/EC）》中，对垃圾焚烧发电中的技术标准以及污染物排放标准的细化规定，亦可进一步减少民众对该项目的疑虑。此外，以瑞典为例，其在垃圾管理中采纳了"减量、分类、回收、处理、利用"策略，并出台法律对政府、生产商、消费者三大主体在环境保护中的责任予以明确规定，如要求政府负责垃圾收集，要求生产商承担标明其产品消费后的回收方式以及进行垃圾回收的责任，要求消费者承担垃圾分类的责任，这种对垃圾进行源头治理的模式极大降低了垃圾处理难度，从而减少了垃圾能源项目中邻避冲突的发生。

二、国内实践的启迪

从国内的实践看，虽然有部分垃圾焚烧项目因为民众抗争而未能顺利推进，但实践中亦不乏成功案例，如广东省廉江市的一个垃圾焚烧项目，从 2012 年 1 月起开始办理法定手续，耗时 27 个月完成项目前期准备工作，在这 27 个月中，政府严格按照法律规定进行了环评、环评公示、公众调查和环评听证等工作，还组织了部分村民参观已经投产的垃圾焚烧厂，在此基础

---

〔1〕　谭爽："'冲突转化'：超越'中国式邻避'的新路径——基于对典型案例的历时观察"，载《中国行政管理》2019 年第 6 期。

上，还获得了项目相关村社与村民小组的书面意见支持，进而推动了项目顺利进行，并在项目建成后非常有前瞻性地设立了垃圾焚烧厂实时监测系统以供当地民众查阅。[1]从廉江市这一项目的经验可以看出，民众虽对垃圾焚烧项目存有疑虑，但在政府遵纪守法且及时有效与民众沟通的情况下，邻避事件并不一定会发生。相反，在相关法律制度并不太健全的情况下，政府若能本着为人民服务的态度，运用好其行政智慧，认真领会相关法律中的精神并予以坚定贯彻，那么项目还是能顺利推进的。从这一成功案例中可以看出，在既有法律框架内不出现邻避事件是可能的。

此外，在我国实践中亦有许多经历过轰轰烈烈邻避运动困局的垃圾焚烧发电项目。如北京市六里屯垃圾焚烧项目、北京市阿苏卫垃圾焚烧项目以及广州市番禺区垃圾焚烧项目，这三个项目中的邻避事件历时最短的为 3 年，最长的为 6 年，抗争的结果分别是项目迁址、项目停工后复建、项目停建，虽然这三起事件的结果不同，但仔细分析民众的抗争历程，可以发现这三次事件的影响都已经超出了垃圾焚烧项目本身，蕴含了邻避冲突转化的契机。在抗争初期，三起事件都是以街头散步的形式出现，以项目停建为最初的利益诉求，民众态度都比较强硬，但随着事件的发展，民众与当地政府都有所妥协，一些民众"为反而反"的局面开始改变。例如，阿苏卫事件中，民众更为理性地看待垃圾焚烧项目，不再视其为洪水猛兽，并开始抱有"未必停建"的想法，还主动采取更专业、平和的方式与政府对话；当地政府则开始将其管理思维积极转变为治理思维，开始与民众协商对话，并在协商对话中耐心聆听专家、学者与

─────────────

〔1〕 梁文悦、曹菲："广东廉江破解生活垃圾焚烧发电厂落地难题"，载《南方日报》2014 年 10 月 24 日。

媒体的声音，民众从一开始的单打独斗变成了拥有环境 NGO（非政府组织）的从旁协助，民众与政府更加势均力敌，发出的声音也更为有理有据。[1]并且，事件过程中还培育了公民的环保意识，如推动了垃圾分类普及、相关政府信息公开，使我国的环保组织对垃圾议题更为敏感，甚至还推动了我国环保政策的加快优化，如北京市与广州市的一些垃圾管理条例就是在上述事件推动下出台的。

正如学者总结的那样，上述事件已经证明了我国部分典型案例中，利益相关者已经实现了身份转型、民众的行动策略已经优化升级、民众的邻避抗争已经跳出了"为反而反"的怪圈、环保议题中民众与政府间的二元主体模式已经转化为了多元主体模式，部分邻避事件已经实现了冲突转化。[2]这些转化都为我国的相关法律治理措施提供了可行性基础。

而实践中，我国环境治理中的法律体系日益完善，环保危机的事前预防、事中监督与事后监管体系日趋完善，针对垃圾能源项目的地方性立法文件也已有部分省份出台了，如广东省人大常委会于 2016 年 12 月 1 日就公布了《关于居民生活垃圾集中处理设施选址工作的决定》，其中的"科学选址、集中建设、长期补偿、各方受益"原则，对于我国未来垃圾焚烧项目的选址工作都有非常重要的借鉴意义。

总之，不管是从域外经验还是从国内实践看，运用法律治理手段实现垃圾能源类邻避冲突的积极转化，推动"邻避"向"邻利"的转变都是有其可行性的。

---

〔1〕 谭爽："'冲突转化'：超越'中国式邻避'的新路径——基于对典型案例的历时观察"，载《中国行政管理》2019 年第 6 期。

〔2〕 谭爽："'冲突转化'：超越'中国式邻避'的新路径——基于对典型案例的历时观察"，载《中国行政管理》2019 年第 6 期。

第二章

从垃圾能源类环境邻避冲突视角
看我国相关法律制度的实施情况 /

第一节 从垃圾能源类环境邻避冲突视角看我国垃圾
分类与资源化回收制度的法律实施情况

从 2004 年开始，我国初次在城市领域展开了生活垃圾分类与资源化回收法律制度实施工作。近年来，垃圾分类与资源化回收制度再次被提上日程。目前，我国的垃圾分类工作正由点到面地稳步开展，当前已有 46 个重点城市对垃圾分类工作公布了实施方案，其中，有 41 个城市已开展垃圾分类示范片区建设，19 个城市出台了示范片区建设和验收标准。[1]垃圾分类与资源化回收制度是引导居民对生活垃圾从产生源头上进行分类，并对分类后的垃圾以资源化的视角看待，并将这些部分人认识中的"垃圾"通过积极回收实现变废为宝，进行资源化处理与利用的制度设计。习近平总书记更是将垃圾分类制度的落实作为保障民生的"关键小事"之一予以积极推进，足见国家对垃圾分类与资源化回收制度的重视程度，以及该制度的加快实施将对提升居民生活质量的重要意义。

---

[1] 筱阳："垃圾分类变革前夜：纳入法治轨道，多领域直线拉升"，载环保在线，https://www.hbzhan.com/news/detail/129952.html，2021 年 4 月 5 日访问。

我国垃圾分类与资源化回收制度涉及的相关法律制度主要包括：三部法律、两部行政法规、一部部门规章以及众多地方性法规和规章。[1]现阶段，我国规制垃圾分类与资源化回收制度的法律主要有：1995年10月30日通过、2004年和2020年两次修订的《固体废物污染环境防治法》；2008年8月29日通过、2018年10月26日修正的《循环经济促进法》及2014年4月24日修订的《环境保护法》。

现行有效的《固体废物污染环境防治法》是2020年修订的版本，其中对固体废物、生活垃圾作出了明确的概念界定，并在具体条文中（第43条至第59条）规定了作为固体废弃物中的重要类型——生活垃圾，规定了城市生活垃圾的分类、回收、处理等公民、政府、经营单位分别需承担的义务与责任。该法作为我国法律体系中对垃圾分类与资源化回收制度规定的最为直接相关的法律，仅用十几个条文对该制度进行了规制，虽然涉及的面较广，但也正因为如此，该法对相关方面的规定仍存在较多空白，一些条文仅仅是作为倡导性的规定，如在该法第43条中对城市生活垃圾规定的"建立分类投放、分类收集、分类运输、分类处理的生活垃圾管理系统""实现生活垃圾分类制度有效覆盖"，这样的规定如果没有有效的法律保障机制往往只能起到政策导向作用，真正落实到实践中也比较难。另外，该法将农村生活垃圾的规制从该法中剥离出去，给了地方性法规相应的立法权，如此规定虽然可以实现农村地区生活垃圾处理上的因地制宜，但却不利于对城乡生活垃圾的统一规制，垃圾处理一体化的实现以及公众对垃圾分类普遍意识的觉醒。

该法主要规制的是固体废物，生活垃圾仅为其中一类，因

---

[1] 尹怀香："城市生活垃圾分类回收法律制度研究"，中国海洋大学2015年硕士学位论文，第2页。

而在生活垃圾回收、处理的一些程序上仍然适用该法对固体废物的规定，但是固体废物与生活垃圾的概念和范围明显不同，前者的范围远大于后者，由此引发的问题是该法对规制城市生活垃圾的分类、回收方面的作用依然有限，在一些方面对于城市生活垃圾的规定在实践中还需接受进一步检验，当然第二次对《固体废物污染环境防治法》的修订在生活垃圾分类制度、危险废物处置等方面也是值得肯定的。

虽然，《循环经济促进法》并未对垃圾分类和资源化回收制度直接作出规定，但是从国家倡导循环经济的政策性角度仍对生活垃圾分类与资源化回收进行了相应规定。该法从循环经济角度出发，以宏观视角规制了涉及垃圾分类与资源化回收制度的两类主要主体，即政府和企业。对于政府，该法主要从政府及其相关部门在垃圾分类和资源化回收的基础设施建设方面，进行了相关义务与责任的规定。对于企业，该法从社会整体利益出发，强调企业对于垃圾分类、回收应当承担的社会责任，企图实现企业垃圾分类回收成果和利益的最优。垃圾排放收费制度也是该法对垃圾处理规制的一大制度特色，将所收费用直接用于垃圾的后期分类和资源化回收，属于对垃圾排放的事后治理模式，完成了从事前到事后的全过程监控和规制。正如前面所述，该法主要以政府和企业作为规制对象，而忽视了产生生活垃圾最广泛的一类群体——公民，虽然该法对公民提出了垃圾投放收费的要求，但是单独以垃圾投放收费制度难以真正实现公民从源头上对生活垃圾进行规范分类，也无法实现对生活垃圾分类与资源化回收的系统化规制，该法在现实生活中对公民垃圾分类的引导作用比较有限。

2014 年修订的《环境保护法》在第 1 条即规定了该法的制定目的，防治污染物和其他具有公害的物质，维护公众的生命健康权。从目的来看，对生活垃圾进行分类与资源化回收的目标与其相统一，均是以减少甚至避免污染物给公民健康造成不必要的侵害作为价值追求。对于生活垃圾分类和资源化回收的具体方案，该法虽然并未明确提出，但是该法在第 37 条中规定了地方各级人民政府对于生活废弃物的分类、回收、处理有采取措施的义务，在第 38 条明确了公民有配合政府进行生活废弃物分类、回收的义务。该法同时还规定了政府对于生活污水和其余废弃物处理有提供资金支持的义务，这对于实现居民生活垃圾分类和资源化回收具有一定保障意义。然而，该法对于居民生活污染物处理方面的规定仍然是不完善的，其中存在一个最大的问题是法律责任的明确问题，即公民对于该法第 38 条规定义务的不履行是无法从该法中找到相应惩罚性规定的，由于缺乏强制力这也使该项义务难以真正落实到公民的生活实践中去。

　　除法律层面对生活垃圾分类和资源化回收的规定外，在我国法律体系中的相关规范还包括两部行政法规：《城市市容和环境卫生管理条例》和《废弃电器电子产品回收处理管理条例》，以及住房和城乡建设部于 2015 年修正的《城市生活垃圾管理办法》[1] 这一部门规章和众多地方性法规和政府规章，如山西省的《晋城市市区城市生活垃圾处理费征收管理办法》《运城市生活垃圾处理费征收管理办法》《大同市餐厨废弃物管理办法》，广州市人大常委会于 2018 年制定、2020 年修正的《广州市生活垃圾分类管理条例》，以及北京市 2011 年制定、2020 年修正的《北京市生活垃圾管理条例》等。

---

　　[1]　该办法于 2015 年 5 月 4 日根据住房和城乡建设部令第 24 号《住房和城乡建设部关于修改〈房地产开发企业资质管理规定〉等部门规章的决定》予以修正，其中对原办法第 19 条第 1 项和第 27 条第 1 项进行了删除。

《城市市容和环境卫生管理条例》第 28 条规定了城市人民政府市容环境卫生行政主管部门，对城市生活废弃物承担分类收集、运输和处理的职责，并依法对此进行监督管理。第 29 条提出了建设环境卫生服务公司处理废弃物，以实现环境卫生建设和垃圾处理的社会化服务。同时，该条例第 32 条还对个人在废弃物处置方面作出了明确的义务规定。从表面上看，该条例似乎比较完备，因为同时规制了政府、企业和个人的责任义务，以及相应违法后的惩罚性措施，然而事实上该条例仍存在其自身的局限性，这些规制城市居民生活垃圾分类与回收的规范更多倾向于对城市市容方面的管理，具有明显的政策性偏向，规范内容也较抽象，无法有效实现有针对性的规范和导引作用。

2019 年 3 月 2 日修订的《废弃电器电子产品回收处理管理条例》，主要规制生活垃圾中毒害性最重的一类——废弃电器电子产品的回收处理活动。该条例对《废弃电器电子产品处理目录》规定的废弃电器电子产品适用此条例作出了明确规定，不只明晰了具体适用对象。同时，通过专章形式规定了国家、企业等相关方的责任，以及各级政府的监管职责、违反相关义务后的惩罚性责任等。该条例在废弃电器电子产品垃圾的处理与规制方面规定得较为具体明确，但电子垃圾仅为生活垃圾的组成部分，像其他生活垃圾（如餐厨垃圾等）有其特殊性，无法实现简单的套用，因而对其他类生活垃圾的针对性规制提出了更高要求。

作为我国唯一一部规制生活垃圾分类和资源化回收的部门规章——《城市生活垃圾管理办法》对城市居民生活垃圾的分类、回收、处理均作出了一系列具有实践意义的规定，包括对单位和个人垃圾分类投放的义务性规定，未按规定进行投放所需承担的行政处罚，生产者即负责者通过缴纳垃圾处理费的具体落实，政府在垃圾治理规划与建设中的主体地位等。实现垃圾回收的资源化循环经济理念在该规章中得到了很好体现，并以实现垃圾的减量化、资源化、无害化作为价值取向。随着我国城乡一体化的加速发展，仅对城市生活垃圾问题进行规制显然无法满足有效管理和处置生活垃圾的现实需要。

　　众多涉及生活垃圾分类和资源化回收地方性法规和规章的出台，反映了各地方积极响应国家政策对垃圾分类回收处理的重视。以山西省为例，晋城市、运城市对生活垃圾处理费的征收予以立法规定，制定了《晋城市市区城市生活垃圾处理费征收管理办法》《运城市生活垃圾处理费征收管理办法》；大同市制定了《大同市餐厨废弃物管理办法》，对厨余垃圾处置的全过程进行了较详尽规定。[1]同时还有北京市、广州市均通过制定或修改这方面的地方性法规，对生活垃圾分类和资源化回收规定了因地制宜的具体措施。

　　目前，我国垃圾分类与资源化回收涉及的相关法律法规似乎很多，但事实上其多部规范本身规定上的不完善也是很明显的，一些规定在涉及垃圾能源类邻避项目的实施时局限性很大，给项目的建设、运行和实施都带来了很大挑战和困难，同时也给环境邻避冲突的发生埋下了隐患。首先，垃圾分类与资源化回收制度规定中的诸多漏洞，使该制度即使在如今普通居民的生活中并不能很好地贯彻实施，垃圾焚烧厂处理的垃圾多为未经严格分类处理的垃圾，这些垃圾由于分类和回收的不严格规范，出现了各种类型的垃圾直接进行统一焚烧，没有进行部分可再利用垃圾的资源化处理。其次，我国当前垃圾分类与资源化回收法律规定上的不严谨、不精细，使这些相关法律规范所

---

〔1〕　张超："城市居民生活垃圾分类回收法律制度研究"，山西财经大学2017年硕士学位论文，第20~21页。

构建的相关制度在某些地区实际执行效果较差。当前，建设的垃圾焚烧厂中垃圾焚烧主要以对垃圾不加分类的综合性焚烧为主，这意味着该种焚烧将加大产生混合型污染物的概率，从而加重居民对垃圾能源类邻避项目的抵制心理，激发引起此类邻避冲突的风险。事实上，做好这方面相关制度的完善与落实，科学合理的垃圾焚烧将大幅减少一些对居民生命健康威胁较大的污染物排放，使此类邻避项目更好地得到公民认可和理解，从而避免垃圾能源类邻避冲突的发生。

第二节　从垃圾能源类环境邻避冲突视角看我国环境信息公开制度的法律实施情况

环境信息公开对公民知情权的保障，是公民进行公众参与和行使监督权的前提条件。环境信息公开制度是政府、企业及其他社会行为主体，对一些不具有保密性质的环境行为、环境规划和环境建设项目等环境信息及时向公众进行公开通报的制度设计。良好的环境信息公开制度有利于实现各环境主体间的良性互动，加强政府、企业与公众的互信互通，推动环境治理和生态保护的全民参与，为提高决策科学性和合理性奠定基础，从而更好完成环境保护与治理的综合目标。

我国环境信息公开制度涉及的相关法律规范主要包括：2014年修订的《环境保护法》、2007年公布和2019年修订的《政府信息公开条例》、2008年实施的《环境信息公开办法（试行）》（已失效），还有2010年国务院办公厅发布的《关于做好政府信息依申请公开工作的意见》、2002年通过和2012年修正的《清洁生产促进法》、原国家环境保护总局2003年发布的《关于企业环境信息公开的公告》以及2014年原环境保护部发布的《企业事业单位环境信息公开办法》（已失效）。

2014 年修订的《环境保护法》通过专章形式规定了环境信息公开制度。第 53 条明确规定公民、法人和其他组织依法享有获取环境信息的权利；第 54 条将各级人民政府环保主管部门和其他负有环保监管职责部门的环境信息公开义务进行了明确；第 55 条规定了重点排污单位的环境信息公开义务；第 56 条规定了建设单位和负责审批建设项目环境影响评价文件的部门，对依法应当编制环境影响报告书的建设项目，应当承担环境信息公开义务。

《政府信息公开条例》是专门针对各级政府信息公开工作作出的规定，包括政府需要公开的具体内容、主动公开和依申请公开的条件、程序等，同时还规定了公民、法人或者其他组织对于政府信息公开的监督权，以及相应的救济手段等保障措施。

《环境信息公开办法（试行）》（已失效）明确规定了环境信息公开的类型，包括政府环境信息公开和企业环境信息公开。该部门规章主要规定了环境信息公开的两类主体义务与责任，以及对环境信息公开的内容、程序和方式等方面作出了相应的具体规定，同时明确了公民、法人和其他组织对政府环境信息公开不作为的监督权。

国务院办公厅《关于做好政府信息依申请公开工作的意见》是针对《政府信息公开条例》规定的政府信息依申请公开在具体实践中遇到的一些新情况而提出的意见。该意见中重申了依申请公开的"相关性"标准，进一步明确拒绝公开政府信息的理由，包括"内部管理信息""过程信息"等，意见中最重要的是明确规定了"一事一申请"原则。

虽然，2012 年修正的《清洁生产促进法》不是专门规定环境信息公开的，但却是我国首部规定企业环境信息公开的法律。根据该法第 17 条的规定，列入污染严重企业名单的企业要根据规定进行企业环境信息公开，公布其污染物排放情况。结合该法第 17 条对政府环境信息公开的规定，排放污染物超标超量的企业名单由省、自治区、直辖市人民政府环境保护行政主管部门进行定期公布。

原国家环境保护总局于 2003 年 9 月发布的《关于企业环境信息公开的公告》是根据 2002 年的《清洁生产促进法》制定的，其中规定了企业环境信息公开的范围、企业必须公开及自愿公开的环境信息、公开的方式和对企业环境信息公开的其他要求。

2014 年原环境保护部发布的《企业事业单位环境信息公开办法》对排污的企业事业单位，进行了环境信息公开原则、类型、范围、方式、监管等方面的具体规定。并且，通过条文明确了由政府确定重点排污企业名单，然后由该名单上的企业进行相应环境信息公开的制度设计。

笔者在分析我国的垃圾能源类邻避冲突中发现，其中主要涉及的是政府环境信息公开问题，而政府环境信息公开制度的落实不到位则是此类邻避冲突发生的重要前置因素。

近年来，我国一些地区出现了抵制垃圾焚烧厂建设的突发公共危机事件，项目启动建设中由于及时的信息公开不足，导致周边群众接受了一些不准确或错误的概念解释，从而使公众形成了对此类项目建设风险与成本误判的情形。周边民众的这种误判反映在项目落地问题上，首先便会影响民众的环境心理认知。民众对环境信息的密切关注以及政府、企业对相应环境信息公布上的不足，造成了两者间的信息不对称，这种情形下极易导致民众从心理上对垃圾焚烧厂建设产生抵触情绪，从而出现部分民众故意质疑、阻挠甚至是刁难政府环保工作的现象，环境邻避冲突的发生也就不单单是偶然结果了。

我国涉及环境信息公开的法律法规归纳起来似乎并不少，

　　然而通过简单梳理我们可以清楚看出，有关环境信息公开的法律法规仍然是一个比较零散的状态，且处于较高位阶的法律规范仍屈指可数，更多的是以规章形式出现。且环境信息公开制度主要涉及两类主体：政府和企业，排除规制企业的环境信息公开，规制政府环境信息公开的法律规范数量十分有限。虽然，2014 年修订的《环境保护法》首次以立法形式通过专章规定了环境信息公开制度，在法律层面保障了公众环境信息的知情权，然而修订后的《环境保护法》从 2015 年 1 月生效以来的环境信息公开实践来看，环境信息公开的实施现状与立法者鼓励公众参与环境保护的立法初衷之间仍存在较大偏差，这也导致垃圾能源类邻避冲突事件的时有发生。

　　李克强总理曾强调："目前，我国信息数据资源 80% 以上掌握在各级政府部门手里，'深藏闺中'是极大浪费。"[1]在涉及此类邻避冲突的环境信息公开中，政府作为环境信息资源的主要掌控者，不仅掌握垃圾焚烧厂的项目规划、建设过程中的环境信息，而且还掌握着该项目建成后运行中由各级环境监测站日常监测形成的环境信息，以及排污单位自行检测的环境信息。在垃圾焚烧厂建设规划中，政府对项目建设前期环境信息公开的不及时、不完全，以及对项目建成投产使用后相关排放物监测的规划信息公开缺失，与公众对垃圾焚烧厂因缺乏科学信息传递而存在的传统固化认知之间存在必然的冲突，这种由信息渠道不同导致认知上的冲突，一旦长期集聚并被公众落实到行动上，就大概率会导致此类邻避冲突的真实发生。

　　清华大学聂永丰教授提出：当前垃圾焚烧发电项目建设中的

---

　　[1]　李克强："烦苛管制必然导致停滞与贫困，简约治理则带来繁荣与富裕"，载中国政府网，http://www.gov.cn/premier/2016 – 05/09/content ＿ 5071646. html，2021 年 6 月 4 日访问。

信息不对称是造成垃圾能源类环境邻避冲突产生的主要原因。[1]
在建设垃圾焚烧厂过程中，群众中经常会有这样的声音和担忧
出现：垃圾焚烧厂建好后垃圾焚烧过程中不会产生一些有害人
体的污染物质吗？即便垃圾焚烧厂技术先进，排放物经过处理
后不会产生有害人体的物质，但对其处理能始终实现达标吗？
以及政府如何实现对垃圾焚烧发电厂的有效监管，保证垃圾焚
烧厂始终正常运转？倘若在垃圾焚烧过程中出现排放物不达标，
而对周边群众人体造成损害，如何进行补救？实际上，群众的
担心不无道理，不能简单地站在政府角度去考虑问题，对公众
的担忧求全责备，理所当然地认为政府在决定建设垃圾焚烧厂
时，必然会对各种问题进行考量与综合评价。笔者认为这些担
忧更多的是事出有因的，其根源在于公众与政府或者说企业掌
握的环境污染信息不对称所致。

由于我国环境信息公开制度所涉及的法律法规对于政府公
开内容的限定是有限的，因而政府在进行一些环境信息公开时，
往往因所要公开的信息不在公开之列而选择性公开、忽略公开
或者简化公开。在垃圾能源类邻避项目建设中，政府往往仅站
在提倡建设的立场上，向公众宣传建设垃圾焚烧厂的必要性和
可行性，包括垃圾焚烧在很多国家已经成为垃圾处理的主流形
式，我国的垃圾焚烧技术是先进的，相关设备还出口至东南亚、
中亚等地区，垃圾焚烧厂的建设可以真正实现垃圾的无害化、
减量化、资源化等。[2]然而，政府并未公开群众真正关注的信
息，并努力解决其忧虑的症结问题，这就使政府的环境信息公

〔1〕 转引自张舟："如何破解垃圾分类'关键小事'之难"，载四川日报数字版，
https://epaper.scdaily.cn/shtml/scrb/20191224/228881.shtml，2021年5月19日访问。
〔2〕 徐海云等："专家出马揭开垃圾焚烧发电神秘面纱"，载清洁网，http://
www.eqingjie.com/new/2095.html，2021年7月19日访问。

开与民众欲知的信息之间出现了极度不对称。政府在垃圾焚烧厂建设过程中，涉及的信息公开不能仅限于垃圾焚烧厂的建设，公众更关心的是垃圾焚烧厂建成后的运营管理和监管如何真正落到实处，特别是垃圾焚烧厂内部运行管理的可靠程度等内部信息。由于这方面环境信息公开的不对称、不及时，致使公众对垃圾焚烧厂建设的不理解、不信任在所难免。

《环境保护法》第53条为保障公众的环境信息权赋予了其相应的监督权，这对于提升政府环境信息公开绩效具有重要意义。在垃圾焚烧厂项目建设中，加强公众对项目建设信息公开的监督，以此促进此过程中政府环境信息的公开不失为制度设计中的明智之举。

总体而言，我国环境信息公开方面的制度规范仍处于不断发展进步中，但从垃圾能源类邻避冲突视角看我国这方面的法律规范仍是不完善的，主要表现为太过分散与位阶偏低。相关法律规范的不完善，使垃圾焚烧厂建设中政府环境信息公开相关规定的严格执行明显不足，进而为此类邻避冲突的产生埋下隐患。因此，加快完善我国环境信息公开方面的制度规范并严格执行是势在必行的。

第三节　从垃圾能源类环境邻避冲突视角看我国环境公众参与制度的法律实施情况

与经济社会的飞速发展相伴而来的是环境污染、环境质量下降等一系列环境问题。面对这些环境问题，公众作为最直接的体验者和接触者，往往比政府更有发言权，因此公众参与在有效处理环境问题中显得尤为重要。垃圾能源类项目出现的诸多邻避问题作为环境问题的一个方面，特别是在垃圾能源项目建设运行中，公众如何进行有效参与，以及公众如何参与才能真正发挥环境公众参与制度的作用和优势，这些都是值得我们深入探究和思考的。笔者这里所指的环境公众参与制度是在垃圾能源类邻避项目建设过程中，负责项目落实的政府相关主体允许利益相关者或者一般社会公众，就该项目通过提供信息、发表评论、提出意见、表达利益诉求等方式参与到项目决策中来，以提高此类项目决策的科学性、合理性及公众认同性的制度。

从理论层面来讲，环境公众参与制度主要包括：公众环境知情权、公众环境参与决策权、公众环境监督权。对公民这三方面权利的细化规定，可以有效保障公众环境参与权和相关利益的实现。从法律层面来看，我国当前有关环境公众参与的法律制度包括：2016 年和 2018 年两次修正的《环境影响评价法》、2009 年实施的《规划环境影响评价条例》、2014 年修订的《环境保护法》、2015 年 9 月实施的《环境保护公众参与办法》，以及 2019 年 1 月实施的《环境影响评价公众参与办法》。

《环境影响评价法》是我国最早规定环境公众参与制度的环境法律制度。该法第 11 条明确规定了在编制"专项规划"时通过举行论证会、听证会等形式保证公众的参与。该法作为首部规范环境公众参与制度的法律，其进步意义是十分明显的，但其局限性也是显而易见的，如仅规定了"专项规划"环节，而未涉及同样需要规范的"建设项目"阶段，同时条文规定的内容也较简单，缺乏具体的执行方案。《规划环境影响评价条例》第 13 条拓展了《环境影响评价法》第 11 条规定的参与方式，增设了"调查问卷、座谈会"两类方式，以及规定了环境影响评价后的二次论证以保障公众参与权。2014 年修订的《环境保护法》首先于第 5 条作出了环境公众参与原则性的规定，然后在第五章对信息公开和公众参与进行了专章规定，其中，第 56

条直接规定了公众参与。《环境保护公众参与办法》是对修订后的《环境保护法》中公众参与方式进行的具体细化规定，目的是使环境公众参与更具有可操作性。《环境影响评价公众参与办法》以规章形式将现行环境保护法律制度中的公众参与制度作了全面具体化的规定，其中尤为值得关注的一点是，其对环境项目规划建设中公众参与的时间限制作出了明确规定，即确定了环境公众参与实效性方面的程序内容。[1]综合看来，我国当前有关环境公众参与的法律规范数量并不多，且随着相关实践的不断发展，法律中的不足也逐渐显露出来。

随着国家对于垃圾焚烧认识的深化，包括通过垃圾焚烧使堆积如山的垃圾实现减量化、借助焚烧发电实现垃圾的能源化处理，以及技术的发展使垃圾焚烧达标排放物对人体不具有毒害性等，垃圾焚烧厂建设于 2006 年后在浙江、广东、江苏等省份如雨后春笋般迅速增加。与此相伴而来的是，垃圾焚烧厂的建设并非都能顺利展开，有的地区在实践中不注重环境公众参与机制的完善，往往会引发一系列反对垃圾焚烧厂选址、建设方面的邻避事件，下面结合具体典型案例进行分析。

首先，以引发广泛关注的广州市番禺区垃圾焚烧厂选址事件为例进行分析。2009 年 10 月，广州市番禺区垃圾焚烧厂选址事件中数百名业主发起签名，对垃圾焚烧厂的建设表示严重抗议，作为垃圾能源类邻避冲突最有标志性的事件因媒体广泛报道而吸引了全国的关注。该冲突主要产生于番禺区垃圾焚烧厂选址事件前期，因广州城市的发展原已定好的垃圾焚烧厂选址就处在了距离居民较近的住宅区旁边，因而该选址计划引发了周边居民的强烈反对。面对社会压力，番禺区政府暂停了原选

---

[1] 朱芒："公众参与的法律定位——以城市环境制度事例为考察的对象"，载《行政法学研究》2019 年第 1 期。

址计划实施，重新重视公众参与的落实。之后当地政府开始对原垃圾焚烧厂选址区开展民意测验，有97.1%的受访居民反对建垃圾焚烧厂，随后广州市政府紧急出台了为后续垃圾焚烧厂选址中公众参与提供合法性依据的政策文件。后来对垃圾焚烧厂的最终选址，广州市通过收集民意、全民讨论、座谈会等方式听取了民众意见，并进行了相应的专门环境影响评价活动。综合此次邻避事件来看，正是因为前期缺少了公众参与这一环节，使当地政府的决策不易被公众认可，从而引发大规模因垃圾焚烧厂选址爆发的邻避冲突。当事件发展到中后期，当地政府的"紧急立法"也是迫于社会压力而非直接基于其法定义务，尽管将公众参与融入项目决策与建设中后相应的邻避冲突得到了相应化解，但是此时的公众参与制度仍然是被动实施的。

另外一个对考查"公众参与制度执行如何"具有研究意义的案件是"北京市六里屯垃圾焚烧厂规划事件"。2007年1月，北京市六里屯建设垃圾焚烧厂的选址规划环评报告书得到政府批复同意，计划于同年3月动工建设。然而在动工伊始，项目规划区内的众多居民以建设项目选址不当、公众参与不符合法律规定等，向原国家环境保护总局提出对该决策进行行政复议的请求。之后，原国家环境保护总局作出了相应的行政复议决定，认为该项目选址虽然在前期环评中的公众参与，包括公示会、专家论证会和发放调查意见表等符合《环境影响评价法》规定程序，但是基于该项目选址的调查表发放数量有限且该地区新增居民多，该项目建设的潜在环境风险会对更多人造成影响，所以该项目选址需要扩大公众参与，进一步展开论证审慎决策。2011年底，北京市宣布取消在六里屯建设该垃圾焚烧厂选址的决定。在这个涉及垃圾能源类邻避冲突案件行政复议决定中可以看出，复议机关认为被申请人当地行政机关虽然在程序上符合《环境影响评价法》的规定，但是未能完全履行法定的公众参与义务，即复议机关认为不能仅仅从形式上履行法定的公众参与义务，同时还需要考虑到公众参与制度设计的目的要求，以及公众想要通过参与所实现的主观需求，这在一定程度上反映了我国环境公众参与制度在实践中由形式上符合向注重实质性符合的转向。

在此类邻避冲突事件中，依法依规地正确处理好项目规划建设与环境公众参与之间的关系，引导公众依法有序参与项目规划落地是避免"邻避效应"的良策。广东省廉江市破解生活垃圾焚烧厂落地难题正是利用了这一策略，不管是依法依规引导公民参与垃圾焚烧厂选址也好，还是将权威机构形成的环评报告公之于众，以及建成后将垃圾焚烧厂运行数据向公众进行公开透明展示，该市用实际行动表明引导公众依法有序参与对于避免邻避冲突发生的重要意义。廉江市政府在生活垃圾焚烧发电厂项目选址过程中，始终把保持项目的合法性放在首位，在相关法律制度的指导下开展群众工作，积极引导公众参与，努力获取群众的认可和支持。2013 年 5 月，在完成环评、环评公示、公众调查、环评听证等环节后，廉江市垃圾焚烧发电厂项目选址成功落地。[1]在此案例中，政府的每一步操作都在合法合规的指导下进行，都在保障公众有效参与的前提下实施，由此保障了该市垃圾焚烧厂选址与建设的顺利推进。项目建成投产后，为保障公众的监督权，设置了公众可以实时监控厂里排放情况的设施和平台，以及组织村民代表进入正在运行的垃圾焚烧厂实地观察，并注重及时收集村民的不同意见并根据新问题进行及时的沟通与解决。

从垃圾能源类邻避冲突的视角来看，我国环境公众参与制

---

〔1〕 "找对方法行之有效　垃圾焚烧发电项目不再落地难成"，载新浪博客，http：//blog. sina. com. cn/s/blog_ 1365fa60e0102v3u7. html，2021 年 3 月 6 日访问。

度法律规定的不断完善，使公民的环境知情权、参与权和监督权得到了切实保障，垃圾焚烧厂项目规划建设的实践也表明，如果注重建设并完善相关的环境法治和法律治理体制，当地政府更重视依法保障公民的环境公众参与权，努力将环境正义作为其价值导向，那么此类邻避冲突事件则更可能朝着缓和、衰减甚至是无从产生的方向发展。

第四节　从垃圾能源类环境邻避冲突视角看我国环境听证制度的法律实施情况

从行政立法与决策中的公告——评论，到政府举行的首次环境影响评价公众听证会——圆明园听证，环境听证制度在公众参与实践中具有越来越重要的地位。环境听证制度是在进行环境立法及环境项目决策等法律规定条件下，由相关部门组织利益相关者对该项环境立法或环境项目等听证主题提出相关意见，并论证这些意见的必要性和可行性的制度设计。环境听证是实现公众参与的途径之一，在我国当前的环境法律制度下，有效的环境听证是保障公民环境利益的重要方式。借助听证程序的实施，公众可以向政府表达自己的利益呼声，而政府也可以更好地实现对民意的了解，实现悉心听取和顺畅的交流，以及对各方利益的综合考量，从而可以有效避免因信息的不对称甚至是错误信息传递而引发的群体冲突。听证程序的设计与法院庭审模式相似，参与听证的利害关系人可以全面提出自己的相关意见，并且享有对自己的意见进行陈述、举证、辩论的权利。在听证会结束后，由组织听证会的政府部门再分析、论证，在全面考量会上收集的公众意见的基础上对各方意见进行回应，进而实现依法科学民主决策。

在我国，环境听证制度虽然早已确立并存在一定的发展历史，但是我国在规制环境听证方面的相关法律制度并不多。我国当前法律制度中明确规定的环境听证制度主要包括：环境立法听证、环境保护行政许可听证、环境影响评价听证和环境行政处罚听证。环境立法听证主要按照《立法法》的规定，环境行政处罚听证主要涉及《行政处罚法》《环境行政处罚办法》《环境行政处罚听证程序规定》等，这两个部分是我国环境听证制度的重要组成部分。由于在垃圾能源类邻避冲突中，主要涉及环境影响评价听证和环境保护行政许可听证，所以在本部分着重对这两方面相关法律制度进行分析。

最早以法律形式对听证制度进行明文规定的是 1996 年 3 月通过的《行政处罚法》，这也是首次从国家层面对听证制度进行规定，并且也是在环境行政处罚听证领域最先确立的。该确立行为为后来我国环境保护行政许可听证制度奠定了基础，提供了程序上的制度参照。2004 年 7 月 1 日起施行的《行政许可法》（2019 年修正）以及与其同时施行的由原国家环境保护总局通过的《环境保护行政许可听证暂行办法》，对环境保护行政许可制度进行了规定，这也意味着环境影响评价听证会进入到了法律化、制度化阶段。《行政许可法》对听证会的启动作出了具体规定，在该法第 46 条和 47 条中明确规定依法定、行政机关自由裁量和依申请三种听证启动程序。根据这两条规定，从解释论角度而言，在行政机关做出与居民重大利益相关的环境方面的许可行为时，公众有权据此规定参与相关的听证活动。[1]《环境保护行政许可听证暂行办法》第二章"听证的适用范围"同样对此进行了确认。对于公众依申请召开的程序性规定在《环境保护行政许可听证暂行办法》中也有所规定，即在环境保护行

---

[1] 朱芒："公众参与的法律定位——以城市环境制度事例为考察的对象"，载《行政法学研究》2019 年第 1 期。

政许可的特定阶段，会给公众一个允许参与的特定时间期限，在这个时间期限内公众可以随时提出召开听证会的申请，并向相关政府部门或单位提交符合要求的听证申请书。此外，该规章还对听证适用范围予以具体化，即还包括应当编制环境影响报告书的建设项目，以及会对所在地居民生活环境质量产生严重影响的建设项目，在报批环境影响报告书前或者重新审查前，未征集或征集了但存在重大意见分歧的情形下，环境保护行政主管部门对是否举行听证会享有一定裁量权。另外，《行政许可法》对听证主持人和听证笔录均作出了严格规定，作为贯彻《行政许可法》的配套措施，《环境保护行政许可听证暂行办法》在第三章以专章形式规定了听证主持人和听证参加人，听证主持人由承担许可职能的环境保护行政主管部门指定，尽管被指定的听证主持人由审查该行政许可申请的工作人员以外的人担任，然而这一规定对于听证的公正性和主持人的中立性仍然会造成影响。

而后，国务院于 2009 年 8 月通过了《规划环境影响评价条例》。该条例对规划环境影响评价阶段由环评审批机关组织听证会作出了具体程序性规定，规定了完整的举证—质证—辩论程序，在程序上较成熟完善。此外，条例中还对规划环评阶段举行听证会的条件进行了规定，该条例第二章第 13 条首先规定了听证会作为规划编制机关公开征求单位、专家和公众环评意见的形式之一，而后规定了听证会可以作为规划编制机关对环境影响评价结论进一步论证的形式。虽然，听证会只是有关单位、专家和公众在规划环境影响评价阶段进行规划参与的形式之一，但从该条例第 13 条规定可知，听证会可以贯穿规划环境影响评价征求意见前期和后期整个阶段，是实现公众参与的重要形式之一。

《环境影响评价公众参与办法》作为最新调整环境听证行为的一部部门规章，自 2019 年 1 月 1 日起施行。该办法主要对项目建设环境影响评价阶段由建设单位举行听证会提出了具体要求，该办法第 14 条规定了建设单位的建设项目使公众对环境影响方面的非专业性内容提出较多质疑性意见时，相关部门负有组织召开公众座谈会或者听证会，并邀请可能受建设项目环境方面影响的公众代表参加的义务。总体而言，项目建设单位组织听证会与规划环境影响评价阶段由环评审批机关组织听证会的模式相比，规定得没有那么成熟完善。该阶段听证会的启动主体是项目建设单位或委托的环评机构，听证会主持人也是建设单位人员，公众的陈述发言也只在辩论和最后陈述阶段，没有举证质证程序，只能对已有意见进行解释说明，不能全面开展沟通与交流，从这一程序上的规定来看，无法实现公众的有效参与和发挥听证制度的真正作用。

涉及垃圾能源类邻避冲突的环境听证制度，按照王锡锌教授在《行政过程中公众参与的制度实践》一书中对听证制度进行的分类应为行政决策型听证。2017 年至今，我国邻避问题虽然进入了转型阶段，邻避冲突规模、对抗程度、舆论影响呈下降趋势，但是公众的邻避情结却未明显下降，邻避冲突的数量仍然居高不下，垃圾能源类邻避冲突的占比仍然较大。《中国环境年鉴》曾指出："无论建设垃圾填埋场或者焚烧厂，都会遭到周边群众反对。"近年来，仍有不少因垃圾焚烧厂建设而引起舆论广泛关注的环境群体性事件，如 2018 年北京市鲁家山垃圾焚烧厂的二期工程建设遭到周边居民抵制，从而引发因垃圾能源类项目建设产生的邻避冲突。事实上，项目规划建设中公众参与的不足甚至缺失是此类邻避冲突爆发的关键。目前在与环境项目有关的决策中，作为公众参与重要形式之一的听证制度并没有被广泛使用，有些地方即使根据法律规定适用了该制度，但仍然也只是形式上的适用，没有有效实现该制度设计之初的价值追求。

环境项目建设方如何与公众进行有效沟通，双方如何进行深入有效的交流对话，利用好听证制度不失为一项解决问题的好办法。当前，在垃圾焚烧厂邻避项目选址和建设上，根据我国相关法律制度规定主要涉及项目建设单位组织听证会和环评审批机关组织听证会，对于制度实践而言，后者的听证会模式相对更为成熟，有完整的举证—质证—辩论程序，也符合国外有关听证会的辩论质询模式，但是由环境影响评价审批机关组织听证会的概率比较低，因为启动这种听证会一般都在环境影响评价的最后阶段，若前期的项目环评已经合格，那么环评听证会则无须启动。而前者项目建设单位组织听证会的制度规定没有那么完善，由建设单位人员担任听证会主持人，参与的公众无法进行举证质证，仅可在辩论中和最后陈述阶段对意见进行简单解释说明，由此看来公众即使参与了，但制度设计上的弊端仍无法真正满足公众的有效参与，听证会更多成为一种形式上的存在。另外，由于相关法律规定了听证会、论证会、座谈会、意见调查表等多种形式的公众意见反馈方式，这也是实践中有关决策部门避重就轻，放弃公众参与效果更好但是组织成本更高的听证会形式，而选择较便捷容易但是双方可能无法实现有效沟通的座谈会、意见调查表等单边式"宣传教育"的原因。缺乏深入有效交流对话、信息互换的双方对于最终决策的态度差异，造成项目落地实施时公众强烈不满，其可能采取上街游行、信访、堵门等方式来表达反对态度，此类邻避冲突就此产生。

一些地方政府未将项目选址及其他相关信息对公众主动公开，并将听证会等公众参与途径流于形式。然而，"民意如水宜疏不宜堵"，相关单位或政府部门在邻避项目规划建设过程中，倘若能及时公开相关项目信息，多利用听证制度听取民意，多引导代表不同利益群体的公众利用听证制度表达意见，维护自身环境权益，作出的最终决策严格按照会议记录或者听证结果执行，并顾及各方利益群体的表达和冲突协调，那么以高透明度的听证信息换来的决策结果将会更加具有公众信服力。

第五节　从垃圾能源类环境邻避冲突视角看我国环境行政应急处置方面的法律实施情况

目前，我国垃圾能源类邻避项目的发展仍处于初级阶段，无论是此类邻避项目的种类、发展进程，政府对此类邻避项目的支持政策、导向，相关企业对此类邻避项目的探索发展，还是公众对此类邻避项目的认知与态度，都处于一个不稳定的特殊阶段。随着近些年我国垃圾能源类邻避项目的加快引入与不断推进，由此引发的邻避冲突数量不在少数，如 2012 年广东省清远市建设垃圾焚烧厂引发的邻避冲突事件，2014 年浙江省杭州市九峰垃圾焚烧厂引发的邻避冲突事件，2015 年浙江省宁波市象山垃圾焚烧厂引发的邻避冲突事件，2016 年湖北省仙桃市垃圾焚烧厂引发的邻避冲突事件等。可以说垃圾能源类邻避项目引发的邻避冲突是我国当前发生频率较高的一类邻避冲突。这就导致此类项目在我国的推进面临重重困境，最明显的困境就是极易引发邻避冲突，此类邻避冲突不仅容易造成人员伤亡，而且对项目所在地区的社会稳定、经济正常运行、政府与民众之间的原有关系都产生了一定的负面影响。面对频发的此类邻避冲突，加快以垃圾能源类邻避项目建设为核心的相关法律制度建设日益成为保障此类项目良性发展、顺利推进的关键环节，而对此类邻避冲突的应急处置则体现了当地政府的行政执法水平和专业治理能力。基于处置这类邻避冲突之前并不是完全成功的执法经验，加强应对处置此类邻避冲突时相关行政机关的应急执法能力建设就变得刻不容缓了。

在我国法律法规体系中，行政机关处置此类突发事件一般情况下是有相关法律依据的，如《突发事件应对法》《突发事件应急预案管理办法》《突发环境事件调查处理办法》《突发环境事件信息报告办法》等，虽然其完备性还比较有限，还比较缺乏直接性的相关法律法规，但总体上是可控的。综合分析我国多起此类邻避事件处置过程，可看出行政机关在进行应急执法方面是具有一定共通性的。

随着我国社会主义法治建设不断进步，我国各级政府的依法行政水平也在不断推进到新的阶段。行政机关在应急处置此类邻避事件时，努力结合《突发事件应对法》等相关法律规定，在保障依法公正及时处置的前提下，还注重结合案件具体情况在相关法律规定不太明确时创造性地开展了相关工作，开创了新时代我国行政应急法治发展的新局面。

第一，行政机关在应急处置此类邻避冲突时积极遵循合法性原则。虽然，我国目前针对此类邻避冲突应急处置的有关规定并不是十分具体明确，但是行政机关在具体处置时，还是尽量援引《宪法》《突发事件应对法》《治安管理处罚法》《突发事件应急预案管理办法》等相关法律法规和政策规定，为此类事件的应急处置提供了基本的执法依据。

第二，行政机关在应急处置此类邻避冲突时积极遵循行政效率原则。垃圾能源类邻避群体事件其发生多具有突发性，并且其危害方式、时间、结果等往往都无法预知，可控性较差，这对相关行政机关的应急处置执法效率和执法效果都提出了较高要求。只有迅速、果断、有效采取相应的行政应急处置预案和策略，才能最大限度减少此类邻避冲突可能造成的危害，最大程度保护相关利益主体的合法权益和社会秩序的和谐稳定。

第三，行政机关在应急处置此类邻避冲突时积极遵循公开原则。此类事件的根源问题在于项目过程中政府、企业、专家与公众的信息不对称，无论是项目的一些基础问题还是选址、运行等，都涉及公众利益，因此相关信息需要满足信息公开的原则，保障公众的知情权等相关权益。与此同时，还应积极吸纳公众智慧，对项目规范建设、依规运行提出合理建议，在应急处置中对相关行政机关的执法行为进行社会监督。

第四，行政机关在应急处置此类邻避冲突时坚持保障公民基本权利原则。"国家保障公民的基本权利，尤其应该在应急状态下最大程度地保障公民基本权利不受侵害。"[1]在涉及此类邻避项目处置中，或多或少会对公民基本权利产生一定冲击，甚至会限制部分公民的宪法性权利。我国法律明确规定公民的合法权利不受侵犯和非法限制。即便行政机关以行使行政应急权为借口，也不得在毫无理由和根据的情况下限制公民的基本权利。[2]行政机关在严格依法行政的前提下，采取应急措施处置邻避事件时，要最大程度保障公民合法权益不受侵害，或尽量降低为了保障社会公共利益而对公民权利造成的伤害。

第五，行政机关在应急处置此类邻避冲突时更应努力遵循比例原则。比例原则是行政机关实施行政行为应兼顾行政目标实现和适当性手段的选择、保障公共利益和相对人权益的均衡，如为实现行政目标可能对相对人权益造成某种不利影响时，应将这种不利影响限制在尽可能小的范围和限度内，使二者处于适度的比例。[3]在各地的垃圾能源类邻避事件处置过程中，虽

---

〔1〕　王喆："突发环境事件中行政应急权的法律规制研究"，兰州大学 2019 年硕士学位论文，第 16 页。

〔2〕　王喆："突发环境事件中行政应急权的法律规制研究"，兰州大学 2019 年硕士学位论文，第 15 页。

〔3〕　姜明安主编：《行政法与行政诉讼法》（第 6 版），北京大学出版社、高等教育出版社 2015 年版，第 73 页。

然各地行政机关采取的方式不同，邻避事件最终的结果也不相同，有对邻避项目改建停建的，也有成功化解冲突后期继续建设的，但各地行政机关的应急处置措施或多或少都能体现出比例原则的适当性、必要性和均衡性。

目前，我国在应急处置此类邻避冲突时并无一套完整的法律法规体系作为相关行政机关的执法依据。行政机关在处理此类事件时的思维、策略、方法，公众的态度，所涉邻避项目企业的资质和能力等多种因素，使解决此类邻避冲突往往呈现不同的结果和走势。近些年，我国在应急处置此类邻避冲突的模式上可分为两种，分别是"维稳式""应急式"。

近些年，我国因垃圾焚烧发电项目引发的邻避事件有很多，如广州市番禺区生活垃圾焚烧发电项目、苏州市吴江区平望生活垃圾焚烧发电项目、浙江省宁波市象山垃圾焚烧发电项目、广东省清远市垃圾焚烧发电项目等。从这些实际发生的邻避案例中可以看出，基本上项目本身都引发了不同程度和规模的邻避冲突，各地政府采取的行政应急处置方式也各不相同，使得这些邻避事件的解决结果有的成功了，也有的失败了，但是总体上失败的案例还是相对较多的。我们对这些失败案例进行综合分析可以看出，部分地方政府在应对此类突发性邻避冲突时，在应急处置规范和相应的程序上还是存在一些问题的，具有进行归纳总结如下：

第一，系统全面的针对此类邻避冲突事件的应急法律规定有待完善。我国行政机关在涉及垃圾能源类邻避事件应急处置执法上，所依据的法律主要是这部专门针对突发事件制定的《突发事件应对法》，还有《宪法》《行政诉讼法》《环境保护法》《固体废弃物污染环境防治法》涉及与行政机关应急处置执法相关的规定，以及《突发事件应急预案管理办法》《突发环境事件调查处理办法》《突发环境事件信息报告办法》等规定中对行政机关应急处置环境邻避事件相关问题的规定。这些法律法规对行政机关应急处置执法的规定是比较概括性的，如对预防与应急准备、监测与预警、应急处置与救援、恢复与重建、法律责任等问题均有规定，但这些规定还是较原则化的，在实际应急处置操作中发挥的具体实践指导效果有时是不太理想的。此外，无论是专门性的应急法律《突发事件应对法》，还是与垃圾能源类项目相关的《环境保护法》《固体废弃物污染环境防治法》等法律，在此类邻避事件中行政机关应急处置权的授权范围、应急义务，预警机制的建立和制定的相关内容，向公众进行信息披露的时间限制，以及行政机关应采取的监管措施和行政强制措施、行政处罚后对相关企业和人员的监管问题并没有细化的规定，即便在某些层面涉及相关词语的表达，但也仅仅局限在"兜底性条款"[1]的规定。

第二，明确高效的针对此类邻避冲突事件的应急法定程序有待完善。程序正义是现代法治国家建设之必须要素，法定程序得到严格适用的目的就是要把权利行使的边界止于法律边缘。行政程序具有法定性，用于规范行政行为的程序一般应通过预设的立法程序法律化，使其具有控制行政行为合法、正当运作的强制力量。[2]由于环境邻避冲突的发生多具有突然性、不可预测性，这方面的行政应急执法相对于普通行政执法来说，对行政效率具有更迫切的需求，这就使行政应急执法程序相较于普通执法程序在规定上更简洁一些，这就不可避免地导致一些行政机关行动时的互相推诿，甚至也有导致行政应急权滥用等

---

〔1〕 王喆："突发环境事件中行政应急权的法律规制研究"，兰州大学 2019 年硕士学位论文，第 23 页。

〔2〕 姜明安主编：《行政法与行政诉讼法》（第 6 版），北京大学出版社、高等教育出版社 2015 年版，第 325 页。

违法行为发生的可能性。目前，在此类邻避冲突的应急处置上，行政机关并没有明确的应急处置执法程序，这就使在此类项目引发邻避冲突时，各地政府的应急处置方式各有不同，程序的规范性较差，信息公开的程序、内容、方式等也不明确，从而致使更严重的邻避冲突结果的发生。如从广州市番禺区生活垃圾焚烧发电项目居民的上访，继而出现北京市六里屯、苏州市吴江区平望垃圾焚烧发电项目周边居民的抗议，再到杭州市九峰垃圾焚烧发电项目周边一些村民和社会人员的"打砸"及与警方发生激烈冲突，就是相关行政机关在应急处置执法程序不太明确的情况下，针对此类邻避事件应急处置方面的摸索，其耗费的时间、精力都比较大。值得肯定的是，杭州市九峰垃圾焚烧发电项目虽然耗时漫长，但最终当地政府还是按照日趋完善的法定程序，并在达成有效协议的基础上将该项目引上了正轨。

第三，完备有效的针对行政机关应急处置此类邻避冲突时执法行为的监督体系有待完善。"权力必须关进制度笼子里"，在应急处置邻避冲突时更应如此。在需要提高行政处置效率的基础上，行政机关的应急处置权必须在有效监督下规范行使，并对其及时加上严肃党政问责制度的枷锁，防止其出现权力滥用、推诿扯皮、懈怠执法等情形。目前，我国在处置此类邻避事件中，对行政机关的应急处置执法监督主要来自上级主管部门，而行政机关上下级的固有领导关系，又一定程度上制约了其实际监督效果。此外，目前的应急处置执法监督主要集中在事后监督，事前和事中的监督相对薄弱，典型案例是在湖北省仙桃市垃圾焚烧邻避事件中，被问责的官员主要是造成了一定后果后的党政问责，事前和事中的危机预防和权力监督工作是明显不够的。

第六节　从垃圾能源类环境邻避冲突视角看我国环境影响评价制度的法律实施情况

目前，我国有《环境影响评价法》《城乡规划法》《建设项目选址规划管理办法》等相关法律法规对建设项目选址问题，以及环境影响评价制度进行了规定，可以说在环保领域的各项机制中，环境影响评价制度是发展得相对较快且不断完善的。但是随着我国法治建设的不断完善，环境影响评价制度在具体实施中也存在一些亟待完善的地方。尤其在涉及与公众生活息息相关的城市生活垃圾处理这一领域——垃圾能源类环境邻避项目的环境影响评价上，我国并没有针对该类项目邻避特点进行专门性的规定，相关的制度保障设计也有待完善。通过对此类邻避项目实际案例中环境影响评价制度运用情况的梳理，可以看到该制度实践中还存在以下问题：

第一，环境影响评价的承担主体，即环境影响评价企业缺乏独立性。根据《环境影响评价法》的相关规定，环境影响评价承担主体是建设单位或建设单位委托的技术单位，环境影响评价所需的相关材料由国务院生态环境主管部门制定、受理和审批。[1]我国环评机构的现实状况是，除了少数民营企业性质

---

〔1〕　2018年修正后的《环境影响评价法》第19条规定："建设单位可以委托技术单位对其建设项目开展环境影响评价，编制建设项目环境影响报告书、环境影响报告表；建设单位具备环境影响评价技术能力的，可以自行对其建设项目开展环境影响评价，编制建设项目环境影响报告书、环境影响报告表。编制建设项目环境影响报告书、环境影响报告表应当遵守国家有关环境影响评价标准、技术规范等规定。国务院生态环境主管部门应当制定建设项目环境影响报告书、环境影响报告表编制的能力建设指南和监管办法。接受委托为建设单位编制建设项目环境影响报告书、环境影响报告表的技术单位，不得与负责审批建设项目环境影响报告书、环境影响报告表的生态环境主管部门或者其他有关审批部门存在任何利益关系。"

的环评机构较为独立，许多环评机构仍然是事业单位性质的组织，隶属于地方上的政府环保部门或者是环境科学研究院所。[1]所以从某种程度上看，我国现有的环境影响评价机构并不能完全独立于环保部门，二者总是存在或多或少的利益关系，甚至是实际隶属关系。《环境影响评价法》第19条第4款明确规定："接受委托为建设单位编制建设项目环境影响报告书、环境影响报告表的技术单位，不得与负责审批建设项目环境影响报告书、环境影响报告表的生态环境主管部门或者其他有关审批部门存在任何利益关系。"实际上，也很难确保承担环境影响评价单位作出的环境影响评价文件具有完全的独立性和客观性。在此类邻避项目实践案例中，不乏因环境影响评价承担主体和相关部门存在利害关系或违法行为，使相关的环境影响评价文件缺乏科学性、独立性和客观性，而这往往是公众发起反对垃圾焚烧项目，并最终演化为严重邻避冲突事件的重要原因。

第二，参与环境影响评价的专家无法确保其独立性。垃圾能源类邻避项目作为具有一定专业技术含量的建设项目，其环境影响评价势必需要相关专家的参与。除了与此类邻避项目相关的新闻发布会、座谈会、论证会需要相应专家出席外，环评的专家库也是由具有相应专业知识的专家组成。这些出席会议的专家和专家库中的专家名单是由政府或相关单位选出的，在主观上公众对这些专家已经有了些许的不信任感。在客观上，不排除个别专家会受到经济利益、政治利益和个人情感等因素影响，发表缺乏客观、中立立场并具有一定倾向性的观点。广州市番禺区垃圾焚烧发电项目遭遇邻避事件的起因就与此有关。

---

〔1〕 黄孝义："垃圾处理场选址制度研究——以克服邻避情结和选址歧视为目标"，华东师范大学2015年硕士学位论文，第31页。

第三，环境影响评价选址过程依然存在封闭式决策的嫌疑。听取公众意见是保障环评客观、中立、准确的重要一环。当下的一些垃圾焚烧项目建设中，环评单位在选择公开相关信息的时间上并未考虑便于公众知悉的途径、时间，而在举办座谈会、听证会、论证会等听取公众意见时，除了存在程序形式化以外，参与的公民有的也是经过事先筛选的。从其中的几个重要环节来看，未免有封闭决策之嫌，而这些环节中如果有一环稍被人为操控，那么整个环评工作就往往变得毫无意义，甚至会给后面项目的顺利推进造成巨大损害。

第七节　从垃圾能源类环境邻避冲突视角看我国构建社会稳定风险评估体系的法律实施情况

社会稳定风险评估（"稳评"），是对与人民群众利益密切相关的重大决策、政策以及重大改革措施、重大工程建设项目等事项，在制定出台、组织实施或审批审核前，对可能影响社会稳定的因素开展系统调查，进行科学预测、分析和评估，制定相应的风险应对策略和应急预案，从而实现有效规避、预防和控制重大事项实施中可能产生的社会稳定风险，从而确保重大事项能顺利实施的一种制度性预防措施。

维持社会稳定和共建和谐社会是社会公众的普遍期盼，也是社会转型期不可忽视的重要问题，对此，增强忧患意识、责任意识，认清形势、把握规律，加大源头防范和治理力度，充分重视维护社会稳定问题就显得十分必要。[1]尤其随着社会主义法治建设的加快发展，社会稳定风险评估已成为行政机关作

―――――――――――

[1]　马玉生："打好新形势下维稳主动仗——深入学习习近平同志关于维护社会大局稳定的重要论述"，载《人民日报》2017年1月13日。

出科学民主决策，预防社会风险的一项不可或缺的事前防范手段，而社会稳定风险评估的法治发展状况也成为我国法治建设中的重要内容之一。

垃圾分类的处理一般分为四个阶段：分类投放、分类收集、分类运输、分类处理。涉及垃圾相关的设施，在居民生活中是最常见也是最想避而远之的一种环境邻避设施。生活垃圾是最具开发潜力的、永不枯竭的"城市宝藏"，是"放错地方的资源"。[1]目前，我国的垃圾焚烧发电项目处于垃圾分类处理的第四阶段中，也是当下最有效、比较环保和能实现最大限度变废为宝的一种垃圾能源建设项目。但其现实状况却让人尴尬，"无论建设垃圾填埋场或者焚烧厂，都会遭到周边群众反对"。[2]所以，对此类邻避项目进行及时的稳评，就成为预防此类邻避事件发生的重要手段之一。

目前，在我国稳评的法治实践过程中，已经形成了以地方特色为代表的模范型稳评制度。比如，江苏省的"淮安模式"、四川省的"遂宁模式"、天津市的"天津模式"、上海市的"上海模式"，分别在稳评的法治化实践中，特别是在稳评的立法、执法、司法和公众参与实践维度上，取得了许多先进的法治实践经验。垃圾焚烧项目在选址、建设和运营过程中，往往存在很多不稳定因素，极易产生危害当地社会稳定的风险。因此，这些优秀的稳评模式对推进此类邻避项目的社会稳定评价有积极的实践指导意义。从我国稳评体系的建设和发展实践来看，有关垃圾能源类邻避冲突的稳评体系还存在很多问题，要建立

---

〔1〕 庞素琳等：《城市生活垃圾处理与社会风险评估研究》，科学出版社 2014 年版，第 9 页。

〔2〕 郑旭涛："改革开放以来我国邻避问题的演变趋势及其影响因素——基于 365 起邻避冲突的分析"，载《天津行政学院学报》2019 年第 5 期。

一套科学完备的稳评制度体系还有很长的路要走，目前实践中发现的主要问题有：

第一，我国稳评制度缺乏一套完整的法律法规体系。前面列举的几个优秀"稳评模式"，即"淮安模式""遂宁模式""上海模式""天津模式"，当地相关职能部门在稳评制度实施实践中都制定了适合本地区实际情况的地方性法规或相关的规章制度，以实现稳评制度在当地实施过程中"有法可依"，有相对固定的评估标准。如《遂宁市社会稳定风险评估工作细则》《淮安市重大事项社会稳定风险预测评估化解制度（试行）》《淮安市施行重大事项社会稳定风险预测评估化解制度考评办法》《天津市发展和改革委重大建设项目社会稳定风险评估暂行办法》《天津市城市安全风险评估工作指导意见》《上海市重大决策社会稳定风险分析和评估实施办法（试行）》《上海市重点建设项目社会稳定风险分析和评估试点办法（试行）》等，这些都为当地社会稳定风险评估工作提供了立法保障、法律支撑。再比如"遂宁模式"和"淮安模式"，在其相关的地方性法规和规范性文件中规定的"五步工作法"[1]，为当地稳评工作提供了相对完备的执行程序。虽然，地方性立法的做法具有先进性，但是这些文件的法律位阶都比较低，基本都是地方的规范性文件，甚至是部门的规范性文件，其效力只能及于特定区域或领域内，而无法向更广的省级乃至全国范围推广适用。此外，具有范围局限的这些规范性文件在遇到多部门联动的稳评时，往往容易降低稳评效率，甚至只能被搁置而无法发挥其效力。从稳评的角度来看，我国目前并没有一套完整的关涉垃圾焚烧项目的法律法规体系，这就使此类项目从决策到审查报批、科学

---

〔1〕 马晓雪："社会稳定风险评估的法治化研究"，天津师范大学 2018 年硕士学位论文，第 5 页。

运营、研究论证方式、建设方案等，是否合法合理并无明确法律依据和刚性规制措施。如广州市番禺区、北京市六里屯、杭州市九峰的垃圾焚烧发电项目，其初期没有一套系统的稳评体系作为依托，在项目伊始并没有预估到存在社会稳定风险，这也是后期出现邻避冲突后无法提出双赢解决对策的一个关键因素。

第二，我国稳评的主体界限还不明确。即稳评"决策主体""主导主体""评估主体""实施主体"的界定、权利、责任区分还不明朗。目前，从我国比较优秀的几个稳评模范案例来看，尤其是在"遂宁模式"中，对稳评对象、主体都有较明确的界定，对决策主体、评估主体、责任主体的权责、追责机制、评估程序等都有明确的规定。[1]这使涉及稳评的执法规范化、稳定化了，从而能在一定程度上确保稳评结果的稳定性和合法性。但是，"谁主管谁负责、谁决策谁负责"的原则虽然体现了权力和责任的一致性，一定程度上可以提高主管部门风险意识，但是也很难期待主管部门在考察项目可行性的同时，能够作出诸如暂缓、停止项目的负面评估结论。[2]此外，引入第三方社会稳定风险评估主体已成为稳评机制进步的重要一环，暂且忽视公众与专业评估机构、专家的专业认知不对等的问题，由于第三方评估机构、专家是由政府雇佣或购买服务而取得评估主体身份的，"在独立性和公信力上存在天然的缺陷"[3]。目前，无论在涉及垃圾能源类邻避项目稳评中，还是在其他项目的稳评中，还无法做到稳评结果的完全独立化和客观化，稳评对未来

---

〔1〕 马晓雪："社会稳定风险评估的法治化研究"，天津师范大学 2018 年硕士学位论文，第 7 页。

〔2〕 马晓雪："社会稳定风险评估的法治化研究"，天津师范大学 2018 年硕士学位论文，第 7 页。

〔3〕 廖秀健：""对抗式"重大决策社会稳定风险评估模式构建"，载《中国行政管理》2018 年第 1 期。

风险的预测性和准确性也有待提高。

第三，司法程序的介入仍是稳评制度实施的短板。目前，司法机关对涉及垃圾能源类邻避冲突相关稳评活动的介入是微乎其微的。虽然从行政诉讼角度来看，目前行政诉讼已经实施了立案登记制，从某些层面也可以保障行政相对人在涉及稳评活动中的行政行为，可以通过司法程序维护自己的合法权益。但是，实践中行政机关一般主要承担稳评报告合法性的责任，司法机关除了在审判中对行政行为起到一定司法审查的制约作用外，并不能发挥过多职权外的作用，甚至其判决结果稍有不慎还会引发超出稳评预测的其他风险。

第四，稳评过程中的公众参与不足，稳评结果的民主性、有效性有待完善。稳评中公参程度和效果对稳评结果会产生较大影响，其不仅能决定稳评报告自身的准确性，更能对社会稳定风险预测的准确度产生重要影响。目前，我国对公众参与的重视程度越来越高，对公众参与的方式也在不断创新，但是在稳评实践操作中，往往采用较快捷的公众参与方式，而对需要较多时间成本和精力的公众参与方式使用较少，但这种耗时费力的公众参与方式往往更能反映公众的真实意愿。此外，不可否认的是，我国目前的公众参与还存在"重形式、轻实质"的问题，有些部门为了项目顺利推进，不惜通过某些操作细节主导公众意见收集方向，通过这种所谓的"正当程序"来粉饰稳评结果。[1]在杭州市九峰垃圾焚烧项目中，其公众参与也经历了循环往复的过程。在司法机关介入稳评案件裁判时，如果结果无法达到公众心理预期，一定程度上也会打击公众的积极参与度。在稳评公众参与没有强制性规定的情况下，公众在不涉

---

〔1〕　马晓雪："社会稳定风险评估的法治化研究"，天津师范大学 2018 年硕士学位论文，第 16 页。

及自己利益时往往采取一种消极参与心态，即使在稳评机构调查意见时也是应付了事。

第八节　从垃圾能源类环境邻避冲突视角看我国环境司法裁判的法律实施情况

诉讼是权利救济的最后手段。"对于一项制度来说，设计得再精美、再完善，若缺乏司法救济，它就会成为'绣花枕头'，它的效用和价值就会大打折扣。"[1]垃圾能源类邻避项目具有的负外部性，对项目范围内居民的人身、财产权益会产生诸多负面影响，当周边居民合法权益遭到该邻避项目损害时，通过诉讼途径寻求法律救济是很自然的。由于此类邻避项目涉及多方主体利益，其法律关系也较复杂，相应的司法救济也应有所不同。

我国垃圾焚烧发电项目在其安全性、环保标准达标的情况下，一般不会产生严重环境污染和强烈的负外部影响。如果该类项目发生二噁英等污染物外溢污染环境时，周边公民也可以依据《民法典》侵权责任编有关"环境污染责任"的相关规定向法院提起民事诉讼，通过民事诉讼寻求权利救济。此外，"环境公益诉讼是普通公众在环境权益遭受侵犯前通过法律手段预防环境破坏行为发生的有效手段"[2]也就是说，符合资质的环保机构对涉事企业提起环境民事公益诉讼，可以阻止其对周边环境的进一步侵害，同时也保障了周边受损民众的合法权益。

在垃圾能源类邻避项目建设中，相关公民、法人或其他组

---

[1]　王秀云："环境法公众参与制度研究——从近年来涉环境群体性事件分析入手"，复旦大学 2014 年硕士学位论文，第 15 页。

[2]　汪劲：《环境法学》（第 3 版），北京大学出版社 2014 年版，第 330 页。

织的合法权益因政府行政行为违法或不当遭受损失，均可依据《行政诉讼法》相关规定向法院提起行政诉讼维护自身合法权益。此外，《行政诉讼法》明确赋予了检察机关向法院提起环境行政公益诉讼的原告主体资格。[1]目前，由于环境行政公益诉讼制度在我国实施的时间较短，实践中也存在诸多不足，这在垃圾能源类邻避冲突的诉讼维权实践中体现得更充分，甚至几乎是未曾涉及的领域。从 2017 年修正的《行政诉讼法》以及最高人民法院和最高人民检察院发布的检察公益诉讼司法解释可以看出，检察机关提起环境行政公益诉讼的必要条件是行政违法对公共利益造成了损害，对于潜在的损害风险行为能否提起环境行政公益诉讼也没有明确的法律条文表述，如果将"损害"理解为仅指实际损害，而不包括损害风险的话，对于绝大多数邻避事件中政府的行政违法行为，检察机关将无权提起环境行政公益诉讼，因为邻避事件中政府的行政行为往往是决策程序不合法、行政不作为等，尚未对环境造成实际损害。[2]在这种情况下，采取集体性抗争也许就成为受此类邻避项目影响的周边民众唯一的维权方式了。

---

〔1〕《行政诉讼法》第 25 条第 4 款规定："人民检察院在履行职责中发现生态环境和资源保护、食品药品安全、国有财产保护、国有土地使用权出让等领域负有监督管理职责的行政机关违法形式职权或者不作为，致使国家利益或者社会公共利益受到侵害的，应当向行政机关提出检察建议，督促其依法履行职责，行政机关不依法履行职责的，人民检察院依法向人民法院提起诉讼。"

〔2〕王晓："公众参与化解环境邻避冲突的法律问题研究"，山东大学 2018 年硕士学位论文，第 21 页。

第九节　未来该领域进行垃圾能源公共项目建设专门立法的必要性分析

随着社会经济快速发展，环境邻避冲突的法律规制问题逐渐成为整个社会及法学界的关注焦点之一。我国作为人口大国，也必然是垃圾产生量惊人的国家。所以，实现生活垃圾的能源化处理也成为我国解决"垃圾围城"的必然选择，加快这方面的专门立法才能为后续的执法、司法和守法活动提供有力指引，在目前也有其必要性。

第一，垃圾能源类邻避项目建设与时代发展是相适应的。我国"十三五"规划指出，确定能源发展思路，积极顺应和引领能源发展新常态，遵守能源发展改革与合作共进的战略思想，把能源供给结构改革作为主要目标，以此做到满足经济社会发展和人民生活需要，提高能源质量和能源利用效率，实现精益求精、弥补能源发展缺陷，积极推进能源新技术新产业模式形式，提升能源服务水平，促进能源生产和能源消费，构建一个低碳、清洁、安全、高效的现代能源系统。[1]党的十九大报告指出："中国特色社会主义进入新时代，我国社会主要矛盾已经转化为人民日益增长的美好生活需要和不平衡不充分的发展之间的矛盾。……人民美好生活需要日益广泛，不仅对物质文化生活提出了更高要求，而且在民主、法治、公平、正义、安全、环境等方面的要求也日益增长。"垃圾能源类公共项目建设，不仅是落实"十三五"规划对能源管理的要求，更是开启新征程的"十四五"规划中需要加快破解的现实难题。只有及时总结

---

〔1〕 张杰："我国能源法的立法研究"，东北林业大学 2019 年硕士学位论文，第 7 页。

相关省份、地区在该领域立法经验的基础上加快国家层面立法，才能为破解现实中的诸多问题提供有力的法律依据，满足我国社会转型后的新经济发展需要，实现人民群众对美好生活环境期盼的朴素愿望。

第二，垃圾能源类公共项目建设与生态文明建设也是相适应的。党的十九大报告指出："坚持人与自然和谐共生。"垃圾能源类公共项目建设，不仅是坚持节约资源和保护环境基本国策的体现，也是将生活中的垃圾变废为宝，最大程度提高了垃圾循环利用率。随着新的垃圾焚烧发电技术的引进和创新，该类项目排出的三废污染物大为减少，并且还能将大量无法处理的生活垃圾转化为热能、电能。在创造巨大经济效益的同时，还减少了对煤炭、石油等不可再生资源的使用。开展这方面的专门立法，不仅体现了新时代我国新的绿色发展方式和循环经济模式，还体现了我国坚定走生产发展、生活富裕、生态良好的文明发展道路的决心，更是体现了我国兑现国际承诺实现碳达峰、碳中和的坚强意志。

第三，加快这方面的专门立法也是构建中国特色环境资源保护法律体系的现实需要。党的十九大报告提出，要坚持全面依法治国，坚定不移走中国特色社会主义法治道路，完善以宪法为核心的中国特色社会主义法律体系。垃圾能源类项目建设是我国环境资源保护体系中的一项重要举措，加快这方面的专门立法，不仅填补了此类项目建设和管理上的法律空白，也是完善中国特色环境资源保护法律体系建设的重要工作之一，还将为进一步丰富中国特色环境资源保护法律体系作出应有的贡献。

第三章

我国垃圾能源类邻避项目推进缓慢的
多重成因及困境分析 /

第一节 基于垃圾能源项目建设标准不高等技术
问题遭遇邻避冲突的成因分析

一、近些年因该原因导致推进缓慢的垃圾焚烧发电项目
案例

近年来，一些垃圾能源项目遭遇邻避冲突最重要的原因是，该项目建设的标准不高等一系列技术问题。部分项目的技术不高导致对垃圾的处理不能做到真正的无公害、无污染，势必导致污染物的超标排放，对周边群众生产生活产生较大影响，这也是引发此类邻避冲突的根源所在。近年因该原因导致推进缓慢的垃圾焚烧项目很多，综合研究诸多案例我们发现，几乎每个此类案例中都包含技术不过关、标准不高等问题。

2012 年 6 月 5 日，上海市松江区垃圾焚烧项目一提出就遭到当地居民的强烈反对。究其主要原因是上海市松江区卖新公路×××号的垃圾填埋场和固废处理厂在建设之时选址就不科学、不合理，缺乏对于垃圾相关处理的技术，久而久之对周边环境造成了巨大影响，引起群众的强烈不满。据调查显示，很多当地居民忍受来自附近垃圾处理项目的恶臭味已有五六年之久。

此地区民众反映，几乎每天都能闻到垃圾处理厂的恶臭味。甚至有相当一部分民众有半夜被恶臭味熏醒的经历，致使周边民众不敢轻易打开门窗。垃圾处理项目的污染对周边群众的切身利益造成了巨大损失。有报道显示，此周边小区的房子降价 10 万元都无人问津，许多公共设施和经济建设项目都有意避开该区域。在填埋场南侧直线距离不到 800 米的地方，是由知名企业家史玉柱个人投资 15 亿元兴建的巨人网络集团上海总部，一期办公楼已于 2010 年 6 月建成启用。然而在此工作的员工却被意想不到的垃圾臭味熏得叫苦连天，许多员工被迫选择调离，甚至是辞职。垃圾处理项目造成的严重环境污染，不仅给群众生活造成了巨大困扰，也使得该区域经济的发展每况愈下。针对该问题政府在现有垃圾填埋场旁边建造了一个新的生物综合处理厂，以解决现有垃圾填埋场因超负荷填埋所导致的臭味问题。然而在 2011 年 7 月 28 日，新建的垃圾处理厂——上海松江区固体废弃物综合处理厂正式投入运营一年后，当地居民发现恶臭问题非但没有得到缓解，反而有愈演愈烈之势。最终兴建的新固废综合处理厂让已经饱受臭味之苦的当地居民彻底爆发。事后经调查发现，新建的固废处理厂对于垃圾等废弃物的处理技术并不达标。上海市松江区前两次垃圾能源项目建设在选址以及运营过程中的技术问题，严重影响了周边地区生态环境，也对周边工作生活的人民群众的健康造成了严重威胁。更严重的是，这使周围群众对垃圾能源项目产生了习惯性的质疑，认为这类项目当下的技术普遍不成熟，必然会造成严重环境污染，人们纷纷谈之色变，在语言和行动上坚决予以抵制也就在所难免了。

　　同样的问题也发生在了北京市六里屯。按照先前的规划，六里屯垃圾焚烧发电项目将依托于六里屯垃圾填埋场。2006 年底，北京市海淀区政府发布区"十一五"规划加快城市垃圾处理，将在六里屯建设垃圾焚烧发电项目。根据海淀区总体规划，政府拟在六里屯垃圾填埋场南侧，新建一座投资超过8亿元的垃圾焚烧发电厂，并计划在2007年3月动工。该垃圾焚烧厂，同时也入选了北京市"十一五"规划的重点项目。随着项目规划被六里屯周边群众知悉，群众性的各种反烧运动此起彼伏，最终北京市六里屯垃圾焚烧项目不得不停止建设重新选址。北京市六里屯垃圾焚烧项目遭遇邻避冲突的最重要原因就在于垃圾焚烧技术的不成熟，不仅仅是六里屯周边居民担心垃圾焚烧带来难以控制的污染，即便是专家也对六里屯建设垃圾焚烧项目有相当的担心。之前有专家明确表示，京密引水渠位于六里屯垃圾焚烧厂建设项目南侧不过一公里，该水渠将密云水库所蓄之水引入城区的输水渠道是北京市的一级水源保护区。如果在六里屯建设垃圾焚烧厂，以现有的处理技术难以有效控制有毒气体二噁英的排放，那么焚烧产生二噁英的最大落地浓度将出现在下风向距烟囱1332米处，正是京密引水渠距焚烧厂的距离。这不仅是海淀区一个区的问题，也关系到北京市民的集体利益。垃圾焚烧厂建设在水源地，就有可能发生污染，这将直接影响首都人民的公共健康。此外，此前六里屯的垃圾填埋项目正是因为技术不过关造成了生态环境的巨大污染，严重威胁到周边人民群众的正常生活，也使得周边人民群众对垃圾焚烧项目的建设标准、实际技术等问题更为质疑。据有关报道，北京市六里屯地区时常乌云密布，许多民众简单地以为是阴雨天气，后来近距离发现漂浮物颗粒很细又浑浊，又以为是风刮过来的灰尘，然而等到气团真正逼近的时候，确是一股奇臭无比的垃圾气味，即六里屯垃圾填埋场吹过来的没有来得及扩散的浓缩垃圾臭味。[1]在当地民众心中，即便之前简单的垃圾填埋技术都不达标并导致污染严重，那么新的垃圾焚烧项目的技术和污染问题更是可想而知了。这更触动了周边民众的神经，最终引发了邻避危机，最终海淀区在六里屯兴建垃圾焚烧项目的计划也随之石沉大海。

此外，广州市李坑生活垃圾焚烧发电厂也是因为项目环保标准不高，技术不达标并造成严重环境污染，最终引发了大规模的群众性邻避运动。据有关报道显示，该地区居民长期闻到焚烧垃圾的恶臭和刺鼻的气味，晚上睡觉不敢打开窗户，阳台也经常铺满黑灰，井水也已不能饮用。该地村委会负责人告诉《亚洲周刊》记者，农村习惯有病不同人讲，怕被人歧视，"癌病患的数字远高于目前公开的这些"。垃圾焚烧发电厂周边虽然有绿油油的菜地，但当地村民都不吃自己种的菜。面对如此恶劣的生存环境，村民曾向政府提出抗议。早上5点至8点，晚上7点至12点是焚烧高峰期，李坑村村民告诉《亚洲周刊》记者，每天约500车垃圾进去，烧剩约40车垃圾灰出来，过滤后制砖。现场所见，经焚烧的垃圾很多尚未完全变成灰烬，甚至连塑料都没完全熔化，建设标准不高、技术水平低甚至连垃圾充分燃烧都难以做到。[2]我国有些垃圾焚烧企业从自身利益考虑，用煤代替添加剂燃烧必然导致炉内温度不够，以至垃圾不能充分燃烧，这更破坏了周边的生态环境。

二、主要原因的分析

首先，对于垃圾能源项目的社会风险评估不够重视。评估

---

[1] 文静："北京六里屯垃圾焚烧厂被否决　居民曾强力反建"，载腾讯新闻网，https://news.qq.com/a/20110209/000031.htm，2021年11月21日访问。

[2] 纪硕鸣："港媒：中国垃圾焚烧之争揭露背后利益链博弈"，载《当代社科视野》2014年第6期。

指标作为一个有机系统性的主体，在一定情况下能较全面反映这类项目涉及社会风险的特征、状态以及各种风险之间的关系。在垃圾能源项目实际建设中，最初都会有完整的项目社会风险评估报告，与之对应的也有高标准的垃圾能源项目建设规划。但从众多案例来看，垃圾能源企业对社会风险评估报告的重视程度普遍不高。因为如果严格按照社会风险评估报告的标准开展项目建设，无疑会极大增加企业的建设成本和运营成本，建设周期也会延长，这不是项目企业想要的结果。所以，现实中有相当一部分此类项目建设会抛开社会风险评估报告，并人为降低项目建设标准。其次，部分垃圾能源项目的获利能力比较有限，也没有足够资金进行项目技术升级和技术改造。对于项目运营中出现的技术性问题，由于缺少资金投入也只能在维持现状的基础上进行修修补补，更没有足够实力进行彻底的技术改造。由此，因技术落后造成项目运营后的环境污染和生态破坏问题也只能得过且过。技改问题得不到彻底解决，日积月累最终致使项目周边群众的不满情绪日益严重，并带来新的邻避运动使项目推进计划变得遥遥无期。最后，对于垃圾能源项目建设的技术性问题缺乏有效监督。此类项目建设一般都完全由涉事企业自行负责，企业往往从节约资金角度考虑，对项目建设中的相关标准和设置细节人为降低要求。特别是在项目建成后缺乏有效的对企业的外部监督机制，对于项目本身运行中出现的技术问题，单纯由企业自行解决往往不会取得很好的效果。

近年来，我国为应对"垃圾围城"加快推行的垃圾能源项目，一般都会对生态环境及周边群众的生命健康和正常生产生活造成一定影响。因此，垃圾处理技术的不断改造和加快升级，尽快实现无污染或少污染排放就显得尤为重要。

第二节　基于垃圾能源项目实际操作程序不规范
遭遇邻避冲突的成因分析

一、近些年因该原因导致邻避冲突发生的垃圾焚烧发电
项目案例

　　垃圾能源项目往往在建设之初基于社会各方面的压力，特别是要通过严格的行政审评、审批程序，都制定了较高的建设标准，力图用先进技术最大可能控制污染物排放。然而，随着项目建成后进入实际运行阶段，又因多种因素致使实际的项目操作程序很不规范，并且随着时间推移此种程序操作上的不规范程度也随之突出。近些年，因为这方面原因导致邻避冲突发生的垃圾焚烧发电项目不在少数，如贵阳市乌当区高雁垃圾处理项目周边群众自 2015 年以来就一直饱受臭气困扰。高雁垃圾厂每天承担着贵阳市约一半的生活垃圾处理任务。当初基于贵阳市垃圾的实际情况，更是为了使垃圾处理不至于对周边群众的生产生活造成较大影响，最初设计的垃圾日处理量为 800 吨。但随着社会的发展，生产生活垃圾排放量越来越大，高雁垃圾处理厂为取得更高效益，在操作过程中不断违规扩大每日垃圾处理量。据统计，2015 年高雁垃圾填埋场每天处理生活垃圾约 2200 吨，远远大于每天 800 吨的设计处理量，这意味着高雁垃圾处理厂已经严重超负荷运行。贵阳市有关部门曾公开表示，高雁垃圾处理厂已积存垃圾 600 多万立方米，污泥 35 万立方米。贵阳市乌当区也曾在其《生态建设与环境保护第十二个五年规划》中写明，高雁垃圾处理厂距周边企业和居民较近，且位于上风口，致使垃圾填埋场周边 3 公里范围内全年弥漫浓烈的恶臭，造成了严重的空气污染。这份规划明确在 2015 年前要将高雁垃圾

处理厂搬迁，但之后不知为何暂停了这一计划。周边群众的反应也越来越强烈，极力要求先行关停高雁垃圾处理场。[1] 但此后因为种种原因该垃圾处理厂并没有被关停，而是进行严格的整改。据有关报道显示，贵阳市政府也曾计划在高雁垃圾处理项目周边再兴建垃圾焚烧发电厂，用以加快城市垃圾处理，但初步调查发现群众的反对情绪强烈，为避免引发大规模邻避事件只能暂停计划。

同样的事情还发生在广州市花都区汾水林场垃圾能源项目建设中。广州市花都区汾水林场垃圾填埋场的形势也十分严峻，该垃圾填埋场 1995 年设计的日处理量是 200 吨，但随着时间推移，经济迅速发展，人口基数越来越大，垃圾需处理量与日俱增。目前，广州市花都区汾水林场垃圾填埋处理量已经高达每日 1200 吨，远超过最初的设计。最重要的是垃圾处理的相关配套设施并没有跟上，实际操作程序也极不规范。花都区汾水林场垃圾处理项目超负荷运营，使用年限已严重超期，管理措施落后，对环境的污染和生态破坏也日益严重，对周边村落和单位威胁巨大。[2] 而且，在该项目道路两旁都有垃圾运输车辆泄漏的大量垃圾，有相当一部分是 PVC（聚氯乙烯）等有害又难以自然降解的塑料制品。为减少成本，运输垃圾的车辆几乎都有严重超载现象，极大地破坏了路面，此外运输过程中的噪音和粉尘也使周边群众叫苦不迭。针对群众反映的问题，当地政府也聘请了相关企业集中解决垃圾处理中出现的系列问题。但是，问题并没有真正得到解决，反而是聘请的企业没有严格的

---

〔1〕 佚名："省政协委员陈菊丽就乌当高雁垃圾填埋场递交提案建议"，载中国网，http://jiangsu.china.com.cn/html/gznes_0201/3811569.html，2021 年 11 月 17 日访问。

〔2〕 庞素琳等：《城市生活垃圾处理与社会风险评估研究》，科学出版社 2014 年版，第 196 页。

规范制度，实际操作程序也极不规范，企业的利益化导向随时可能带来更大风险。如负责垃圾运输的运输公司和垃圾分类处理厂等企业，一旦受强烈的利益驱使，没按规定程序和步骤从事相应的垃圾处理活动，极可能引发更大的环境危机。根据广东省已明确规定的以"焚烧为主，填埋为辅"的垃圾处理方式，广州市花都区也制定了新建垃圾焚烧厂的计划，响应省政府号召加快垃圾无害化处理，这更是为了应对快速增长的垃圾总量而不得不为之。但由于先前汾水林场垃圾填埋项目的操作极不规范，已经给项目周边的生态环境和公共健康造成了极大损害，所以新的垃圾焚烧发电项目一经公示随即引起周边群众的强烈反应。当地政府为避免事态扩大，只能搁置在汾水林场垃圾填埋项目附近修建新的垃圾焚烧发电项目的计划。时至今日，2013 年 7 月推出的垃圾焚烧发电项目迫于形势仍无法继续推进。

二、主要原因的分析

部分垃圾能源项目实际操作程序上的不规范，直接导致周边群众对该项目及新建项目的普遍不信任。笔者通过研究实际案例发现，这类项目实际操作过程中的程序不规范问题往往是贯穿始终的。究其原因主要在于：其一，该类项目的运行操作标准较低。当前，还有相当一部分垃圾能源项目在运行中没有统一标准，甚至根本就没有标准。此类企业随意运行的操作方式，致使各种问题层出不穷，也直接加剧了对周边环境的污染，激发了周边群众的不满情绪，并导致群众对任何此类项目都有普遍的抵触情绪。其二，缺乏有效的外部制约监督机制。企业在维护自身正常运行方面拥有无可非议的自主权，但对于垃圾能源项目这类极易对当地生态环境和公民生命健康造成重大影响的邻避企业，必须建立严格的外部监督约束机制。如果缺乏有效的外部监督，单凭出了问题企业自己去解决，难免发生企业为保证持续盈利，刻意降低运行成本，将未按标准处理的垃圾焚烧产生的废弃物隐蔽排放，严重影响周边生态环境。此外，如没有有效的外部监督，涉事企业对于生产中的机器损耗不予及时处理，打乱原有垃圾处理的系统化和整体化流程必然会加剧更大的污染排放，甚至导致大规模的邻避事件发生。其三，垃圾处理方面的专业人员匮乏。事实上，此类项目涉及生态环保、群众生命安全等各个方面，必须对之慎之又慎不能有丝毫马虎，其对相关工作人员的专业素质的要求非常高。但现实情况往往是一些垃圾能源企业为了降低运营和用工成本，刻意减少对相关岗位专业人员的聘用。不仅如此，还有相当一部分员工在上岗前并没有进行严格规范的岗前培训，专业知识及相关操作经验比较匮乏。部分员工在工作中，也始终没认识到严格依照程序进行操作的重要性。有的涉事企业对于垃圾随意堆放和倾倒，对产生的废弃物及污染物肆意偷排更是一种常态，长此以往对于项目周边环境的污染和生态的破坏是不可估量的，由此也极易产生邻避危机。

第三节 基于垃圾能源项目利益补偿不到位遭遇邻避冲突的成因分析

一、近些年因该原因导致邻避冲突发生的垃圾焚烧发电项目案例

当前，垃圾能源项目建设难免会对项目周边环境造成一定影响。生态环境污染不仅对周边群众身体健康等切身利益产生影响，也严重影响周边地区的经济发展。因此，在兴建垃圾能源项目时，利益补偿也是一个难以回避的话题。但是，真正使

利益补偿落到实处也是一个十分重大的现实问题。一旦存在隐患的垃圾能源项目利益补偿不到位，可能刚刚平息的群众性邻避运动又会被重新引发。现实中因利益补偿不到位引发邻避冲突的实例也是不少的，如广州市花都区汾水林场垃圾处理项目，该项目的垃圾分类处理对汾水村的生态环境影响较大。评估小组在进行民意调查时，村民反映最多的还是政府先前许诺给汾水村村民的生态补偿问题。最初，政府拟补偿每位村民 90 万元，但后来一降再降为每位村民 10 万元，降幅之大超出了村民的意料。更令村民不能接受的是，到目前为止仍未收到任何的补偿款项。垃圾处理项目最初的选址往往多位于距离城市较远且经济不发达的农村。汾水村也不例外，村中大部分的青壮年外出打工，现在村中绝大部分是留守儿童和老人，经济状况非常不乐观。垃圾处理项目带来的环境污染使村民的身心健康面临着严峻考验。汾水村周边垃圾焚烧项目时常有臭气散发，加之不合理的垃圾焚烧，使得汾水村村民对垃圾处理项目的不满情绪与日俱增。近年来，汾水村期望实现村庄的整体迁移，希望政府给予一定的村庄搬迁补偿，但时至今日仍无实质性进展。[1]长期以来，花都区政府为解决日益严重的垃圾围城问题，试图努力在汾水村垃圾处理项目周边兴建新的垃圾焚烧发电项目，由于担心激起更大规模的邻避运动，所以垃圾焚烧项目一直搁浅至今。笔者认为其主要原因还是利益补偿不到位，即先前允诺的利益补偿一降再降且没有落实到位。所以，周边群众对当地政府的公信力产生了怀疑。再加之，新的垃圾焚烧项目可能带来的污染也许更高，相应的利益补偿也会随之水涨船高，利益补偿的落实问题就会变得更加困难。

---

〔1〕　庞素琳等:《城市生活垃圾处理与社会风险评估研究》，科学出版社 2014 年版，第 197~198 页。

同样因利益补偿不到位引发邻避冲突的案例也发生在北京市海淀区的六里屯。海淀区在六里屯兴建新的垃圾焚烧项目引发邻避冲突前，已建成了一座垃圾填埋厂。正是由于该垃圾填埋项目使周边生态环境急剧恶化，对周边民众造成了直接或间接的经济损失。近年来，随着首都经济发展的日新月异，迅速增加的人口推动海淀区房价过快上涨，海淀区六里屯地段也是周边配套设施相对不错的地区。但是因为已建成的垃圾处理项目的污染问题，该地区的房子每平方米降价 1 万元都往往无人问津，自然影响了不动产产权人房子的保值增值。所以，对于要建新的垃圾能源项目，六里屯周边民众和商户的反应是强烈的，据调查，先前政府对垃圾处理项目的生态污染也有利益补偿计划，但始终没有落实到位。这直接影响了群众对新建项目的态度，致使海淀区要在六里屯新建垃圾焚烧项目的计划被无限期推延。

二、主要原因的分析

从本质上说，我国目前的利益表达机制存在一定问题。其一，利益表达渠道较窄，且利益表达渠道自身效率低下，直接影响了垃圾能源项目周边群众对自身合法利益补偿的表达。[1]一般垃圾能源项目大多会选择距离城市较偏远的地区，当下群众对自身利益的表达渠道本身就了解甚少，实际运作起来更困难重重。利益难以通过合法途径表达，久而久之极可能酿成影响当地社会稳定的邻避事件。其二，利益表达主体的表达能力有限，像垃圾能源项目周边群众因拥有的政治资源较少，作为弱势群体自然也不太会合法地去表达自己的利益诉求。实际上，我国目前对社会弱势群体利益表达方面的制度设计还不是很健

---

〔1〕 陈秀梅：《冲突与治理：群体性事件的治理与利益表达机制的有效性研究》，中国社会科学出版社 2015 年版，第 54 页。

全，一些规定也需要进行有效性的检视。其三，我国当前的利益表达对象也存在一定问题。个别国家机关中还有一些官员身上仍带有一些官僚习气。只要发生群众性集体利益表达事件就会想尽一切办法甚至是采取极端措施对群众进行打击，其结果是非但问题没有得到解决，反而项目周边群众的不满情绪越发严重。在信息网络手段比较发达的今天，稍有不慎极易引发大规模的群众抗议浪潮，威胁当地社会秩序稳定。其四，对垃圾能源项目利益补偿的监督机制不完备。许多垃圾能源项目在建设之初，无论是政府还是涉事企业都有较完备的利益补偿计划，这也是周边群众同意项目上马的重要原因之一。但随着时间推移，项目建成后利益补偿主体对当初的利益补偿承诺在态度上变得越来越消极，拖延、敷衍甚至直接不予以承认。当前，我国对当地政府和垃圾能源企业作出利益补偿的专门监督约束机制有待完善，虽然部分地区有群众性自发的维权组织，但其影响力往往较弱，起到的作用也十分有限。其五，垃圾能源类企业的盈利能力往往非常有限，还有相当一部分企业得依靠政府财政补贴才能实现正常运转，运营资金和盈利上的困难，使其拿出大额资金进行货币补偿的压力较大。加之，近年来一些地方政府的债务负担较重，财政压力较大，这就使通过划拨专项资金进行项目补偿安置有一定困难。

第四节 基于垃圾能源类企业运营困难遭遇邻避冲突的成因分析

一、这方面的企业资金缺口普遍较大

资金不足是困扰我国垃圾能源类企业的主要难题之一。垃圾能源行业是典型的资金密集型行业。项目所需的前期投入大，

一个日处理能力 1000 吨的垃圾焚烧发电厂所需的资金投入为 4 亿元至 6 亿元。同时，垃圾焚烧发电项目的投资回收周期也较长，一般得 8 年至 12 年。据统计，我国的可再生能源补贴资金缺口已达千亿之巨，政府补贴作为当前垃圾能源类企业的重要收入之一，无论是延迟发放还是退坡甚至取消，都将对垃圾能源类企业的收入产生较大影响，这在一些经济相对不发达的地区体现得更充分。目前，我国垃圾能源类企业大多采用 BOT（建设—经营—转让）模式运营，企业投资参与前期建设，投运后收回成本的方式之一就是补贴。如果补贴退坡，企业盈利空间被压缩，高标准下投资成本上升，后续发展将陷入困境。以垃圾焚烧发电企业为例，有些地方政府采用低价格中标的 BOT 方式运作，容易造成设施简易、配置低端的后果。而且，早期建成的垃圾焚烧发电厂，垃圾热能利用效率不足 25%，在生产成本年年高涨的情况下亏损严重也是正常，更谈不上盈利。在当下政府对垃圾能源企业补贴不足、不及时，企业自身盈利能力十分有限的情形下，垃圾能源企业的融资难问题也越来越严重。有专家表示，目前大型民营企业的融资成本普遍上升 3 个百分点，至于广大的中小垃圾能源企业融资就更加困难。[1] 当前环境下，市场竞争不断加剧、环保监管日渐严格，这都使垃圾能源企业的运营成本逐渐加大，无形中也增加了此类企业的现实资金压力。如果没有政府资金的必要支持，这类企业就难以维持正常运转，相关的技术升级和改造更是无从谈起。长此以往这类企业的现实运营就会变得越来越不规范，暴露出的问题也越来越多，对项目周边环境的污染与破坏也更加严重，这也加大了该地区发生邻避冲突的潜在风险。

---

〔1〕 赵紫原：“垃圾发电产业面临双重掣肘”，载《中国能源报》2019 年 4 月 29 日。

二、未来该如何破解此类难题

第一，国家应加大对垃圾能源企业的税收优惠力度。对于符合条件的环保能源企业给予享受增值税即征即退 100% 的优惠政策。对于此类企业通过提高环保电价补贴额度、允许其企业所得税的加计扣除幅度、延长烟气治理经营项目的企业所得税减免期限等税收优惠政策，着力减轻垃圾能源企业的税收负担。

第二，国家应加大对垃圾能源企业的政策扶持力度。根据社会发展实际需要和垃圾能源企业的具体情形，适时调整国家政策，尽可能给予垃圾能源企业最优惠的政策支持。

第三，建立完备的垃圾能源企业政府财政补贴制度，加快建立针对此类企业的专项财政补贴基金，及时进行必要的资金支持。对于优秀的在垃圾处理和生态保护方面作出突出贡献的垃圾能源企业，作为典型进行重点扶持，并加大补贴力度。

第四，拓宽垃圾能源企业的融资渠道。政府应鼓励有实力、有技术、有社会责任感的知名企业集团积极投资垃圾能源类企业，对垃圾能源类企业的银行贷款给予一定的优惠政策。国家可对部分运营状态良好、盈利有保障的垃圾能源企业，开辟特殊的上市融资渠道，鼓励垃圾能源类企业发行市场债券，促使此类企业多途径募集发展资金。

第五，垃圾能源企业应践行循环经济发展理念，加强自身技术改造，不断增强自身盈利能力。垃圾能源企业要大力发展循环经济，逐步建立超级产业生态互联网，实现生产的各个环节环环相扣。例如，垃圾焚烧产生的大量灰尘，可以生产成粉煤灰砖，把废弃物通过科技手段加工成市场上畅销的商品，这既减少了污染，又提高了企业综合盈利能力。垃圾能源企业还要通过技术不断升级，减少生产运营中的资源消耗。并且，还要注重加强企业内部管理，着力提高单位生产效率。提升此类企业的盈利能力是解决其资金困难的最根本途径，这也符合企业经营的本质属性。

第五节　我国垃圾能源类邻避项目推进中面临困境的经验和教训

一、基本的经验

1. 运用相关制度规范予以规制

改革开放 40 多年来，我国各项经济活动得到迅猛发展，人民生活水平不断提高，也带来了公民自我认知的革新，包括环保意识和自我维权意识逐步提升，这些变化体现在近些年人们对垃圾焚烧厂等邻避项目建设时的态度上。邻避（Not In My Bback Yard）就是"不要建在我家后院"的意思，体现着人们对邻避设施建设的抵触态度。现代化经济的发展，人口的不断增多以及生活方式的加快革新等，都会在人们周围产生大量的生产生活垃圾。因人们生产生活方面的巨大变化，必然会催生垃圾焚烧等邻避设施的出现。新事物都具有双面性，这类企业运营状态的好坏反向也会影响社会对它的新认知和主观评价，事实表明传统体制下的政府在处置邻避危机时往往都会使得固有矛盾加剧，影响了相关环保法律制度的实施，在保障公民等社会主体的环境权益方面也存在很多不足。

我国以《环境保护法》为代表的相关环保法律[1]，在法

---

[1] 如《环境保护法》《固体废物污染环境防治法》《大气污染防治法》《水污染防治法》等法律。

律层面确定了邻避项目建设的基本要求，具体还包含邻避设施对周边环境的影响以及对邻避项目的依法监理等。在对邻避项目的行政许可方面，我国还有《行政许可法》《环境影响评价法》等在实施许可、程序设置等方面作了相关法律规定。值得关注的是在公众参与环境事务方面，2015 年 9 月正式实施的《环境保护公众参与办法》，为公众参与环保决策提供了专门的法律保障。在邻避设施建设的决策公开方面，《政府信息公开条例》《环境保护公众参与办法》规定了环保决策信息的及时公开程序和方式，建立了环境信息公开制度，保障了公民、法人及其他组织对环保基础设施建设的知情权等相关权益。

实践中已呈现的诸多合法性危机，比如，2008 年上海磁悬浮列车事件的冲突，如果将其提前置于法律的规制下，这种大型群体性事件的激烈冲突力度是否可以降低，在当代国家治理体系现代化的趋势下，邻避问题的治理必须推动法权结构的合理化，[1]慎重考量邻避冲突和法治之间的关系。一方面，我国宪法和相关法律赋予人民参与社会管理与社会活动、表达言论、建言献策的权利。另一方面，人民群众参与垃圾邻避活动也应在法律的框架下规范自己的行为，合法合理地表达自我诉求、参与决策，须敬畏法律，敬畏权利与义务的统一性，从而保证权利的正当化行使。同时应该在法律层面完善相关配套制度，鼓励人民积极运用法律手段维护自身合法利益，缓和社会矛盾，比如建立弱势群体诉讼费用保险制度等。[2]

---

〔1〕 杜健勋：“邻避运动中的法权配置与风险治理研究”，载《法制与社会发展》2014 年第 4 期。

〔2〕 陈秀梅：《冲突与治理：群体性事件的治理与利益表达机制的有效性研究》，中国社会科学出版社 2015 年版，第 191~192 页。

2. 建立了相对完善的社会稳定风险评估体系

风险评估就是针对一个事件存在或者发生的前后，运用数据分析和逻辑推理等多种方法，依据一定的标准来量化这一事件所产生风险的多少及所带来的损失程度，这一过程是遵循科学规律和国家、社会、行业等规定的标准达到风控目的的科学分析过程。风险评估的目的是通过量化风险来控制风险和应对风险，如果不重视风险的源头、种类、形态、防范，则会导致小风险升级成大风险，范围不断扩大，可能造成特定邻避项目建设的拖延、中断甚至是终止。同时，矛盾的不断升级、激烈的暴力对抗也可能造成公民财产损失和人员伤亡等，因此我国一些社会稳定风险评估工作做得比较好的城市，通过运用科学手段基本做到了对垃圾能源类邻避项目建设的精准预防、风险评估与控制，并注重在风险等级确立方面使用模糊综合评价法来评估所涉的等级，这些做法也为其他类似公共基础设施建设项目提供了参考，积累了宝贵经验。

3. 实施日益完善的环境影响评价制度

环境影响评价制度在我国大型基础设施建设过程中，发挥着预防、控制、减轻项目环境负面影响的特殊作用，并为制定合理控制、跟踪监测总体方案提供科学依据，最终达到人与自然和谐共生的良好效果。我国环境影响评价制度的发展历程经历了20世纪70年代的初步建立阶段[1]，建立起环境影响评价的目的、内容、范围、程序等，紧接着是20世纪80年代末90年代的发展阶段[2]，出台一系列法律法规来专业化完善环境影响评价

---

[1] 1973 年提出"环境影响评价"概念、1979 年《环境保护法（试行）》、1981 年《基本建设项目环境保护管理办法》、1986 年《建设项目环境保护管理办法》（已失效）。

[2] 1989 年《环境保护法》、1998 年《建设项目环境保护管理条例》、1999年《建设项目环境影响评价资格证书管理办法》（已失效）。

制度，包括在适用范围、评价的时间、评价的程序、承担的法律责任等方面做了具体的修改，第三个阶段是 21 世纪初的完善阶段，2002 年 10 月 28 日我国正式制定通过了《环境影响评价法》，这是我国环境影响评价制度发展史上的里程碑，也是我国第一部环境影响评价领域的基础法律。新时代我们在借鉴国际先进法治理念，同时注重总结本土环评制度实施经验的基础上，分别于 2016 年 7 月和 2018 年 12 月对该法进行了两次修正，通过不断完善我国的环境影响评价制度有力保障了垃圾能源等邻避项目的顺利推进。

4. 注重提高公民素质及其参与环保的能力

国内外在国民素质对邻避设施建设中的影响研究侧重点不同，国外更强调国民已经存在的旧有观念，国内研究更侧重群众的认知对邻避设施建设的影响。研究表明，个人的认知水平与受教育有关，受教育程度越高，个人素质越能获得提高，相应地对一些新兴事物的认知能力和接受程度也会提升，这也会具体到民众对邻避运动中的邻避设施建设的态度。[1]"邻避"问题的产生与兴起，往往是公民环保意识和权利意识觉醒的产物。伴随市场经济和公民社会的发育，民众萌发"环境权益"意识是很自然的，这就需要我们的城市管理者在处理邻避事件时实现从观念到行为方式上的与时俱进。

垃圾能源项目涉及的邻避问题在我国一些地区已存在了很长一段时间了，今后随着城乡群众消费力的提高，各类垃圾的产生仍是不可避免的，关键是如何通过有效方法破解这一难题，其间少不了不断提高我国公民的综合素质及其参与环保的能力，这需要全社会各方面的共同努力。我国一些城市的基本经验是：

---

[1] Slovic, P. "Perception Risk, Trust, and Democracy: A System of Perception", *Risk Analysis*, Vol. 13, 1993, pp. 675~682.

首先，各类社会主体要对垃圾能源类邻避项目有一个比较清醒和科学的认知，尊重科学尊重事实，不盲目听谣传谣，表达自己意见时注意采取合法合理方式；其次，各级政府机关也注重在推进垃圾能源项目建设中保障相关公民的知情权、参与权等合法权益，注重发挥公众参与监督方式保障此类邻避项目的安全运转，同时还注意保障此类项目正常运转的经费补贴，加快促进垃圾焚烧技术革新，坚决落实对受项目影响周边群众的合理货币化补偿。

5. 创新治理方式，建立合理的利益补偿机制

利益补偿机制的建立收到了良好的社会效果和经济效果，这一制度也被称为"回馈金制度"。所谓回馈金，指的是垃圾焚烧发电厂等邻避设施建设主体须按照一定比例向所在地区的居民发放回馈金，以支持地方公共建设和民众健康维护等需要。[1]而且，经济补偿因素本身存在一个临界值，当经济补偿金达到足以让民众重新买房搬家时，民众对邻避设施的支持度会升高，相反则会在支持与反对的临界线边缘犹豫不决，甚至对于越年轻的人来说，反对的声音也越响亮。[2]周边群众日益增长的经济意识，也对垃圾能源项目的风险认知能力产生影响，因此回馈金或补偿金制度可以很好弥补此类项目建设对环境造成的影响，以及由此带来的心理抵触和内心不悦。虽然，这一制度在落实过程中仍备受争议，我们也不能简单地认为是用金钱来换取健康，但从另一方面来看，在国家政策法律允许的范围内，进行合理经济补偿是有利于促进相关利益方关系缓和，从而促

---

〔1〕 王奎明、于文广、谭新雨："'中国式'邻避运动影响因素探析"，载《江淮论坛》2013年第3期。

〔2〕 李佩菊："1990年代以来邻避运动研究现状述评"，载《江苏社会科学》2016年第1期。

进了此类邻避项目的顺利推进。

创新治理与管理方式，建立有效的回馈金等经济补偿机制，还需要关注的是利益补偿不仅包括货币形式的补偿，也包括非货币形式的补偿。[1]比如，提供就业机会、完善医疗保健体系、宣传健康养生知识、提供心理咨询服务等，这些方式可以辅助货币补偿方式起到很人性化的良好效果。我国一些城市在类似邻避项目补偿标准上的逐步统一，既缓和了当地民众的不满情绪，也提高了他们对地方政府的信任感和亲切感，产生了良好的社会治理效果，进而推动当地垃圾能源项目的顺利完工。同时，我们在实际工作中还应当注意的是，补偿不仅涉及对生态环境、身体健康损害方面的有形财产补偿，也涉及对其进行精神、美学等无形财产方面的补偿，这包括建立一些抚慰民众心灵的娱乐休闲公共基础设施等。

6. 积极创建解决此类邻避冲突的参与式治理模式

我国《宪法》虽没有明确规定我国公民享有环境权，但是随着社会经济的发展与人民生活水平的提高，社会主要矛盾也发生了变化，人民群众不仅要追求经济上的温饱小康，更要求保障环境方面的合法权益，从某种意义上来说人们应该享有环境权，中国自进入邻避时代以来，此风险型环保设施的建设就不可避免地要公之于众，让人们事先知晓，从而充分保障人民的参与，其中一个典型案例是广州市番禺区的邻避事件，我们从广州市番禺区当地居民反对邻避设施建设的公民抗议运动中发现，公民能力的提升与中国公民社会的成长有助于邻避运动的良性发展。叙事方式并不能有效地规训业主的认知，业主出于"我怕"的认知框架，形成不同程度的抗争动机，在解决过

---

〔1〕　胡陶："公民参与视角下邻避冲突的解决机制研究"，贵州大学 2017 年硕士学位论文，第 37 页。

程中政府应充分考虑业主主体性，开放公民参与，在认知层面建设"不怕"话语体系的配套系统信任机制。通过信息公开、问卷调查、民意访谈以及召开听证会等方式，加强社会公众、相关学者和政府官员之间的信息沟通交流，把邻避设施的负外部性有多大、环评结果、专家观点、带来的福利等信息及时告知民众，由公众判断设施该不该建设以及如何建设。[1]之所以对此事件进行民众的充分参与和有效沟通，是因为针对此类垃圾焚烧邻避运动引发的群体性事件，有学者指出它是有组织有直接利益诉求的反映人民内部矛盾的一类群体性事件，不能与近年发生较多的社会泄愤事件混为一谈。对于此种温和的抗争，政府应该也必须以同样温和、积极但不乏理性的态度及时作出回应。政府作为公共财产与公共秩序的管理者，应当从多个角度关注在邻避设施影响下的居民真实的生活世界，比如程序方面、社会方面、精神方面等，应当学会倾听民众的诉求，避免陷入"塔西佗陷阱"。[2]比如，实施好听证会制度，拓宽民意表达途径，广泛听取民众意见，充分保障公民的知情权、参与权、建议权等。为了在实质意义上保障公民的上述权利，我国一些地方政府还建立了相应的配套激励制度，鼓励公民积极主动地参与进来。其中，最典型的是在对垃圾焚烧厂进行区位选择时，很多政府从以前的单方面决策到注重充分听取当地民众合理诉求，再到最后努力实现多方利益的有效协调。

---

〔1〕 马奔、王昕程、卢慧梅："当代中国邻避冲突治理的策略选择——基于对几起典型邻避冲突案例的分析"，载《山东大学学报（哲学社会科学版）》2014年第3期。

〔2〕 西方政治学的定律之一，得名于古罗马时代的历史学家塔西佗，用在政府公信力问题中，是指"当政府不受欢迎的时候，好的政策与坏的政策都会同样得罪人民。"然后再引申为："当一个部门或者企业失去公信力时，无论说真话还是假话，做好事还是坏事，都会被认为是说假话、做坏事。"

7. 建立重大事件风险预警机制

风险预防机制是政府对重大社会事件的影响效应和发生征兆，提前采取措施收集、识别、处理、控制、发布一系列信息来防控突发事件的负面影响。近几年来，特别是我国提出建立"重大工程社会风险预警系统"以来，不断完善风险预警机制相关的法律法规，[1] 及时出台相关政策措施，逐步实现了多部门的联合防控预警，以及相互配合的协同预警。目前，我国已建立应对自然灾害、事故灾难、公共卫生等公共危机的风险预警体系，也拓展应用到对相关邻避事件的风险预警工作中，但还未建立全国统一的风险预警指标体系。这项工作还需要在今后不断积累经验，针对垃圾能源项目建设可能发生的风险提高预防意识，不断提高现有风险预警机制处置突发事件的能力，避免了小风险演变为不可控的大风险，更避免了因反应迟缓、处置不及时致使政府工作陷入被动。

二、主要的教训

国内外在邻避冲突发生机理上有很大不同，不同的国情、公民思想和组织化程度等对之都有重要影响。中国式邻避运动的特点往往在事件发生初期，由个人维权行动导致局部的小型抗争，再发展到区域性的非理性维权，最终导致较大规模的群众游行等；群众的诉求也较单一，只要拟建邻避设施及时移除或者经济补偿到位即可停止相关行动。美国等发达国家邻避运动的特点是，范围广、持续时间长、利益诉求多样，往往还涉及政治诉求的表达，与党派利益紧密相关，可能会推动一项环境政策的出台和相应的政治变革。而我国诸多类型的邻避冲突

---

〔1〕《突发事件预警信息系统数据集成共享规范》《突发事件预警信息发布管理规范》等。

中，群众为了个人利益采取非理性的抗争较多，基本不涉及政治利益的诉求。当前，就垃圾能源类邻避项目建设而言，众多案例给我们的重要启示是要积极转变发展理念，从以重经济发展、忽视环境保护的发展，加快转变为经济、社会与生态环境和谐共生的新发展理念。各级政府的行政理念与执法方式也要适应新的变革趋势，努力克服传统管理体制的不足，用实际行动践行新的社会治理理念，加快建设服务型和学习型政府，在以人民为中心的协调发展中实现建设社会主义现代化强国的宏伟目标。近些年，我们在应对垃圾能源类邻避冲突中的相关教训和启示是值得反复回味的，现初步总结如下：

1. 互联网和一些社交媒体放大了集体情绪

近年来，因建设垃圾能源项目引发的邻避事件在我国频繁发生，如广州市番禺区垃圾焚烧邻避事件、杭州市余杭区中泰垃圾焚烧邻避事件等，均引起了广泛社会关注。进入20世纪以来，广播电视、互联网、手机等媒介的种类不断增多，各类媒体对人们产生的影响越来越大，任何新生事物的出现都有其存在的价值，但也不能忽视其弊端。媒体的功能在于公共信息的传播，其发挥的主要作用就是在最短时间内，以最快速度、最便捷的形式将信息传达给最广大范围内的社会主体，并及时实现相关的信息反馈。社会越是进步，公共媒体在社会运转中扮演的角色就越重要，表达得也更充分。媒体的声音是公众信息表达的主要载体，但随着经济社会的迅速发展，新兴媒体平台的普遍化，从事媒体职业的相对低门槛化，为了博人眼球或提高收视率，一些媒体发声的初衷有所改变，甚至民间近年来还出现了"有问题找媒体"的现象。需要承认的是，各种媒体确实对我国社会制度及相关的机制完善发挥着巨大作用，其本身具有很多优势：一是媒体是连接政府与群众交流的"窗口"，是群众利益表达的主要渠道，客观上为人民更好地参政议政提供了方便，比如近年来微博、论坛等互联网软件的兴起，使很多社会事件被广大网友知晓并且参与讨论，其中很多事件的完善解决和错误纠正也得益于广大人民群众发挥的重要作用；二是网络媒体等降低了信息收集、整理、传达、反馈的成本，减少了中间环节的利益输入，使得有益信息迅速直接地到达政府决策层，从而避免其他渠道的劣势导致信息受损；三是突出弱势群体的发声，一方面媒体为弱势群体表达自身利益提供了方便快捷的平台，另一方面其也出于社会责任感而主动为弱势群体发声。[1]从下至上，凭借公共媒体的影响力使得过去很多被埋没的事件重新"浮出水面"，呈现在大众面前，并引起有关部门的注意，提供斡旋的余地甚至影响和改变政府的决策。媒体的监督作用越来越明显，正如马克思所言："报刊按其使命来说，是公众的捍卫者，是针对当权者孜孜不倦的揭露者，是无处不在的眼睛，是热情维护自己自由的人民千呼万唤的喉舌。"[2]但不可忽视的是，移动互联网的兴起及迅速发展壮大，使一些媒体为了现实利益会出现相互勾结、鱼目混珠的情况，产生了消极恶劣的影响，无形中也部分夸大了邻避抗争中群众的抵抗情绪，激起了群众与政府之间的新矛盾。

传统媒体或互联网新媒体容易将邻避设施的建设片面化，有时为了现实利益会使用吸引眼球的标题去污名化此类项目建设，从而极易引起局部性的民愤，而且媒体一般也不会耗费大量时间和精力去全面调查分析此类项目的真正利弊，及其后续的发展和技术进步等问题，从而混淆视听，对群众心理上的抵

---

[1]　孙立平：《断裂：20世纪90年代以来的中国社会》，社会科学文献出版社2007年版，第68~69页。

[2]　徐耀魁主编：《西方新闻理论评析》，新华出版社1998年版，第343页。

触起到了"火上浇油"的反作用。

从我国近些年的邻避抗争案例来看，这种集体消极情绪的放大更是随着互联网的快速发展而愈演愈烈。一方面，随着科技的发展，手机与电脑等移动端产品的普及，往往网上的一个瞬间讯息就会在很短时间内传开，从而可能将个体、局部的不良情绪带到周围其他人身边。再加上网上发帖的低成本、零门槛等特征，更给有心造谣者提供了便捷通道，如果网监部门的监管不到位，这种集体情绪的渲染与传播很容易形成一股抵抗"洪流"，激起部分群众的斗争意念进而使其选择激烈抗争，甚至与相关邻避项目的决策者和建设者发生暴力冲突，这是我国邻避项目建设推进不畅的重要教训之一，应引起我们的足够重视。另一方面，媒体也可能会利用，甚至是制造大量虚假信息进行传播。近年来，一些商业媒体为了眼前经济利益而无视社会责任进行虚假报道的案例也常出现，新闻媒体队伍的整体职业道德素养是有待提高的。社会各界一定要切实抵制虚假新闻，政府应加强对该行业的依法监管和规范化治理，媒体行业更应当明确自己的定位，不断完善行业内部的自我监管，不断提高从业者的职业道德水平。人民群众也应该提高对此类虚假消息的自我辨识与理性判断能力，不被盲目夸大的信息蒙蔽了双眼。

2. 政府的易妥协性："一闹就停"的僵硬模式

2007年以后，随着我国民众对相关邻避设施抗争运动的兴起，每次遇到这种情势很多地方政府往往会选择项目迁移或者停建等方式，虽然这很多是迫于巨大舆论压力或顾及政治稳定的无奈选择，但这种做法用得多了自然也使地方政府的公信力下降，这种针对群众激烈反对采取的简单一刀切的做法也有很多后遗症。这种做法往往只是考虑了当前的情况，处理思路上比较简单，难以应对未来可能再次出现的新风险，长此以往必然导致政府的威信在群众中一再降低，不断的抗争与妥协似乎又形成了一个恶性循环。很多地方政府工作人员表示，只有人们普遍认为此类邻避设施是足够安全的，不会产生过多不良影响，才会支持此类项目的建设。其实这种观点也似有不妥，毕竟任何邻避项目的建设都需要选择合适时机，错过了时机就很难再后续推进。因此，在政府与民众间出现尖锐问题时，强化有效规范化的利益沟通模式是非常必要的，地方政府自身也需要加强对科学发布方式、及时回应措施、有理有力辩护等本领的学习。此外，政府还要注意扶持合法的民间环保组织的发展，从政策、资金等方面给予其有力支持，积极肯定其在邻避事件处理中的参与治理主体地位，不断提高其参与事件处理的广度和深度。

3. 公众沟通渠道不畅，利益表达机制有待完善

一些垃圾焚烧厂的选址不公开、环评不规范、公众不知情和信息不透明等，往往会成为此类邻避冲突发生的由头。在涉及项目建设问题上，民众与政府、企业在沟通上经常会出现各种问题，常见的是民众投诉本身的不专业以及涉事企业在回应方式上的不专业。由此导致涉事企业对当地公众解释越多，民众越觉得待建项目有问题，有的企业索性选择沉默应付。在此类企业看来，造成当地民众投诉或反对的主要原因是民众对企业采用的技术的不了解，相关的企业也不认为自身的技术存在明显不足。如2012年昆明市鑫兴泽垃圾焚烧发电厂周边的小监狱里，突然有犯人晕倒，各方的第一反应就是该垃圾焚烧厂所致，但后来经调查，污染源是一个提炼沥青的小作坊。类似的情况在其他垃圾焚烧厂周边也发生过，如烟台市润达垃圾处理运营有限公司总经理王晓文表示，周边粮库漂出的絮状物也全"赖在了"垃圾焚烧厂头上。事实上，人们的需求是多样的，需要相关涉事企业从后台走出来，努力从经济、社会等角度科学

回应群众的疑问，满足公民合理的利益诉求，而不是选择消极回避与过多的抱怨，毕竟只有科学合理地积极回应需求，才能促使问题得到更好更快的解决。

在一些垃圾能源项目推进过程中，稳固的社会信任机制也有待完善。正如美国学者沃克所言："在众多的关于邻避运动项目许可证或者选址问题上的争论，仅仅提倡公众参与是远远不够的，只能说是有助于问题的解决而已，即便是从专家或咨询机构那里得来的意见依然是失之偏颇的。真正解决这种问题，必须要自下而上地搜集所有意见，包括民众的态度、倾向、建议、反对理由等，这些都是捉摸不定的东西，但至少经过这个程序之后，所有的意见表达不管是正确的还是错误的，最起码能够给邻避运动的解决提供一种真实的参考。"[1]因此，公共媒体应提前做好预防宣传的准备工作，通过事前宣传相关法律法规和政策规定，可以给群众心中提前留下合理预期，让其知晓有关此类邻避项目的相关规定。公共媒体的影响可以是多方面、多角度的，如垃圾焚烧发电项目能对整个城市资源实现循环利用、促进当地经济快速发展、美化市容市貌等，促进群众理性看待后续项目施工采取的一系列动作，并积极向有关部门反映群众关心的新问题。

由垃圾能源项目引发的邻避冲突必然牵扯多方主体的复杂利益关系，如果更多地方政府注重发挥合理有效的利益表达机制的作用，通过民意代表、信访等途径了解周边群众的真实利益诉求，并及时准确地传达给政府决策层，就能有效避免因封闭决策带来的一系列难题。调查发现，我国近年来发生的很多此类邻避事件，大多是群众的利益表达机制出现了问题，该机

---

〔1〕 Michael J. Walker, *Worth the Effort? NIMBY Public Comments offer Little Value Added*, Public adminstration review, p. 629.

制运行中的诸多纰漏往往导致利益表达机制的低效，也更阻碍了此类邻避设施的推进。目前，我国此方面利益表达机制存在的问题主要有：一是形式化的利益表达机制效率偏低。这方面的表达途径少，所能发挥的作用也有限，人们的表达热情自然不高，相关的保障和激励机制也比较缺乏。此种正规途径利益表达的效率低下，会让群众产生对政府的不信任感，进而采取各种"表达无用论"的行为尝试。二是非理性的利益表达方式较普遍。这表现在随着社会经济的加速发展，社会的竞争也日趋激烈，贫富差距也在不断拉大，个人需求多样化，维权情绪高涨，这也会使部分社会成员失去基本的理智，采取非理性的表达方式，更有甚者采取暴力威胁等非法方式，如暴力抗法、报复社会、自杀反抗、非法上访等极端抗议行为，这些不当抗议行为会使群众正常的利益表达误入歧途，既达不到预期效果，也会危害到自身利益实现，甚至威胁到整体社会利益。三是利益表达机制的主体缺乏组织核心。由于群众之间的联络不足，因此相关的利益表达主体往往呈现分散化状态，很多人以个人名义发表看法，力量相对薄弱，且利益表达上的分散化并不利于信息集中，无法实现有组织性的利益表达。四是利益表达机制的内容零星化、具体化，难以形成统一意见。在内容方面，人们往往会关注与自身相关的切身利益，而自身利益的表达往往又是具体化、零星化的。因此，很多地方政府及相关工作人员容易认为，这是不合法不合理的需求，理所当然地不予重视，自然也无法达到集中表达利益的效果。五是表达客体出现了角色错误。如一些公职人员出现"事不关己、高高挂起"的工作傲慢态度，一些地区官僚主义、形式主义严重，既脱离了群众也忽视了他们的合理关切，这些都使群众进行的正常的利益表达得不到实现。

以上这些我国垃圾能源项目推进中利益表达机制方面出现的问题，其背后的原因是多样的，如利益表达主体表达能力上的不足、表达客体价值取向上的偏差、中间传达的信息不够集中、表达的诉求内容不一定在政府的接受范围内等，但这些实际问题又是我们不得不重视，并需要加快解决的。

4. 涉及项目的信息公开披露机制不健全

由于涉事企业污染排放信息披露不充分，民众会选择通过实际行动反对垃圾焚烧项目建设。政府可以通过信息公开、问卷调查、民意访谈以及召开听证会等方式，加强公众、相关公益组织与政府之间的信息沟通交流，把邻避项目的负外部性有多大、环评结果、专家观点、带来的福利等信息及时告知民众，由公众判断项目该不该建以及如何建。信息公开不充分最典型的例子是 2009 年广州市番禺区建设垃圾焚烧厂引发的风波，早在 2003 年，当地政府就在人口稠密、经济较为发达的地区考察多年准备建设垃圾焚烧厂，后来经当地政府决策并在 2009 年 2 月 4 日向当地发布将在番禺区建立新的垃圾焚烧厂的通告，通告内容显示 2009 年 9 月将开始施工建设，并计划于 2010 年竣工。突然发出的通告让当地很多群众一时摸不着头脑，有的甚至根本不知晓什么是垃圾焚烧项目。项目建设地址位于广州市番禺区会江村，虽然是村镇交叉地带，但是当地常住人口数量已超过数十万，贸易往来繁荣，经济较为发达，该邻避项目建设势必会引起群众疑惑、抵触。当然，最主要的是政府没有事先告知当地群众，邻避项目选址等信息也没有及时公布，当人们知晓时已经是政府作出决策后的"通知"了，人们自然不会轻易买单。很快，这则消息迅速传遍整个村镇，超过 30 万民众被这一突如其来的消息"惊醒"，他们开始采取各种形式反对该垃圾焚烧项目，甚至有业主起草了一份《垃圾焚烧厂建设的起诉书》，以此强烈谴责当地政府的这一决策。经回顾分析，从 2003 年至 2009 年长达五六年时间里，从初步调研到最后决策当地政府始终没有举行必要的听证，也没有征求当地群众意见和合理建议，由于没有及时开启双方信息沟通的渠道，后来当地民众群起反对也就很正常了。因此，从这一事件中可看出科学民主的事前听证，以及项目关键信息的及时披露是十分必要的，更是不可缺少的必要环节。

5. 政府的补贴有限，相关的监督约束机制难到位

有媒体采访一个垃圾焚烧企业负责人，该负责人对当下企业的运营情况十分苦恼地说："因为我们的企业并不是靠产品营销等赚取高利润的企业，我们大部分的运行还是需要政府的经济补贴和其他的政策福利，但是由于当地政府一直拖欠补贴，我们当下连工资都无法发放。"而类似这种情况其实并不是个例，我国很多垃圾焚烧企业都存在同样难题，即相关企业的商业利润是很有限的，这从 2019 年我国垃圾焚烧发电企业的市场规模才 270 亿元就可窥一斑了。至于能否长久维持下去、能维持多久，很大程度上还是依赖当地政府的财政补贴，至少在目前发展阶段是这样的情况。国内很多受访企业人员到欧美发达国家参观此类企业后发现，国外很多此类企业大部分是国有的，大部分也要依赖当地政府的高额补贴才能正常运转维持。除了相关政府补贴的及时到位很重要外，也需要当地政府积极作为，把依法监管此类企业的安全生产、达标排放等落实到位，高标准的严监管会督促此类邻避企业注重合规运营，不断进行焚烧技术革新，构建与周边群众良好的社群关系。因此，由于部分地方政府的监管不力，加上财政补贴的不及时到位，很容易导致相关垃圾焚烧企业难以为继，最终可能因出现资金、技术、人才等方面的问题而关闭。

6. 传统的管理体制的弊端

努力改善政府形象，加快建立服务型政府，是各级政府适应社会主义市场经济发展的必然需要。关于建设服务型政府的理念，党的十九大报告有多处阐释，旨在转变政府职能、简政放权，提高政府的公信力。相比重准入轻监管、角色定位不清、维护稳定思维浓厚的政府定位而言，建设人民满意的服务型政府，其主要内涵是在民本思想的主导下，全社会严格遵守相关法律法规，使人民在政府治理过程中获得充分参与感和幸福感。由于以往的政府管理活动中，与民众间的管理与被管理、监督与被监督的关系特征比较明显，导致政府与民众之间的关系经常处于"紧张而微妙"的关系中。所以，加快改善政府形象，努力做到政府施政过程中注重保持与民众的平等协商、互联互通，推动决策过程的民主化，不仅是新时代市场经济加快发展对各级政府提出的现实要求，也是传统维护稳定思维主导下处置垃圾焚烧项目时屡次碰壁的必然选择。就垃圾能源类邻避设施建设而言，政府传统的管理体制有自身的优点，但其缺陷和不足也是很突出的，为了避免一些邻避设施建设中出现的"决定—命令—停止"困境，缓解政府这种自上而下决策的焦虑，就必然要逐渐过渡到自下而上的"参与—协商—决策—实施—完善"模式，并在重大项目决策的参与式协商中明确自身的角色定位，真正践行以人民为本的服务型政府先进理念。

7. 项目的现有建设标准和技术标准不高

21 世纪以来，我国垃圾焚烧方面相关技术标准[1]陆续出

---

[1] 2009 年住房和城乡建设部发布的《生活垃圾焚烧处理工程技术规范（CJJ90-2009）》、2001 年原国家环境保护总局发布的《生活垃圾焚烧污染控制标准（GB18485-2001）》、2014 年原环境保护部发布的《生活垃圾焚烧污染控制标准（GB18485-2014）》，同时还需执行《小型火力发电厂设计规范（GB50049-2010）》《锅炉房设计规范（GB50041-2008）》《电力工程电缆设计规范（GB50217-2007）》

台，2009 年首次规范了垃圾处理焚烧技术方面的技术标准，虽然内容规定地较粗糙，但是对垃圾焚烧厂的很多方面进行了规范，对设计垃圾焚烧的建址选择、储藏运输、焚烧系统设计与装置、垃圾利用系统、给水排水系统等总体设计方面都进行了规定，紧接着 2014 年将 2001 年的《生活垃圾焚烧污染控制标准（GB18485-2001）》（以下简称《控制标准》）进行修订，出台了新的《控制标准》，对生活垃圾焚烧的区位选择、废物要求、运行规范、检测管理、排放控制、实时监督等制定了具体的规范标准，在推进垃圾焚烧等邻避设施建设过程中，对相关建设标准和环境保护标准的严格遵守，以及不断更新技术规范采取更先进的技术方法，将会对邻避设施的实施产生极重要的影响，甚至可以成为环境保护行业在垃圾处理方面是否能健康稳定的重要一环。[1]虽然，近年来我国垃圾焚烧厂的数量越来越多，但是在垃圾处理方面，我国的垃圾焚烧率相比垃圾填埋方式的利用率，还只是达到垃圾处理总量的 35% 左右，其最主要原因在于，我国目前对垃圾焚烧厂的建设还缺乏比较科学严格的建设标准和技术标准。很多垃圾焚烧行业规范的制定需要借鉴外国的成熟经验，但不顾国情和实际发展阶段，有时就会导致实施时出现较大偏差以及不适应的问题，因此除借鉴国外先进经验和技术建设标准外，也要重视对本土实际情况的考察分析，从而制定出适应我国国情的相关标准，并注意随着国力提升加快提高此类企业的建设标准和技术标准。

（接上页）《室外排水设计规范（GB50014-2006）》等建筑、市政、电力相关行业标准。

　　〔1〕　杭正芳：《邻避设施区位选择与社会影响的理论与实践》，西北大学出版社 2014 年版，第 17~18 页。

第四章

系统总结域外典型国家和地区破解垃圾能源类邻避冲突的典型案例与法律治理经验

　　基于前面所述可知，目前中国式邻避危机的法律治理仍面临诸多困境，特别是破解垃圾能源类邻避危机依旧任重道远。域外很多国家和地区由于已经历了工业化迅速发展与环境污染激烈冲突的阶段，对相关环境邻避事件的研究也较为成熟，其实践中也采取了一系列专门的立法举措，从而有效度过了其环境邻避危机大规模爆发的时代。因而，要解决我国目前在应对邻避冲突上面临的问题，势必需要合理借鉴域外优秀的邻避冲突治理经验。下面本书将对美国、日本、法国、德国等国家，在推进垃圾能源项目建设中发生的典型案例进行比较分析，努力发掘域外国家或个别地区对解决此类邻避冲突提供的法律制度保障，总结其在项目替代方案选择、公众的有效沟通保障、政府定位、企业补偿等方面，可供我国合理吸收借鉴的法治治理经验。

第一节　域外运用法律手段破解垃圾能源类邻避冲突的典型案例分析

　　在人类的生产生活中，产生各类垃圾是不可避免的，因此如何有效地处理垃圾就成了社会发展进步必须要解决的问题。

垃圾可以通过堆填、卫生填埋和焚烧等方式进行处理，其中垃圾焚烧可以用来发电供能，因此建设垃圾焚烧厂逐渐成为发达国家热衷的垃圾处理方式。有资料显示，全球有 35 个发达国家和地区建有 2000 多座生活垃圾焚烧发电厂，这些焚烧发电厂主要分布于欧洲、日本、美国等。[1] 但是 20 世纪 70 年代，在发现芬兰的三座垃圾焚烧炉里的飞灰里面存在一种二噁英物质，这种物质有致癌的风险，会损害公众的健康后，建设垃圾焚烧厂开始受到抵制。1980 年，有一名叫艾蜜莉（Emily）的英国女士在《基督教科学箴言报》上发表了一篇文章，名叫《危险的废弃物》，她用英文 NIMBY——"不要在我家附近建设垃圾焚烧装置"来描述抵制垃圾焚烧的社会现象。面对居民这种自发的抵制行为，域外是如何处理的呢?[2]

一、美国近年来垃圾焚烧类邻避项目的案例分析

历经两次工业革命的美国，其现代化程度很高，经历垃圾能源邻避事件的时间也比较早，研究美国关于垃圾焚烧类邻避事件的成功案例，对我国处理类似邻避事件有很好的启示作用。

美国的"邻避时代"源于 1976 年美国政府颁布的资源保护及恢复法案，此法案禁止随意倾泻垃圾废物，致使工厂、公司对城市垃圾处理设施的需求与日俱增，但是这些设施的建设遭到了当地居民的反抗，在这样的情况下引发了声势浩大的邻避运动，并且在 1980 年以后愈演愈烈。[3] 在此，笔者选取"纽约市垃圾设施选址"的典型案例，分析其处理此类邻避事件的具体措施，

〔1〕 "发达国家怎样焚烧垃圾?"，载《环境经济》2015 年第 16 期。

〔2〕 贾峰："打开'邻避'之门，我们需要什么钥匙?"，载《世界环境》2018年第 6 期。

〔3〕 李雪姣："美国避免邻避冲突的做法和启示"，载《企业导报》2015 年第18 期。

选择此案例的原因主要有三点：一是其影响广泛；二是涉及范围广；三是典型性强，并且对我国一些发达地区城市具有现实借鉴意义。

由于生产生活产生的垃圾与日俱增，建设垃圾处理设施又遭到反对，这导致当时纽约城市垃圾管理出现严重混乱，市民在街头随意乱倒垃圾的现象十分普遍。1989 年纽约市城市宪章修改议案把"邻避运动"提上日程，该宪章要求城市规划局设定具体的标准以便能更好地平衡城市设施建设带来的利益和负担。议案规定城市每年应向全社会公布一份未来城市设施需求文书，城市的 59 个社区董事会拥有正式权利对文书发表意见，5 个区行政长官则被授权提议备选地址。1990 年 12 月，纽约市规划局颁布了《城市设施选址标准》，即所谓"平等共享选址程序"标准，此标准已于 1991 年 7 月生效。除了平等共享标准，纽约市大部分土地利用项目还要经历一个"城市土地利用审批程序"。从纽约市城市设施选址标准和城市土地利用审批程序可以看出，纽约城市设施建设过程最突出的特点是每一步都强调公众的参与，这些标准程序的实施在一定程度上抑制了邻避主义浪潮。20 世纪 90 年代，纽约市又逐渐建立起一整套完善的固体废弃物治理方略，即"3R"政策，这些方案都取到了良好的效果。1989 年纽约市通过《垃圾分类回收法》，1990 年该市对《垃圾分类回收法》再次进行补充，另外纽约市后来又通过《瓶子法》，对瓶子的分类回收利用处理进行了详细规定。这些法案使纽约市在环保立法中走在了全美的前列。美国的这些法案以及各种措施很好地解决了垃圾能源邻避冲突问题，在解决冲突的同时也使美国的生活环境日益美好。[1]

---

〔1〕 "纽约的垃圾设施选址"，载《现代物业（下旬刊）》2013 年第 10 期。

美国另一个典型案例发生在纽约州，布朗宁摩天工业通过它的社区合作项目给纽约州的每个地方司法部门都寄送了一项补偿计划，邀请它们志愿承接一个固体垃圾填埋场选址的机会。最终，纽约的一个有着 1300 位居民的社区在公众投票中反应积极，成为这一垃圾填埋场的选址地，这将给当地带来价值 100 万美元到 200 万美元的经济效益。布朗宁摩天工业的固体垃圾填埋场设址过程，体现了志愿和竞争以及经济补偿的原则，试图将市场机制引入公共决策过程。[1]

补偿是最早用来解决邻避问题的方式。1989 年田纳西州一项关于市政垃圾填埋场的调研发现，在没有任何经济补偿的情况下，居民的支持率只有 30%，但当提供一定经济补偿时，支持率几乎翻了一倍，其中返还财产税的支持率为 63%，提供学校费用的支持率为 62%，提供道路费用的支持率为 56%。[2] 从此项调查可见，经济补偿在一些垃圾能源项目建设中是必不可少的。此案例除了显示出经济补偿的独特作用，也体现了当地群众志愿和市场化竞争选址的规则。美国于 1990 年制定了鼓励"通过志愿程序得出可接受选址"和"考虑竞争选址程序"的设施设置准则。这种社区志愿和竞争选址相结合的程序，从某种程度上来说是把选址的行政权力返还给社区民众，由他们自己去衡量此类邻避项目建设带来的利弊得失，从而决定是否接受该设施的建造。这种形式同样强调了公众的参与，而且更加注重民主和平等，为顺利解决垃圾焚烧的邻避冲突问题指明了方向。

---

〔1〕 刘晓亮、侯凯悦："志愿和竞争选址：邻避冲突解决机制的西方经验与中国选择"，载《华东理工大学学报（社会科学版）》2017 年第 3 期。

〔2〕 陈佛保、郝前进："美国处理邻避冲突的做法"，载《城市问题》2013 年第 6 期。

通过观察美国处理此类邻避事件的真实案例，我们能明显得到的结论是，垃圾焚烧、垃圾处理设施选址等邻避事件的有效解决，离不开设置规范透明的操作程序、颁布具体法案、给予经济补偿以及注重技术手段和科学理念等。美国注重规定的公开透明，例如，美国国家环境保护局（EPA）制订的《焚烧炉管理规定》，管理规定中清晰表明了焚烧炉会产生的有毒物质，这些有毒物质会对人体产生的危害。尽管规定中对焚烧炉的建设设定了一系列标准，并由政府监管部门严格把关，但是由于其坦诚举例出来的危害，周边居民强烈反对焚烧炉的建造。[1]1995 年开始，美国就停止建设新的垃圾焚烧厂，并把建成的厂逐步关掉，美国当前的垃圾焚烧发电厂已不足 90 座，而且大多是 2015 年前建成的。美国相关法案规定的通俗易懂及其坦诚态度，虽然在一定程度上致使垃圾焚烧厂的建造遇到了一些困难，但是更多带来的是好处：市民对政府的信任加深，与政府之间有良性互动；实施严格标准带来的是技术提升与设施进步，环境资源法案陆续通过，以及严格执行相关规定使生态环境日益改善。

目前，在我国各类垃圾与日俱增、垃圾处理难度越来越大的环境下，国内许多城市开始垃圾能源项目建设，纽约市的以上做法虽然不能说尽善尽美，但其有些成功的做法依然给我们城市的管理者提供了许多现实启示。

二、日本近年来垃圾焚烧类邻避项目的案例分析

从某种意义上来说，垃圾处理已成为今天日本的骄傲，干净整洁的城市、遵守分类原则的居民、领先全球的垃圾处理技

---

〔1〕 ［日］山本节子：《焚烧垃圾的社会》，姜晋如、程艺译，知识产权出版社 2015 年版，第 21~22 页。

术等。但是，日本的垃圾处理发展的历史并非一帆风顺，今天
我们看到日本城乡清洁干净的景象，也是在经历了垃圾混乱处
理和深度转型后的产物。亚洲最早的邻避运动就出现在日本，
1971 年"东京垃圾战争"就是围绕垃圾处理设施建设出现纠纷
的开端。最后，这场"垃圾战争"的结束离不开法治的发展以
及政府的强硬手段。

　　"东京垃圾战争"源于当时焚烧处理技术还不普及，其中大
部分家庭的生鲜等生活垃圾是直接填埋的，东京都垃圾填埋场
位于江东区，由于垃圾总体填埋量太大，以至于造成江东区频
频发生交通拥堵、空气恶臭、垃圾火灾等事件，于是东京都决
定在各区修建垃圾焚烧厂，但是杉并区的居民表示反对并组织
了抗议活动，杉并区居民的做法直接导致江东区拒绝接收来自
杉并区的垃圾，两区产生了激烈的矛盾，问题长时间得不到解
决也影响了东京都政府的威信。[1]东京都市民在抵抗运动中产
生了两个理念：第一个是在自己所在区里的垃圾需要进行自处
理；第二个是给大家带来麻烦的事情要让大家公平地去承担。
当年的"东京垃圾战争"一共持续了八年时间，最终以东京都
政府的强势姿态解决，结果是在杉并区建立自己的垃圾处理场。
在此次"垃圾战争"中，东京都政府意识到了市政改革的重要
性，特别是垃圾处理机制的改革，在 2000 年调整的新垃圾处理
制度下，东京都中心 23 区的垃圾处理工作全部下放到各区独立
开展，每个区负责本区居民垃圾的回收和运送工作，23 区联合
成立的垃圾处理合作组织，通过区域处理中心对可燃垃圾和大
型垃圾进行预处理，最终可燃垃圾的残骸和不可燃垃圾交付由
东京都政府负责运营的填埋场填埋。这样的垃圾处理机制，不

---

〔1〕　杭正芳：《邻避设施区位选择与社会影响的理论与实践》，西北大学出版
社 2014 年版，第 1 页。

仅保证了各区的相对独立性和积极能动性，也让该市整个的垃圾处理过程变得更为有效。

东京垃圾战争这个事件的影响是深远的。从此真实案例中可知，最初东京都在设置垃圾处理场、垃圾焚烧厂时，同样遭遇了很大阻碍，甚至引起该市不同行政区居民的互相苛责与殴斗。然而，最后还是成功在特定区域内建成了垃圾处理厂，此次事件的成功解决离不开东京都政府的强行介入，离不开法律政策的及时颁布实施，也离不开东京都政府相关政策和程序上的公开透明，并特别重视程序的合理性设置。其一，明确选址过程的政治性，从选址阶段就有居民参与进来；其二，通过普通居民或利益相关方参与公开讨论的形式减少纠纷；其三，切实保障程序的公正性，在选址时要充分考虑当地居民意见，深思熟虑后再最终决定。作为"东京垃圾战争"的后续，东京都自此以后一直实行公平负担垃圾处理费用。2008年，东京都23区特别区长会决定，对本区内处理不完的垃圾，以每吨1500日元（约100元人民币）的费用标准，支付给承担其垃圾处理任务的行政区。这样每年接受约270万吨垃圾（23个区垃圾量的1/6）的江东区，一年大概就能收到2亿日元以上的费用，同时没有清扫工厂的新宿区每年还要支付近1亿日元费用。这样不同区之间的经济补偿，既有利于此类邻避冲突的顺利解决，也符合公平公正的理念。

在日本东京都的丰岛区，同样发生过类似的居民反对运动。丰岛区的垃圾焚烧厂是在1997年新建并于1999年建成的，该垃圾焚烧厂建立之初，就遭到一些市民的反对，还有的市民去法院打官司。法院并没有站在当地居民这一方，但是也并没有不顾居民的利益诉求，最后在当地政府监管部门的严厉监管下，并配合相关法律法规的严格实施，该垃圾焚烧厂建设者花了两年之久说服了周围居民，还作出保证要严格按照法律规定和技术标准建设焚烧厂。为了避免项目建设扰民，丰岛区垃圾焚烧厂的烟囱高度最终建为 210 米，这也是东京都 23 个区 21 家垃圾焚烧厂里最高的——原则上烟囱高度不低于 150 米就符合环保要求了，但考虑到池袋地区人口密集和高楼较多，所以该垃圾焚烧厂建设把烟囱加高了许多。经过多重环节的谨慎处理后，烟囱里最终排出的只有水蒸气和二氧化碳等一些不会造成环境污染的气体。此外，该垃圾焚烧厂还注意实时公开相关信息，包括垃圾焚烧厂周边的实时空气质量、垃圾焚烧厂每天的垃圾吞吐量等数据，让周边群众和热心的公众能充分相信，即便生活在垃圾焚烧厂周边也是安全、环保的，而且垃圾焚烧产生的热量也可以用来发电，该厂也成为东京都重要的电力供应来源企业。

"安全、放心"是建设垃圾焚烧厂的内在要求，如果只是表面的干净、整洁，没有内在的环境安全，是不可能真正让人们有清净之感的。正是由于法律法规的严格规定，监管部门的监督到位，丰岛区垃圾焚烧厂自身也做到了安全，居民才自愿退步，避免发生更多争端。垃圾焚烧厂的选址和建立不是一帆风顺的，但是如今的日本处理得很完善，建设干净、安全的环境不是那么容易的，这离不开日本对于垃圾分类与处理的严格规定以及法治的发展，其实施的废弃物回收法律以及实施的"生态城建设项目"，为解决环境能源项目的冲突带来了深刻影响，其中废弃物分类立法是解决能源项目邻避危机的关键。此外，为了减少垃圾焚烧中产生的二噁英，日本规定了垃圾焚烧设备的建设和维护管理标准，2006 年日本垃圾焚烧厂二噁英年排放量为 54克，到 2020 年其规定排放标准降至每年 51 克。[1] 今天的日本，

[1] "发达国家怎样焚烧垃圾?"，载《环境经济》2015 年第 16 期。

在《环境基本法》大框架下，《废弃物处理法》和《资源有效利用促进法》作为两大支柱，实现了两者的相互促进与补充。然后，还有分门别类的《容器包装再循环法》《家电再循环法》《汽车再循环法》等一系列专门法律，使得日本整个环保系统的运转十分清晰且有效率。

纵览美国和日本垃圾处理的历史进程及相关垃圾焚烧类邻避危机的圆满处理，都离不开其本国法治的发展和公众的积极参与，这些都是值得我国吸收借鉴和学习的。

三、法国近年来垃圾焚烧类邻避项目的案例分析

"改革很好，但最好从我邻居家开始。"法国这句名言是当今世界一种普遍现象——"邻避主义"的体现。法国巴黎的垃圾焚烧起步较早，垃圾发电已经是成熟的技术了，各项工艺、流程、法规均较为完善，通过对垃圾焚烧发电整个工艺流程的实时监督，可有效控制各类污染物的排放，虽然垃圾焚烧发电项目的前期投资比填埋等传统处理工艺高出很多，但是通过发电、供热、有用物质的回收等，会产出良好的经济和社会效益。

在巴黎市中心的塞纳河畔，建成了一座将垃圾进行无害转化，产生热能和电能的新型垃圾焚烧发电厂，它的内部由锅炉和创新式烟雾处理系统组成，而外观是一座全玻璃墙壁的新式建筑，并由新式照明设备装修而成。塞纳河周围每年大约产生28.7万吨生活垃圾，该垃圾焚烧厂可以处理其中的12.3万吨，蒸汽设备每年可以为城市2.38万户居民提供照明，并为7700多户居民供暖。经粗略估算，通过焚烧垃圾供暖供电，该地区每年可以减少1.9万吨二氧化碳排放。此外，使用垃圾代替化石燃料，还可以弥补该国稀缺能源资源的不足。法国垃圾焚烧厂利用科技手段在各个环节严格控制烟雾排放量，能源生产和烟

气处理的整个程序都由电脑控制并实时监测。此外，该厂还实行热电联产，垃圾焚烧炉释放的热量被回收转化为水蒸气用于街区供热，剩余的高压蒸汽则被蒸汽涡轮发电机转化为电能，每年产生约 2200 万度电力，用于该国核电厂运作或者出售给法国电力集团。

这些建在城市中心的特别装置，不仅可以更方便地收集垃圾，还可以更高效地为垃圾焚烧装置周边居民提供可持续的热水供应。当地居民最后之所以能接受这一装置，而不是让其远离自己的家，不仅因为它提供了无害化的处置，高效的能源供应以及一个低成本利用热水的机会，还因为在垃圾焚烧发电发展过程中，法国政府在价格激励、财政补贴、减免税费等方面进行了很多努力。

过去的 50 年间，随着生活垃圾等各类垃圾的持续增长，法国建设了一座又一座的垃圾焚烧厂，但这种趋势现在已发生逆转，法国近年来垃圾产生量正在持续萎缩，此种情况得益于公众积极参与的垃圾分类回收（特别是玻璃、纸和塑料），以及法国政府针对废弃物处理方式不同制定的税费政策，同时鼓励MBT[1]设施的建设。

首先，从填埋税、焚烧税到针对填埋场生物气体与甲烷发酵的收购制度，法国根据不同处理方式设定了不同的税率和收购价格，通过合理的税费政策诱导废弃物处理方式由填埋、焚烧向其他方式转变，比如厌氧消化等。同时，对于高效填埋气回收和能源效率高的焚烧等设定更低的税率，以提高资源化处理率。其次，为应对焚烧设施选址难这一问题，法国通过建造

---

〔1〕 即垃圾的机械生物处理。MBT 涵盖了处理残余废物的各种活动和技术，即尚未分类以进行回收或堆肥的废物。顾名思义，它由机械部分（用于机械分离废物以回收可回收物）和生物部分（用于堆肥或消化有机部分）组成。

MBT 设施与居民达成共识，MBT 设施运营的目的是从废弃物中回收可资源化利用的物质，通过制造生物气体、堆肥、固体燃料，最终实现填埋场的废弃物数量减少以延长填埋场寿命，减少焚烧设施排放的污染物。最后，为加强居民环保意识，法国的 MBT 设施中设置参观者专用通道，提高废弃物处理过程的透明度，既实现了废弃物的资源化利用，又助推市民成为废弃物处理的主力军。[1]

法国垃圾分类的发展以及各种政策的制定，致使人们已经有了很强的规范意识，在建造垃圾焚烧厂和零废弃社会的选择上，人们更加重视自身的责任。最近在法国巴黎市政府决定重建巴黎市郊的垃圾焚烧厂时，不同于市中心垃圾焚烧厂建造时的民意支持，巴黎民间团体激烈反对重建巴黎市郊的垃圾焚烧厂，市民认为他们不需要再建造垃圾焚烧厂了，还认为只要按照《能源转型法》将有机可降解的垃圾进行分类，需要焚烧或填埋处理的垃圾总量将会减少 1/3，重建焚烧厂项目所需的资金应该用于支持回收利用体系，以创造更多的就业岗位。转型成为零废弃社会，这意味着各类废弃物都可以变成生产原料，在废弃物收集和能源转化方面，许多技术都比垃圾焚烧环保且合理得多，也正是在这场反焚烧运动中，该国环保组织和巴黎市民明确为这座城市提出了垃圾管理的其他计划与方法，大大促进了巴黎官方总体推进垃圾减量和分类的进程，并助推了该国加快建设零废弃社会的进程。

垃圾焚烧厂的选址过程遇到的问题是人们环保意识提高的具体体现，同时也为国家提高相关科技水平，解决垃圾处理难问题，保障公民合法权益奠定了基础。通过研究法国政府针对

---

〔1〕 杭正芳：《邻避设施区位选择与社会影响的理论与实践》，西北大学出版社 2014 年版，第 149~151 页。

垃圾处理方面的多种方法，我国可以借鉴的不仅仅是既有的垃圾困局治理政策、制定相关法律法规，还有解决问题时的态度和方式，就如同大禹治水，更多的是依靠疏通，而不是封堵。盲目地封堵只能让洪水继续集聚能量，如果再次发生决堤将会带来比上次更惨痛的代价。同样的问题，放在垃圾焚烧类邻避项目建设问题上，我们不应对居民的抵制充耳不闻、不管不问，甚至以强制性手段压制居民的反抗，更应该做的是进行积极沟通和利益疏导，加快解决周边居民特别在意的问题，满足居民的合理需求，获得居民的充分体谅与信任。只有这样，我国才能真正解决在此类邻避项目建设中遇到的现实难题，高水准精准解决病灶，从而实现项目所在地官民关系和人与自然的关系归于新的和谐共生。

四、德国近年来垃圾焚烧类邻避项目的案例分析

德国与美国的不同点在于，德国更加重视行政程序的适用程度，注重群众参与和权利救济。现今德国的垃圾焚烧选址与居民之间呈现的和谐局面，也是在一番斗争后才得以建立的，德国居民对于垃圾焚烧厂的抵制，一方面体现了公众环境意识的觉醒，另一方面也揭露了垃圾焚烧厂选址过程存在的问题。德国著名法学家耶林指出：权利只有在持续不断的与侵害权利的力量进行斗争的过程中才彰显其存在，为权利而斗争是每个人的神圣义务。[1]正是德国不同地区居民对垃圾焚烧厂选址的抗议抵制，才推动了该国相关环保法律法规的完善、焚烧科学技术的革新以及项目周边人民生活水平的提高。

哪里建造垃圾焚烧厂，哪里就会有抵制，人们对垃圾焚烧

---

〔1〕　陈昌荣、周林意："环境群体性事件中邻避事件：研究述评及展望"，载《常州大学学报（社会科学版）》2017年第4期。

厂建设的反对很大程度上来源于对二噁英的恐惧。因此，如何减少乃至消除居民的恐惧心理，保证居民环保、安全的生活环境，是成功建造垃圾焚烧厂的重中之重，德国在这方面做得很到位。建于1987年的比勒菲尔德垃圾焚烧厂、1991年的不来梅垃圾焚烧发电厂、1968年的柏林垃圾焚烧厂和慕尼黑垃圾焚烧厂等邻避项目当初的选址过程并没有那么顺利，甚至有些在一定程度上还遭到了激烈抵制。至于这些垃圾能源项目为何能成功建成，以及为何能将这种成功延续至今，这与德国拥有完善的生活垃圾分类收集系统，注重垃圾循环回收利用，及时颁布相互作用的一系列相关法律法规，执行世界范围内最严格的垃圾焚烧设施排放技术标准，特别是针对二噁英和重金属治理等因素息息相关。在生活垃圾焚烧技术方面，德国可谓走在了世界的前面，虽然德国作为欧洲垃圾焚烧发电应用最广泛的国家之一，但其长期以来的垃圾焚烧选址过程一定程度上可以说是很顺利的。下面将从德国的几项重要措施分析其垃圾焚烧厂成功选址建设的原因。

柏林市垃圾焚烧厂通过以下几项措施获得了当地市民的支持：一是加强对垃圾焚烧益处的正面宣传，并借用新闻媒体向社会公众说明垃圾焚烧处理技术的安全性和环保性，并将垃圾焚烧排放数据实时向市民公布，做到公开透明，加强市民对垃圾焚烧技术的认识与信任；二是制定相关的法律法规，规定严格的废弃物排放标准和垃圾处理流程，加强监管措施，并确保其行之有效；三是做好选址工作，建设前与当地居民做好交流沟通，不影响居民生活并要给居民带来便利；四是注重公众参与，让居民参与垃圾焚烧设施管理，接受公众监督；五是对垃圾焚烧厂的生产进行严格检查，并公布检查结果，用事实证明垃圾焚烧的安全性。在这些措施的基础上，柏林市严格按照欧洲法律，对垃圾进行分类，最大限度地实现回收利用，减少垃圾量。[1]对于垃圾焚烧所产生的碳化物、硫化物、氮化物、二噁英等有害气体和污染物，德国政府采取了严格的监管措施，严格监测垃圾焚烧后烟气排放的指标，并把监测结果在互联网上公开，任何人在任何时间都能查看和实时监督。德国依靠《排放保护条例》《水法》等法律法规设定排放标准，还有《排放保护条例》第 17 条就废气中的二噁英等作出了严格规定，以保证垃圾焚烧设施的安全与环保，给居民一个安全的生活环境。[2]

德国是最早采用立法形式治理垃圾的国家之一，1972 年德国联邦议会颁布了《垃圾处理法》、1982 年对《垃圾处理法》进行了修改，改为《垃圾避免及处理法》，首次引入了"避免和减少垃圾产生及再利用"的理念。1986 年通过《生活垃圾法》、1991 年出台《避免包装容器废物产生条例》、1991 年 4 月《特殊垃圾法》生效、1993 年 6 月新的《生活垃圾法》生效、1994 年《垃圾避免及处理法》修改为《循环经济法》，此外，德国的《垃圾焚烧条例》《垃圾处理场审批条例》《有害垃圾监管条例》《有害垃圾运输条例》等一系列全面完善的法律法规条例，为德国处理有害垃圾、促进垃圾循环使用，促进人和环境和谐发展发挥了巨大作用。[3]

从德国垃圾焚烧厂成功建设的多个案例中可以发现，从反对到支持，居民之所以会改变之前的态度，一是垃圾焚烧厂本

---

〔1〕　北京市市政市容委赴德国奥地利考察组、王清文："德国、奥地利垃圾焚烧处理考察纪实"，载《城市管理与科技》2010 年第 6 期。

〔2〕　"看看德国的垃圾焚烧发电厂是怎么设计的？"，载北极星固废网，http://huanbao.bjx.com.cn/news/20161009/778335.shtml，2021 年 10 月 15 日访问。

〔3〕　"我所了解的德国垃圾焚烧（三）——德国垃圾焚烧相关法规政策介绍"，载搜狐网，https://m.sohu.com/a/195508268_99949551，2021 年 9 月 20 日访问。

身是安全可靠、没有危害的；二是垃圾焚烧厂的建设可以为居民生活带来便利，不影响居民的日常生活。从这两方面因素可以看出，该国垃圾焚烧厂成功建设的出路在于得到最大范围内公众的支持，而公众支持的根本原因则是政府证明该项目没有危害且能带来益处。想达到无害有益就要有严格的建设标准、监管标准和排放标准等，所以及时颁布相关法律法规及不断完善的政策规定是必须的也是必要的。德国对垃圾焚烧的法律规定十分完善，这值得我国借鉴吸收。

五、英国近年来垃圾焚烧类邻避项目的案例分析

在英国，垃圾焚烧厂的建设也会因为公众抵制而停止或者延迟。2001 年 4 月，伍斯特郡议会就以 11 比 2 的投票结果，否决了在基德明斯特建造一个年处理 15 万吨垃圾的焚烧厂建设计划。其遭受反对的原因有以下四个方面：一是设施不美观，妨碍地面景观；二是影响运河保护工作；三是减少了游乐场地；四是公众不支持。综合起来看，垃圾焚烧厂存在的不利影响及公众反对是主要因素，经过英国政府的长期努力协调和多方沟通，最终垃圾焚烧厂得以批准建设。英国对垃圾焚烧厂从选址到建设所做的不懈努力，为其他国家破解垃圾焚烧引发邻避冲突难题提供了一些解决思路和具体方案。

英国除了及时颁布相关法律法规及实施严格的垃圾分类管理，还采取了多方面措施以赢得公众的支持。这主要有五大方面：创新激励机制、建立共有机制、拓展补偿机制、创新载体推动社区融合、注重形象美观。在创新激励机制方面，规定将垃圾管理权与社区利益结合在一起，即将垃圾管理与公众社会利益相挂钩，使社区居民能够切实地参与到管理以及决策过程中，切实地感受到参与垃圾管理能够给自己带来的利益，而且

这种利益的给予要与所处社区的真实状况相结合，并灵活处理。
建立共有机制的含义是使当地社区居民共同拥有垃圾处理厂所
有权，通过居民分红以及转化为地方投资来保障社区居民的所
有权，正向推动社区居民的责任共担。同时，当地社区也可选
择组建"社区投资小组"代表社区居民实施项目管理，并获得
部分项目收益。拓展补偿机制是在家庭事业费用上给予折扣，
通过项目承包方与地方家庭事业费用收取方签订费用减免协议，
一次性地将经营收益所得部分返还给当地社区居民；通过地方
政府直接参与能源服务项目，包括垃圾转换能源项目，给予家
庭事业费用折扣，包括减免电费或者燃气费用等。创新载体推
动社区融合是指地方政府、企业和社区居民协商成立"社区基
金"，即通过基金设立教育中心、生态多样化展示中心，以及根
据社区居民的偏好而进行相关社区基础设施改善等，更好地为
社区利益服务。在注重形象美观，优化垃圾处理厂外观设计方
面，把审美元素融入垃圾厂的设计中，视觉上的审美效果极为
重要，垃圾厂避免与"脏""臭"等字眼相提并论，并与周围
环境完全融为一体。多次的项目建设经验表明，创新的设计理
念和符合社区景观的设计风格，能非常有效地加大公众对垃圾
处理厂项目的支持，减少阻力。[1]

　　"调动民众的积极性，让尽可能多的居民拥有直接参与权，
并切身感受到大型基础设施的好处，同时，对民众晓以利弊，
进行耐心细致的解释，并在建筑的外观设计上注重美感等"，这
些都是英国破解"邻避效应"的主要做法。之所以会出现"邻
避效应"，是因为政府不能切实保障居民的相关利益，不能与居
民保持良好的沟通息息相关。人基本都是趋利避害的，当项目、

　　　　[1]　宋雄伟："英国垃圾焚烧厂讲究利益分享"，载《环境教育》2014年第
8期。

设施的实施能给人们带来益处且不会感到有危险时，就能得到多数人的支持，并且人们还能获得积极参与和行动响应，同时也会自觉遵守相关法律规定，自发监督相关设施的顺利推进，因为这些基础设施项目已经与周边居民的切身利益紧密地捆绑在了一起，他们的态度发生质变是很正常的。

英国萨塞克斯大学科学技术政策研究中心研究员吉尔认为，"参与、透明和信任"是垃圾处理项目成功的关键。他表示，由垃圾焚烧而引发的环境、健康等方面的危害在英国并没有引发任何社会动荡，政府不仅激发了居民参与的积极性、主动性，还及时做到了在建项目的公开透明，让民众对项目将带来的好处以及潜在的危险等享有充分的知情权，这些都是其他国家很宝贵的邻避危机处置经验。英国垃圾焚烧邻避项目的成功还在于，将居民的切身利益放在一个比较重要的位置，注重平等尊重和协商合作，并努力保障居民的其他相关合法权利。

纵观美、日、法、德、英等国在垃圾焚烧类邻避项目中所做的努力和实行的举措，一切疑难问题的解决似乎都离不开居民这个中心。上到涉及居民行为规范的垃圾分类、建设标准、排污标准等法律法规和政策的制定，下到保障居民权利利益、普及环保知识等活动，无一不体现了"以人为中心"。坚持以人民为中心的发展宗旨，更是我国一直坚持和贯彻始终的，因此在学习和借鉴域外国家的经验、相关制度规定问题上，我们努力的重点方向在于技术和人的问题。技术能够解决设施本身安全运转问题，而人又是解决全部问题的核心，让人民群众满意就要切实保障其相关合法权利（知情权、参与权、表达权、监督权等）、切身利益（不损害生活质量、提高居民生活水平）、遵守必要的行为规范（法律法规制度的及时规定）等，让技术达标还要加大此方面的科技投入，建造高标准、美观典雅的垃圾能源设施。

六、其他域外国家和个别地区近年来垃圾焚烧类邻避项目的案例分析

（一）新加坡近年来垃圾焚烧类邻避项目的案例分析

1. 新加坡垃圾焚烧邻避项目的实施情况

20 世纪 70 年代，新加坡也面临着"固废围城"这一环境困境。由于其工业化进程加速导致城市固废总量爆发式增长，短短 20 年间，废弃物处置量几乎增长了 3 倍。[1]随后，新加坡开始了清理垃圾、防治污染的实践之路。在 20 世纪 90 年代之前，新加坡对垃圾的处理主要采用填埋法，但垃圾填埋对生态环境造成的危害与日俱增，如占地面积大，这对于土地资源极为紧缺的新加坡影响尤为突出。另外，填埋场内部的垃圾经微生物、生化反应产生的污染物质，对周边环境影响显著。20 世纪 90 年代后，垃圾填埋达到饱和且无地可填，新加坡通过对德国与日本相应处理经验的考察与论证，决定加以合理借鉴，选择焚烧处理方式，焚烧后再运到附近岛屿进行填埋，大大提升了新加坡城市垃圾处理能力。"据新加坡政府 1995 年年报，新加坡垃圾年产量达 268 万吨，1996 年日产垃圾 7500 吨至 8500 吨，其中 65%垃圾由 lUuPandan，uaS 和 eSnoko3 个焚烧厂处理，其余的运往 oLorgnHalus 填埋场。"[2]如今，新加坡已实施了从源头减量到末端处置的综合管控策略加强固废管理，不仅取得了较好成效，还妥善处理了此类邻避棘手问题。

采取有效措施疏解邻避效应是新加坡实现现代化的必经之

---

〔1〕盛任立："新加坡城市固废处理现状与经验探析"，载《环境保护》2015
年第 7 期。

〔2〕张芝兰、朱陵富、潘可虎："赴韩国、新加坡垃圾焚烧厂的考察报告"，
载《环境卫生工程》1997 年第 2 期。

路。作为一个面积只有 719.1 平方公里的岛国，新加坡没有太多土地资源用以建设垃圾焚烧厂。如此，位于新加坡岛西南方的裕廊岛是化工设施集中的地点，裕廊岛距离新加坡岛只有大约 1 公里的距离。尽管受到国土面积狭小的局限，新加坡还是尽可能地分离工业区与居民区，以保障居民安全，疏解邻避效应。裕廊岛最初是在几个小岛的基础上，填海连接在一起形成的一个石化基地，整个区域规范有序、管理严格；在裕廊岛内部，各种不同化工设施之间往往采用水渠等方式进行区隔。[1]目前，新加坡全国有 5 座固废焚烧厂，其中 4 座在运营，这些焚烧厂都与市民和谐相处，这说明新加坡妥善处理了垃圾焚烧邻避效应，其疏解邻避效应主要有以下三大措施：其一，严格管理垃圾焚烧发电项目，赢得公众的信任。产生邻避效应主要源于公众对项目安全的不信任，而新加坡的成功经验在于严格管控垃圾焚烧发电项目，通过重罚让环境违法的成本远高于其所获收益。"1979 年，新加坡第一家垃圾焚化厂乌鲁班丹正式投入使用。乌鲁班丹焚化厂日焚化垃圾 1200 吨，在运作期间，由于当时的垃圾运输车密封性不好，偶尔会有臭味散出而遭到投诉。不过每有投诉，环境局就会马上派人处理，再加上新加坡人知晓国情，因此总体舆论还是对垃圾焚烧表示支持的。"[2]其二，保证项目信息公开透明，加强与公众的协调沟通。新加坡从不回避垃圾焚烧项目对公众带来的影响，而是通过及时准确的信息公开，加强与公众的善意沟通，让公众真正了解该项目可能带来的利益与风险，以便公众消除心理排斥感。"如在保证安全

---

〔1〕 陈济朋："新加坡疏解'邻避效应'之鉴"，载新华网，http://www.xinhuanet.com/mrdx/2016-08/10/c_ 135581007.htm，2021 年 11 月 10 日访问。

〔2〕 卢轶、周鹏程、温柔："'花园城市'新加坡的垃圾是这样烧掉的"，载《南方日报》2014 年 7 月 16 日。

的前提下，有序组织公众进入工业设施内部参观。裕廊岛管理虽严格，但在对公众开放的方面也有明确的规定；实马高岛垃圾填埋场也允许公众登记申请参观，还会组织公众教育活动等。"〔1〕其三，近年来，新加坡政府还致力于在焚烧垃圾的同时，为本国民众带来尽可能多的福利。政府在与裕廊岛隔海相望的西海岸一带，建设了大片绿地花园和儿童乐园等公众设施，还在风险项目附近建设养老公寓、完善配套医疗设施，这些举措既能给附近居民带来福利，又能疏解邻避效应对其造成的不良心理影响。

2. 新加坡垃圾焚烧邻避项目建设的五个启示

新加坡科学解决该国垃圾焚烧引发邻避效应的相关措施，为我国提供了真切的经验与有效做法，我国应根据本国国情加快吸收借鉴其部分得力举措。与新加坡相比，我国在处理垃圾焚烧邻避冲突时是具有优势的，但不足也是很明显的：我们的优势在于我国国土面积大，在垃圾焚烧填埋方面不必受国土面积狭小的限制；我们的缺点在于垃圾焚烧管理体制依然不健全，垃圾焚烧的技术水平还普遍不高，公民参与度和信任度较低。因此，我国可以在健全强化垃圾焚烧管理体制，提升垃圾焚烧技术水平，增加公民参与度及信任度等多方面，妥善解决我国的垃圾焚烧邻避冲突问题。具体几点启示如下：其一，健全强化垃圾焚烧管理体制，实现奖惩分明。在新加坡，垃圾焚烧厂能与市民和谐相处的重要原因在于，新加坡拥有较完善的固废焚烧行业管理制度。新加坡在城市规划中，清晰地规定固废焚烧厂远离居住区，必须建立在临海或工业区域；其二，合理引入第三方专业机构实施监管，及时提供可靠的第三方监测数据，

---

〔1〕 陈济朋："新加坡疏解'邻避效应'之鉴"，载新华网，http://www.xinhuanet.com/mrdx/2016-08/10/c_135581007.htm，2021年11月14日访问。

随时供市民查阅；其三，建立固废焚烧企业严格的准入制度、评价制度以及市场退出机制，确保技术水平高、社会责任感强的企业来运营。[1]我国还可以探索建立固废焚烧企业信用评估体系，建立失信惩戒机制和黑名单制度，公开公示不符合要求的企业名单。其四，提升相关企业的垃圾焚烧技术水平，加快引进吸收再创新升级国家的垃圾焚烧技术，"开展城市废物治理技术交流合作，推动新加坡先进创新技术向我国的转移转化"。[2]其五，加强与公民的利益沟通，提升公民的参与度与信任度。新加坡政府通过媒体对垃圾焚烧项目进行正面宣传，还鼓励垃圾焚烧厂定期开放，组织市民参观了解，以此接受全社会的监督，此外还在焚烧厂附近兴建了绿地公园及儿童乐园等。

（二）荷兰近年来垃圾焚烧类邻避项目的案例分析

1. 拥有一套较完备的环保法律体系

荷兰是世界上环境标准及环境管理最为严格的国家之一，荷兰针对环境保护的立法特点主要有三点：其一，环境立法体系完整，几乎涉及防治污染与保护环境的各个方面。荷兰自20世纪60年代起，就制定了一系列环境保护法律法规以防治各种各样的污染，其中包括《废弃物污染防治法》等；其二，重视各项法律制度的协调，在环境立法前期，荷兰通过不同法律确立了如环境影响评价制度、公民诉讼制度、信息公开制度等一系列环境法律制度；其三，荷兰于1995年制定了一部综合性的《环境管理法》，该法是荷兰以多年环保实践为基础，总结很多

---

〔1〕 盛任立："新加坡城市固废处理现状与经验探析"，载《环境保护》2015年第7期。

〔2〕 王语懿、李盼文："将中国新加坡'无废城市'合作打造成绿色'一带一路'合作典范　零废物，新加坡是怎么做到的?"，载《中国生态文明》2018年第4期。

环境法律法规而完成的。[1]可见，该国的《环境管理法》是各
类垃圾处理及监管有关的法律法规，在基本法层面实现了统一
协调。目前，荷兰的环境保护与废物管理法律体系已经很系统
完善，这部法律也为荷兰环保及废物管理实践，提供了强有力
的法律支撑。"该法规定了荷兰政府的有关管理机构的环境管理
职能、环境规划和计划的制定、环境功能区划、环境质量标准、
环境影响评价制度、许可证的颁发与更新、废弃物的回收处理、
化学品的使用和管理、产品的包装和标识、环境保护项目的财
政支持、环境行政法庭的设立与运行、污染损害的赔偿、环境
污染破坏的法律责任等。"[2]

　　荷兰政府专门针对垃圾处理，还制定了相关的法律政策，
从垃圾的产生到焚烧填埋都进行了详细的规定。在 20 世纪 70 年
代，荷兰各地区的垃圾监管是由市级政府负责，市政府组织相
关人员每周到各户收取垃圾，并提供大型垃圾收集设施。而随
后，市政府的处理能力就难以满足该国垃圾的增长速度了。
1977 年，荷兰颁布了《垃圾法》，该法取消了过去垃圾监管由
市级政府负责的要求，规定由省级政府负责垃圾监管，通过颁
发许可、制定政策或规划，开展特许经营。但是通过多年实践
该国发现，在垃圾监管方面，中央、省、市之间的各自权责并
不清晰，配合也极不协调。因此，在 20 世纪 80 年代末，荷兰政
府开始真正系统地通过法律规制垃圾监管问题，明确了三级政
府的责任，即中央政府制定法律政策，省级政府制定规划、颁
发许可证、对垃圾管理实施控制，市级政府负责垃圾收集及政

　　〔1〕　陈海秋：《转型期中国城市环境治理模式研究》，华龄出版社 2012 年版，
第 104 页。
　　〔2〕　张瑞久、逄辰生、陈浩："荷兰城市固体废物的管理与综合处理"，载
《节能与环保》2010 年第 3 期。

策的具体落实。与此同时，各城市之间开始寻求合作建立大型垃圾填埋场与焚烧厂。[1]随后，荷兰于 2000 年修订了《垃圾法》，更大地发挥市场的作用，运用市场和经济手段进行垃圾管理。2002 年，荷兰进一步大幅修订了《垃圾法》，以更好地完善该国的垃圾管理法律体系。为降低垃圾填埋量，荷兰还制定了《填埋法》及《填埋禁令》：《填埋法》对填埋场及填埋场中的设备进行了严格、高标准的技术规定，还规定填埋场关闭的同时，必须做好关闭 30 年左右还能运行设备的准备，这可以起到少建填埋场的作用；《填埋禁令》规定了禁止填埋的垃圾，另外规定填埋还需要上缴填埋税。荷兰对垃圾填埋的一系列法律规制，使荷兰垃圾填埋量逐步减少，所占的比例也大幅减少。

荷兰完备的环保法律体系很好地解决了其垃圾焚烧的污染问题，其完备的垃圾管理制度与环保法律体系是值得我国借鉴的。

2. 制定了切实可行的项目计划与实施行动方案

荷兰已经提前 11 年实现了欧盟固废管理框架协议指导标准，早在 2009 年，荷兰就实现了 50% 的垃圾分类回收率。2011年，荷兰颁布《固体废物管理指导意见的实施行动》，该实施行动基于荷兰自身国情，对欧盟的《固体废物管理框架指导意见》加以本土化；2014 年，荷兰颁布《国家固体废物管理计划》，用以规划国家 2014 年至 2020 年的固体废物监管工作。"《国家固体废物管理计划》宗旨为对生活垃圾进行全面减量化，使垃圾焚烧与垃圾填埋量减小，节约资源和能源，降低碳排放，最终达到降低人类活动环境影响的目的；其核心目标为在 2020 年

---

〔1〕 宋言平、王建清："荷兰垃圾管理理念变革及借鉴经验"，载《城市管理与科技》2008 年第 6 期。

将生活垃圾的'资源化率'提高到99%。"[1]荷兰所制定的各种计划及实施行动方案，都清晰地明确了该国防治焚烧污染在不同时期不同阶段的目标，以此可以妥善解决相应的垃圾焚烧邻避问题。

3. 垃圾焚烧透明化以赢取公众信任

荷兰总共有 12 座垃圾焚烧厂，阿姆斯特丹西郊（Westpoort）的市政企业 AEB（AfvalEnergieBedrijf，垃圾废物和能源公司）垃圾焚烧厂是该行业的模范代表。AEB 垃圾焚烧厂主要处理阿姆斯特丹的城市垃圾。该市政企业以身作则，推进垃圾焚烧透明化，采取十分严格的监管措施并加强与社区的交流，从而赢得了公众信任。1993 年，AEB 作出进一步降低污染排放及处理成本、提高回收率及能效等一系列承诺，与阿姆斯特丹市政府签订了长达 15 年的垃圾运输合同；此后，AEB 在项目初期就制定了切实可行的战略与计划，以"完全透明"的方式与国家机关、市政官员、监管部门、非政府机构及社会公众沟通，以此与公众建立相互信任的关系。[2]为赢得公众信任，AEB 垃圾焚烧厂试图增加阿姆斯特丹居民的参与力度，市民在与 AEB 公司的不断沟通中，明晰了其家庭垃圾被处理的完整过程，还积极参与到垃圾处理的讨论与决定中去。

（三）韩国近年来垃圾焚烧类邻避项目的案例分析

1. 制定较完善的处理此类邻避冲突的法律

韩国总共拥有 48 座垃圾焚烧厂，同时该国还拥有一套相对完善的解决邻避冲突的法律法规体系。20 世纪 90 年代，长期受到威权主义压抑下的韩国开始出现各种形式的邻避冲突，生态

---

〔1〕 "荷兰实现垃圾的循环经济经验谈"，载《江西建材》2018 年第 9 期。

〔2〕 "荷兰垃圾焚烧处理'透明化'政府放心百姓满意"，载中国环保在线，http://www.conchventure.com/View.cshtml? viewId=1485, 2021 年 11 月 20 日访问。

环境冲突是其形式之一，而垃圾焚烧是影响生态环境的因素之一。1990 年，韩国出台了《环境污染损害纠纷调解法》，1991年，韩国又制定了《中央环境纠纷调解委员会办事处职务制度》，随后，中央环境调解委员会成立。"该委员会的建立严格遵循了《环境污染损害纠纷调解法》第四条的规定，在韩国特别市、广域市及各道均建立了地方环境纠纷调解委员会。"[1]由此可见，韩国是依据《环境污染损害纠纷调解法》建立了相关的环境调解委员会，而随着社会的变化发展，韩国又不断修改完善该法，2002 年赋予地方环境冲突调查委员会裁定权，2008年扩大了环境调解委员会的调解领域。另外，1997 年韩国还就邻避问题专门出台了一部法律——《促进区域性垃圾处理设施建设法》。"该法律文件中详细规定了此类设施建设的选址、审批、征用土地办法，并强调用政府财政支持受影响地区，并授予居民监督的权利。韩国将整个邻避设施建设过程纳入法律中，意味着邻避事件的公共治理取得了合法性支持。"[2]这部法律对垃圾处理厂的选址过程做了较为详细的规定，要求政府必须成立专门选址委员会，委员会对于选址的论证过程也必须公开透明；并且规定垃圾处理建设机构须依据总统令补贴被审批征用土地的居民；还规定居民面对损失纠纷时，可以要求环境仲裁委员会进行调解。这些法令保证了政府与居民之间的交流沟通，为居民提供了平台用以表达情绪诉求；在法律上确立补偿利益受到影响的居民，极大缓解了公民的反抗情绪。[3]韩国治理此

---

〔1〕 原珂："中国特大城市社区冲突与治理研究"，南开大学 2016 年博士学位论文，第 219 页。

〔2〕 原佳楠："邻避冲突的良善治理——基于公共治理理论框架"，载《贵阳市委党校学报》2017 年第 2 期。

〔3〕 原佳楠："邻避冲突的良善治理——基于公共治理理论框架"，载《贵阳市委党校学报》2017 年第 2 期。

类邻避冲突的成功很大程度上归功于良好的法治环境，良好的法治环境的确是催生优质公共治理的沃土。

2. 充分考虑民意，重视公众参与问题

韩国对邻避问题的利益表达机制是较完善的。20 世纪 80 年代之前，韩国威权主义占统治地位，公民不能很好地表达个人利益诉求，也缺乏表达的自觉性，这对社会稳定造成了一定影响。但随着民主运动的兴起，20 世纪 80 年代后，韩国政府通过不断推进政治体制改革，建立并不断完善相应的利益表达机制，从而拓宽了公民利益表达渠道，丰富了利益表达方式。韩国利益表达机制的完善性主要体现在以下几个方面：其一，非政府组织得到快速发展，韩国政府制订了《非营利民间团体支援法》（2000 年），修订了 1951 年制定的《捐款募集限制法》（1999 年），使非政府组织活动走向法治化轨道；其二，中产阶级获得不断壮大，已成为参与到政治舞台中不可小觑的力量，20 世纪 70 年代之后，韩国经济不断发展以及城市化进程的加速，民众受教育程度逐年提高，也使中产阶级有了更多话语权，逐渐成为一股不得不重视的政治力量，对公众政策发挥着重要影响作用；其三，公民社会的完善增强了利益表达的自觉性，公民社会的形成，为人们自主治理提供了条件，通过公民自愿参加各种民间组织，形成了自治、自主的活动空间，激发了利益表达的积极性和主动性。[1]

韩国对邻避冲突的治理关键在于将公民诉求放在首位。首先体现在建厂选址时与公民及时沟通，充分尊重公民的意愿。韩国通过法律对邻避设施选址方式进行了较详细的规定，在立法上确立了邻避设施选址的内容：邻避设施建设主管部门须对

---

〔1〕　陈秀梅：《冲突与治理：群体性事件的治理与利益表达机制的有效性研究》，中国社会科学出版社 2015 年版，第 115 页。

邻避设施选址、建设计划等相关信息进行公示，接受公众监督与质疑；选址委员会选择独立第三方专业机构，由独立第三方专业机构对选址方案进行可行性论证，选址委员会还享受监督权；主管部门须公示拟定的选址地址及相应论证材料，公示期至少为一个月；建设邻避设施的同时，政府与项目方须充分考虑公民的反应，减轻邻避设施的负面影响；还确立了由代表团选择专业机构对环境影响进行评估，且对征地及补偿方面的问题进行协商，该代表团由专家、议会及受邻避设施影响的居民共同组成。[1]另外，为更好实现与公民的沟通，尊重公民真实意愿，针对邻避设施选址问题，韩国还确立了赞同式公民投票制度。"韩国通过法律规定确立了赞同式公民投票制度，在选址这一环节中，最大限度考虑民意，由政府单一决策转变为政府主动选择，极大地尊重公民意愿，成为邻避冲突源头治理的重要举措。"[2]赞同式公民投票制度为公民提供了选择的权利，可以最大程度反映大部分公民的真实态度。其次体现在切实履行法律规定的回馈制度，由政府承诺为地方发展提供各种福利，致力于便民利民措施的落实，这很好缓解了公民反对情绪，更好地尊重了公民诉求。

（四）瑞典近年来垃圾焚烧类邻避项目的案例分析

1. 通过不断提升技术，防治垃圾焚烧造成新的环境污染

瑞典通过不断提高垃圾处理水平来防治环境污染，通过提升垃圾回收率可保证资源的循环利用，同时也很好地解决了该国邻避问题。"瑞典处理废弃物有四个层次，首先考虑回收再利

---

〔1〕 黄胜波："多中心治理视角下的邻避冲突治理研究"，湖南大学 2015 年硕士学位论文，第 33 页。

〔2〕 杨锐："环境法视域下我国邻避冲突治理机制研究"，山东师范大学 2018 年硕士学位论文，第 28 页。

用；回收再利用有困难的，尝试生物技术处理；生物技术处理
不了的，焚烧处理；如果确实不适合焚烧的，再掩埋。"[1]垃圾
焚烧会产生废物残渣及有毒气体，如二噁英，如果处理不当不
仅会对周围生态环境造成影响，还会导致邻避冲突，垃圾焚烧
也曾在瑞典引起过很大争议，但是，瑞典在垃圾焚烧领域拥有
先进科学技术，垃圾焚烧技术在瑞典的应用也十分广泛。瑞典
政府不断出台严格的环境标准，重建了部分垃圾焚烧厂并进行
相应的技术升级。1901 年，瑞典第一个垃圾焚烧厂诞生，该国
在推进垃圾焚烧项目时，始终遵循尊重公众知情权的原则。瑞
典开始投入建设垃圾焚烧厂时，附近居民也担心焚烧垃圾时会
产生二噁英等有毒气体，对其身体健康造成不良影响，于是开
始上街游行以抗议政府，要求其"不要将垃圾焚烧厂建在我后
院"，此为瑞典当时著名的邻避运动。瑞典在 20 世纪 70 年代已
经有 27 个规模不同的焚烧中心，其中 20 个已经进行了重建或技
术升级，另外 7 个由于技术不达标而被拆除。为解决垃圾焚烧
的邻避问题，瑞典通过技术上的不断优化，其垃圾焚烧厂变得
更加绿色环保，有害气体排放也大幅下降。后来，"瑞典政府于
1985 年出台禁令，暂停新建垃圾焚烧炉，并对焚烧产生的污染
情况开展调查。1986 年，在重新出台规定规范新建垃圾焚烧炉
的二噁英排放限量后，瑞典政府才重新放开垃圾焚烧炉设备的
建设禁令"。[2]"1999 年，检测机构曾对瑞典 22 家垃圾焚化厂
进行取样化验，其二噁英排放量最低的仅为 0.14 奈克/克（I-
TEQ，国际毒性当量标准，1 奈克等于十亿分之一克），在此标
准下，全年瑞典焚烧垃圾排放的二噁英总量为 3 克至 5 克，相

---

〔1〕　周是今："瑞典为何没有'垃圾围城'"，载《金融博览》2010 年第 3 期。
〔2〕　肖盼盼："瑞典生活垃圾减量化措施及对我国的启示"，载《再生资源与
循环经济》2018 年第 3 期。

比其他二噁英来源几乎可以忽略不计。"〔1〕瑞典具有代表性的技术首推恩华特公司发明的自动垃圾收集系统，这一系统主要针对垃圾收集后的运输流程，可有效降低运输中产生的二次污染。自动垃圾回收系统为垃圾焚烧做了很好的前奏与铺垫。

不仅如此，瑞典还通过垃圾焚烧为居民供暖。2008 年，瑞典 48.5% 的垃圾通过全国 22 个垃圾焚烧中心进行焚烧处理，通过垃圾焚烧产生了 13.7 兆瓦时的能量——大多数用作取暖。2008 年瑞典通过垃圾焚烧使 81 万户家庭的供暖得以解决，占全瑞典供暖总量的 20%，此外剩余部分能量为 25 万户中等大小的家庭提供了日常电能。〔2〕被称为"能源增值中心"的瑞典垃圾焚烧站效率非常高。官方公布的资料显示，瑞典现在使用的垃圾焚烧炉日益优化，每 3 吨垃圾可以生产相当于 1 吨汽油或 2 吨煤炭的能源。这些垃圾能源厂全年燃烧至少 227 万吨的垃圾，产出 73 万吨的燃料能量。〔3〕

瑞典通过不断升级垃圾焚烧技术实现了绿色焚烧、环保焚烧，相应地瑞典公民对垃圾焚烧也已有了明确的理性认识，因垃圾焚烧导致激烈邻避冲突的问题已很少发生。

2. 完备的法律及有效的利益表达机制

"瑞典政府在制定完善的垃圾处理和管理的法律框架下，从政策法规和相关制度层面明确，并落实垃圾处理的不同利益相关方需要承担的共同但有区别的责任。"〔4〕20 世纪 90 年代，瑞典政府开始通过立法建立了该国的垃圾处理法律监督机制。瑞

---

〔1〕 周是今："瑞典为何没有'垃圾围城'"，载《金融博览》2010 年第 3 期。

〔2〕 周是今："瑞典为何没有'垃圾围城'"，载《金融博览》2010 年第 3 期。

〔3〕 米飞飞："瑞典人从垃圾中掘'金'"，载《中外企业文化》2016 年第 10 期。

〔4〕 杨君、高雨禾、秦虎："瑞典生活垃圾管理经验及启示"，载《世界环境》2019 年第 3 期。

典政府还于 1994 年颁布《废弃物收集与处置条例》，该条例是瑞典规制如何对生活垃圾进行分类的探索与开端，其中较详细地规定了生活垃圾的分类、运输及处置；后于 1999 年出台《国家环境保护法典》，该法典为生活垃圾监管的主要法律渊源，具体规定了生活垃圾基本概念、生活垃圾监管基本原则以及政府相应监管职责。另外，瑞典为欧盟成员国，其对垃圾的处理同样应遵循《欧盟垃圾框架指令》。目前，瑞典的生活垃圾处理监管规制非常完备，在系统的法律监管规制之外，还出台了若干较为严格的垃圾环保政策，如针对消费者，政府制定了产品包装的"押金回收"制度，在瑞典任何饮料瓶标签都会标明饮料瓶的押金，消费者购买饮料瓶时还须支付押金，将废弃饮料瓶投放进超市门口回收站时，机器会自动打印小票，凭此小票可在超市退款或抵扣购物款；针对生产者，瑞典政府还确立了生产者责任制，瑞典商家在生产销售电子产品前，必须有完善的回收处理流程和设备，并在产品说明上详细标注如何在使用后将此产品回收。另外，押金回收制度在生产者层面也有体现，生产者生产须强制回收的产品时需要向环保部门上缴一笔押金，只有这些产品经检验达到了回收标准及回收比例后，上缴的押金才可退还。[1]

瑞典重视公众参与首先体现在，瑞典拥有一套相对完善且有效的利益表达机制，其宪法明确赋予利益集团表达利益的合法性，各个集团已经建立起巩固的基础和影响决策的渠道。[2]瑞典还高度重视言论及信息自由，是世界上第一个建立信息公开法律制度的国家，很早就出台了《表达自由法》，以维护公民

〔1〕 "挪威瑞典拉响垃圾争夺战"，载《资源再生》2013 年第 5 期。
〔2〕 陈秀梅：《冲突与治理：群体性事件的治理与利益表达机制的有效性研究》，中国社会科学出版社 2015 年版，第 107 页。

的信息知晓权及自由表达权。良好的民主政治传统深深地影响着瑞典，鼓励着公民及利益集团表达自身利益。瑞典利益集团是按照阶级利益组织起来的，以阶级利益为基础，可以划分为四大类：第一类是工人、职员性质；第二类是企业主性质；第三类是农场主性质；第四类是商业界性质。[1]利益集团同样在瑞典立法中发挥着作用，在瑞典制定垃圾处理监督相关法律时，利益集团的重要性同样不容小觑。

由此可见，瑞典完备的垃圾处理监督法律体系及独特有效的利益表达机制，有效解决了该国垃圾焚烧项目的邻避冲突问题。

第二节　域外运用法律手段破解垃圾焚烧类 邻避项目的法律治理经验

产业创新、科技进步推动着社会发展，随着医疗科学技术的进步，全球人口数量与日俱增，人口快速增长必须正视人类生产生活需要与自然环境的人口承载量之间的张力。人类的工业生产、社会活动都给自然生态环境造成了巨大压力，例如，垃圾排放、填埋、焚烧造成了严重的水资源、土地和大气污染。根据世界银行发布的《垃圾何其多2.0：到2050年全球固体废物管理一览》显示，在快速城市化和人口增长的推动下，预计未来30年全球每年产生的垃圾量将从2016年的20.1亿吨迅速增加到34亿吨，这将严重破坏全球的生态系统。[2]而以废弃塑

---

〔1〕　陈秀梅：《冲突与治理：群体性事件的治理与利益表达机制的有效性研究》，中国社会科学出版社2015年版，第107页。

〔2〕　"世界银行报告：不采取紧急措施2050年全球垃圾量将增长70%"，载国际环保在线，http://www. huanbao_ world. com/a/zixun/2018/0921/44460. html，2021年10月3日访问。

料垃圾为例，虽然随着技术的发展，塑料垃圾的分解速度得到
了极大提高，但依旧需要漫长的时间。如果对垃圾污染不重视，
不进行妥善的收集、处理，那么预计到2050年全球垃圾量将在
目前水平上增加70%，这将严重影响人类正常的生产生活，甚
至大幅挤压人类的生存和发展空间。

　　当前，对于垃圾废料的处理方式主要是垃圾分类、填埋、
焚烧等，结合实际情况来看，虽然当前我国大力推行垃圾分类
制度，但我国各省不同城市间垃圾处理的精细化水平和分类标
准仍存在较大差异。总体而言，垃圾焚烧依旧是当前垃圾处理
的主要方式之一。垃圾焚烧会排放大量的有毒气体，对人体以
及局域的生态环境都有巨大影响。随着人们的健康意识不断增
强，其对于自身周边垃圾焚烧设施建设的关注度越来越高，甚
至掀起了大规模的邻避抗争运动。由此，美国、德国、日本、
韩国等发达国家都试图通过综合运用、及时立法、改变行政态
度、注重公众参与和利益维护、完善调解或诉讼多元救济途径、
不断升级垃圾焚烧技术、提高项目建设和运行标准等措施，努
力破解人类经济和社会发展中的这一难题。

　　近年来，邻避运动已成为国内学界的重要研究议题，且呈
现出快速增长态势。究其原因，主要有以下四点：一是邻避运
动日益增多；二是我国公民的环保意识日渐增强；三是民间环
保组织不断壮大；四是互联网等新媒体在邻避运动中的作用日
益增强。[1]就垃圾能源项目的落地难等问题而言，不仅涉及单
纯的垃圾焚烧带来的环境污染、生态破坏和社会邻避事件，还
贯穿我国整个环保法律法规体系，并涉及国家完整法律体系的
相应有效实施问题。纵观发达国家在此方面的先进法律治理经

────────────

　　〔1〕　高新宇："'中国式'邻避运动：一项文献研究"，载《南京工业大学学
报（社会科学版）》2015年第4期。

验，无一例外都是根据社会发展的实际需要，逐步加强环境资源保护及相关领域的立法。通过立法及时弥补相关的法律漏洞，有效规制了垃圾焚烧企业的排污行为。并适时引入公众参与，使公民科学准确地认识垃圾焚烧项目，尽量避免因公众对垃圾焚烧项目的误解而引发邻避冲突。有的国家在建设垃圾焚烧项目前，引入相关领域专家、学者进行预先评估，对于在特定区域内建设该项目的可行性和必要性进行综合分析，同时对于垃圾焚烧项目建设和运行过程中，可能出现的棘手问题提前进行科学预判，最终作出符合实际的可行性报告。针对垃圾焚烧项目引发的邻避冲突，不少发达国家还相继建立了对应的司法救济、行政调解等制度，既保障了公众依法维护自身利益的意愿，又通过制度化途径实现了对其受损权利的有效救济。以下主要从立法、行政和多元权利救济三方面，重点总结域外国家和典型地区在破解垃圾焚烧类邻避危机方面的法律治理经验。

一、建立健全涉及垃圾能源项目的环保法律法规体系

法作为一种特殊的社会规范对人的行为和社会生活产生一定的影响，其作用是一种关系的调整或行为的安排，能使生活资料和满足人类对享有某些东西和做某些事情的各种要求的手段，在最少阻碍和浪费的条件下尽可能多地给以满足。[1]要想发挥法的作用，必须完善相应的法律规范体系，及时做到有法可依。

美国在建立健全针对垃圾能源项目法律法规体系方面的做法依然值得我们仔细审视。1885年，美国最早的垃圾焚烧站在纽约总督岛建成，这也掀起了美国各州垃圾焚烧厂建设的热潮，

---

[1] 舒国滢主编：《法理学导论》（第2版），北京大学出版社2012年版，第27~38页。

但因垃圾燃烧不完全引起的环境污染和生态破坏也导致美国民众的广泛不满。自 1895 年到 1920 年间，美国垃圾焚烧厂经历了由盛转衰再重新兴起的过程，但依旧没有解决因垃圾焚烧而带来的环境问题，美国各州与垃圾焚烧项目有关的邻避运动兴起，且愈演愈烈。[1] 为缓解日益严重的环境污染，平息日益严重的反烧运动，美国加紧制定相关的法律法规，并于 1899 年制定了首个关于污染防治的法律——《河流与港口法》（亦称《垃圾法》），使垃圾处理、污染防治都做到了有法可依、有据可循。但是，随着美国经济社会的快速发展，垃圾问题越来越严重，该法律已经难以满足日益严峻的垃圾污染形势。20 世纪 50 年代前后，由于环境污染事件增多，美国开始重视联邦的污染防治立法，1984 年美国颁布了《水污染控制法》，该法对于水污染与污染防治都有了明确的规定，对于垃圾堆放引发的污水下渗，以及垃圾焚烧可能造成的水源污染都有严格规定。1955 年美国国会还通过了《大气污染控制法》，对于垃圾焚烧企业的废气排放进行了明确限定，垃圾焚烧企业如欲进行正常的生产活动必须改进生产技术，调整企业生产策略，把垃圾焚烧的废气污染控制在法律允许的范围内，尽可能避免因污染气体的大量排放污染周边生态环境，还需保证不能对附近居民的身体健康和正常生活造成重大影响。1960 年《有害物质法》出台；1965 年《鱼类和野生生物协调法》公布实施，其中对垃圾焚烧类企业生产过程中产出的有害物质进行了明确列明和排放限定，并对有害物质可能造成生态环境和自然生物的危害有明确的阐述；1967 年美国又制定了《空气质量法》，其对空气的质量达标有明确的法律标准；1968 年美国国会通过了《自然和风景河流

---

〔1〕 "借鉴海外国家如何走出垃圾焚烧的'邻避困境'？"，载环保网，https://ecep. ofweek. com/2014-05/ART-93011-8470-28827832. html，2021 年 12 月 1 日访问。

法》，其对自然风景河流的保护越来越严格，对垃圾焚烧类高污染、高排放企业提出了更高要求。此外，为满足社会发展和人们生活需要，美国还多次修改了《水污染防治法》和《大气污染防治法》，对应的环境保护标准越来越高。到 1969 年，美国颁布了《国家环境政策法》，这标志其环境政策和立法进入了一个新的阶段，从以治为主变为以防为主，从防治污染转变为保护整个生态环境，并使美国整个保护和治理生态环境的理念发生了重大转变。随后，1970 年美国又颁布了《环境质量改善法》，该法把环境的改善上升到国家法律的高度，同年美国国会还正式通过了《环境教育法》，注重对美国社会公众的环保教育，在全社会营造一种保护环境恢复生态的氛围。1972 年《噪声控制法》正式出台，对企业生产中产生的噪声有了严格的法律限定，对垃圾焚烧企业产生的噪声必须进行合理限制，尽可能减少对周边民众生产生活的干扰。1974 年《安全饮用水法》出台，为保证居民饮用水的安全，垃圾焚烧企业产生的废弃物必须经过相应的处理，避免对饮用水造成新的污染。1975 年《有毒物质运输法》和 1976 年《有毒物质控制法》把垃圾焚烧企业有毒物的处理和运输都控制在合理的范围内，减少对生态环境的危害和公众健康的影响。进入 20 世纪 80 年代后，美国进一步加强了酸、能源、资源和废弃物处置方面的立法，于 1980 年制定了《酸雨法》和《固体废物处置法》。[1]时至今日，美国联邦政府已经制定了几十部环保方面的法律，上千个环境保护条例，形成了一个庞杂、日益完善的环保法律法规体系，该国对于破解垃圾焚烧类邻避危机的法律治理和预防体系也基本形成。此外，美国是一个联邦制国家，各州也有自己的环境法

---

〔1〕 徐再荣等：《20 世纪美国环保运动与环境政策研究》，中国社会科学出版社 2013 年版，第 179 页。

以及依据本地区具体实际制定的环保法规制体系，其间也会涉及垃圾焚烧项目邻避冲突法律规制的方方面面，甚至与联邦规制体系相比，有更严格的法律要求和制度标准。

20世纪50年代左右，在日本涉及邻避项目的主要是一些地方性的环境污染防治法规，如1932年的《大阪府煤烟防治条例》、1933年的《京都府煤烟防治条例》、1949年的《东京都工厂公害防治条例》、1951年的《神奈川县企业公害防治条例》、1954年的《东京都噪声防治条例》以及同年的《大阪府企业公害防治条例》和《福冈县防治公害条例》。当时的日本，不是处于战时经济体系，就是处于经济创伤恢复期，并且地方性条例的法律位阶较低，法律效力也不足，且当时社会公众对垃圾焚烧引发的环境污染和生态破坏，以及对公众健康的影响认识普遍不足，这些条例对于日本生态环境建设的实际效用也比较有限。二战后，随着日本工业的迅速恢复发展，日本的环境污染也日益严重，公众对于环境污染和生态破坏的不满情绪加剧。当时，日本立足本国实际国情，参照并移植了部分美国环保法律，逐步建立起本国日益完备的环保法律法规体系。20世纪50年代末，日本陆续颁布了一系列全国性法律，如1958年日本制定了《关于公用水域水质保护法》和《关于限制工厂排水法》等，对于日本国内工厂的污水排放及公共水域水质保护，从国家法层面进行了明文规定，涉及垃圾焚烧企业的废水排放必须符合法律标准，避免垃圾焚烧产生的污水排放危害人体健康。1958年日本出台《下水道法》，对于垃圾焚烧企业下水道排污进行了详尽规定。当时，垃圾焚烧企业大部分以焚烧煤炭为主，于是1958年日本出台了《关于水洗煤炭业法》。1965年正式出台了《防止公害事业团体法》，从环保团体角度防止公害的产生及相关的依法维权问题。之后《关于整顿防卫设施环境法》的出台，对于避免因一些基本设施的防卫设施不过关产生抗争事件起到了一定作用。1968 年日本制定了《大气污染防治法》《噪声控制法》《城市规划法》和《公害纠纷处理法》。这几部法律对于垃圾焚烧企业的规划建设、废气排放、噪声污染控制及造成公害纠纷的法律解决途径均作出了明确规定。1967 年 8 月，日本公布《公害对策基本法》，规定了一些防治公害的重要制度，同时该法强调环境保护与经济发展相协调，由于法律实施中出现偏差，当时日本的环境污染问题继续恶化，多次引发大规模邻避抗争事件。于是 1970 年，日本召开第 64 届国会，制定了《防止公害事业费企业负担法》《关于处理与清理废弃物品法》《海洋污染防治法》《关于公害损害人体健康犯罪处罚法》《关于农业用地土壤污染防治法》和《水质污染防治法》六部新的公害法，并修改了《公害对策基本法》《噪声控制法》《大气污染防治法》《自然公园法》《下水道法》和《农药管理法》等八部已有的公害类法律，至此日本的环保法律体系基本形成。1970 年的《公害对策基本法》修正案删掉了环境保护与经济发展协调的条款，明确规定了保护国民健康和维护其生活环境是该法要达到的目的。1971 年日本国会又颁布了《环境厅设置法》《恶臭防治法》和《关于在特定工厂整顿防治公害组织法》。1972 年制定了《公害等调整委员会设置法》和《自然环境保护法》。特别是 1973 年颁布了《关于公害损害健康补偿法》，至此公众因垃圾焚烧污染造成的身体损害可以依法获得赔偿。此外，日本宪法中关于国民享有健康及文化生活的权利的规定也被用于环境保护，很多地方制定了地方性公害法规及严于国家的地方环保标准。日本通过对环保领域的全方位立法，不仅使该国的环境保护走上了正轨，而且使日本垃圾焚烧企业也严格依照相关法律进行选址，不断提高企业的技术标准和安全运营标准，把垃圾焚烧产生的废弃物对生态环境和公众健康的影响降到最低，基本做到了通过立法从源头上把控垃圾焚烧类邻避冲突的风险。

通过研究我们不难发现，对于许多发达国家特别是国土面积较小的发达国家，垃圾的产生总量仍较大，客观上又没有足够土地进行填埋，尽管垃圾焚烧的负外部性问题较突出，但其仍是这些国家最重要的垃圾处理方式。但是，发达国家的人口素质相对较高，相应的公民环保意识和对公共健康的关注度也较高。对于垃圾焚烧造成的污染势必高度警觉，不可避免地造成大规模邻避运动。鉴于此，部分发达国家着重加强垃圾处理相关立法，在处理垃圾的同时，尽可能地将污染控制在合理的范围内，避免引起大规模邻避冲突。以韩国为例，焚烧是韩国最主要的垃圾处理方法，全国总共有 48 座垃圾焚烧厂。水原市是100%实行垃圾焚烧处理的城市，首尔市有40%的垃圾通过焚烧解决。[1] 对于垃圾焚烧厂的选址与建设问题，韩国 1997 年出台了《促进区域性垃圾处理设施建设法》，规定由主管部门公布垃圾处理设施的建设计划和备选方案，由设施服务区域内居民组成选址委员会，后者选择专业机构论证筛选，主管部门对最终选址位置和图纸进行公示。对于相应垃圾处理设施的顺利推进，也使韩国民众对垃圾焚烧邻避设施有了正确的认知，发生大规模此类邻避冲突的风险自然得以降低。近年来，韩国首尔市的垃圾焚烧厂在世界范围内堪称范本，地面一尘不染干净整洁，场内绿意盎然，闻不到臭味异味，一些媒体称仿佛进入了一家"星级酒店"。以此足见，韩国垃圾焚烧处理技术水平和法律标准之高。

---

〔1〕俞飞：《垃圾围城，如何走出'邻避困境'？》，载新浪财经，http://finance. sina. com. cn/roll/20140517/014919137541. shtml，2021 年 11 月 27 日访问。

就我国目前的垃圾焚烧设施选址、垃圾分类以及相关的污染防治法律法规制度来看，虽然已经颁布了《环境保护法》《水法》《草原法》《森林法》等相关环保法律，且部分省份为了应对一些城市日益突显的邻避设施选址和垃圾围城问题采取了措施，如广东省人大常委会率先于 2016 年 12 月 1 日发布了《关于居民生活垃圾集中处理设施选址工作的决定》，以及后续一些城市为解决生活垃圾的分类、清运、处理等现实问题，陆续以地方立法形式制定了规范其垃圾处理行为的地方性法规，如《××市生活垃圾管理条例》等。[1]但从整体上而言，我国目前对于解决垃圾焚烧类邻避冲突的相关法律法规规定仍不是很健全，特别是缺少位阶较高的上位法。通过梳理和归纳发达国家解决垃圾焚烧项目引发邻避冲突的经验来看，其共有的特征在于及时建立了与经济社会发展相适应的、完备的破解垃圾焚烧类邻避冲突的相关立法体系。在规制垃圾焚烧企业安全运营和处置大规模民众反烧运动中，真正做到了有法可依。

二、健全完善公众参与机制，实现项目行政决策的科学民主

发达国家破解垃圾焚烧邻避危机难题，除加强相关领域的专门立法外，还致力于促进政府转变强势态度，依法规范政府的相关行政行为，促进邻避项目行政决策的科学化、民主化。垃圾焚烧项目的建设属于重大的公共工程，关系着一定区域内的生态环境和公众健康问题。如果没有公众的参与，没有社会的监督机制，很有可能出现行政权力的滥用和行政决策的失误，

---

〔1〕 2011 年 11 月 18 日，北京市率先出台了国内首部以立法形式规范城市垃圾处理行为的地方性法规《北京市生活垃圾管理条例》，后于 2020 年 9 月 25 日北京市十五届人大常委会对该条例进行了修正完善。

致使垃圾焚烧项目的选址、建设以及运营过程中出现诸多问题，废弃物排放污染严重，对周边生态环境和公共健康安全造成较大威胁，进而成为引发此类邻避冲突的重要诱因。20 世纪 50、60 年代以来，环境污染和环境破坏现象出现以后，人们对于环境问题日益关注和警觉，一些污染严重的发达国家开始治理环境污染，并取得了一定成效，创造性地建立了环境保护中的公众参与机制。[1]具体到垃圾能源项目建设，健全的公众参与机制不仅可以使广大社会公众对垃圾焚烧项目有正确合理的认识，而且公众的广泛参与对垃圾焚烧项目本身的建设和运行都是有益的，对促进地方政府围绕邻避项目的依法行政和依程序行政发挥着特殊的监督作用，尽可能避免行政权力的滥用，把垃圾焚烧企业的污染排放严格限定在法律允许的范围内。总之，由公众和相关环境公益组织参与垃圾焚烧项目选址建设和运行监督，可以有效起到制约政府行为和约束涉事企业合规经营的双重作用，极大降低了邻避风险。

公众参与的前提是政府的信息公开，广大人民群众对政府的决策和行为应具有知情权。瑞典是世界上第一个建立政府信息公开法律制度的国家，其高度重视言论和信息自由。在瑞典《政府组织法》第二章"基本自由和权利"第 1 条明确规定保障每一位公民享有的七项权利与自由；其第 2 条明文规定保护每一个公民不受任何政府机关的逼迫而加入任何宗教或者社会团体，或被迫发表其观点。瑞典公民的参与权，既是政治权利之一，也是社会民主权利的重要组成部分。正如瑞典社会民主党党纲宣称的那样，"民主社会主义"就是要建立一种不是一味追求效益的经济秩序，而是让全体国民都广泛参与社会发展的进

---

〔1〕　崔浩等:《环境保护公众参与研究》，光明日报出版社 2013 年版，第 166 页。

程，要使经济、社会的发展以及科技的进步真正服务于人类的需要。该国宪法性法律《出版自由法》《表达自由法》《政府宪章》《保密法》等共同构成了瑞典信息公开制度的完整体系，保证公众对政府信息的知情权以及广泛的言论表达自由。特别是1986年通过的《瑞典行政程序法》第4条明文规定行政机关应当就其职权范围内的事务向公民提供信息、指导、建议等，并应尽快答复公民的请求。[1] 在破解垃圾焚烧类邻避难题中，如果各级政府对于垃圾焚烧项目的建设和运营规划进行主动公开，对于社会民众的疑问和请求政府公开的文件做到依法及时公开，那么，就会使社会公众及时准确获取垃圾焚烧项目的相关详细资料，避免人为操控夸大垃圾焚烧项目危害的可能。垃圾焚烧项目选址的及时公布，也有利于项目本身自觉接受社会监督和人民的审查。对公众知情权等权益的保障，还可以加深公众对垃圾焚烧项目建设的理解，避免因官民间信息不对称出现纷争，进而引发新的社会危机。

通过研究发达国家破解垃圾焚烧类邻避冲突的法律治理经验，我们可以发现其一大共性就是拥有健全的公共参与机制。在美国的环境保护政策中，公众参与作为与其标榜的现代民主政治观念相适应的政策，得到了普遍的关注。无论是美国的联邦法律还是各州与环境保护有关的立法，都对社会公众参与环境保护的实体性权利和程序性权利进行了明确规定。美国作为传统的海洋法系国家，其判例也对公众参与权进行了一定的阐述和扩展，并加强了公众参与的可操作性。美国部分行政机构还依法颁布了公众参与环境保护的意见和相关指南，甚至一些市县也制定了本区域内公众参与环境保护的具体办法，如美国

---

〔1〕 陈秀梅：《冲突与治理：群体性事件的治理与利益表达机制的有效性研究》，中国社会科学出版社2015年版，第118~119页。

蒙特哥马里县颁布的《关于社会公众参与土地使用决策的指南》。当下，公众参与已经成为美国环境保护法的一项基本原则，科学有序的公众参与，可以使社会公众自觉融入环境保护中，广泛的公众参与也使社会的环保意识普遍提高。

此外，日本也建立起了公众参与机制。根据日本 1993 年颁布的《环境基本法》，国民有责任和义务在自己努力保护生态环境的同时，协助国家或者地方性团体实施有关保护环境的政策和措施。日本为加深国民对环境保护的理念，还在《环境基本法》中设立了"环境日"。并且，根据《环境基本法》第 34 条的规定，为了方便公民、地方性公共团体或者民间环保团体更好地投入到环保之中，政府有义务就相关信息进行公开和采取必要的其他措施。日本以法律的形式规定了公众参与机制，国家和政府依照法律规定正确引导国民或社会团体有序参与到环境保护中去，在社会上营造了一种广泛的环境保护意识形态。[1]政府就相关信息进行及时公开，有利于社会公众及时了解准确信息，以便作出正确的判断。在此情形下，既有利于加强国民的环保意识，又有利于加深社会公众对于政府采取的垃圾处理方式的理解。据报道显示，自日本加强公众参与之后，政府信息公开制度随之完善，政府的透明度越来越高。日本的实践证明，民众环保意识和参与意识的普遍提高，使相关的环境邻避运动随着时间推移在不断减少，最重要的是日本国内生态环境得到了极大改善。

加拿大在其 1997 年颁布的《环境保护法》中也明确，公众参与对环境保护的重要性。该国《环境保护法》第 2 条明确规定国家应如何保证公众的参与：其一，鼓励加拿大国民自觉参

---

〔1〕 崔浩等：《环境保护公众参与研究》，光明日报出版社 2013 版，第 167 页。

与环境决策的过程；其二，加快促进加拿大国民参与到环境保护中去；其三，及时向加拿大国民提供有关环境保护的相关信息。[1]此外，法国、英国、俄罗斯等国家也都建立了完备的公众参与机制。从垃圾焚烧角度来看，广泛公众参与的前提是政府进行必要的信息公开，让社会公众掌握正确的项目信息。在垃圾焚烧项目选址、建设和运营过程中，如果相关环节都有社会公众的参与和积极监督，既有利于加深公众对垃圾焚烧项目的正确认识，避免公众对该类项目的过度反应，还有利于把垃圾焚烧的负面影响降到最低。

政府决策科学化是在科学的决策思想指导下，按照科学决策规律，遵循科学决策程序，运用科学决策方法进行的决策。通过研究发达国家处理垃圾焚烧项目的邻避案例不难发现，邻避问题的解决离不开政府部门的参与。从问题得到普遍解决的角度来看，政府科学化的决策，合法合理的协同治理可能是从根本上解决此类邻避冲突的重要手段之一。借鉴发达国家的先进经验，我国可将稳评机制贯彻于政府决策的全过程，努力实现事前的邻避运动风险预防和事先的矛盾冲突化解，着力加强规范政府的主体地位，逐步建立完善的邻避应对机制。[2]在建设垃圾焚烧项目前，政府应邀请相关领域专家学者，对该区域内建设垃圾焚烧项目的必要性和可行性进行深入调研，科学选择垃圾焚烧项目建设区域。相关领域专家学者还需对项目建设过程中可能出现的问题，以及项目建成后可能对环境造成的污染和对周边群众身体健康带来的影响进行科学预判，加快制定

---

〔1〕崔浩等：《环境保护公众参与研究》，光明日报出版社 2013 年版，第167~168 页。

〔2〕李佩菊："1990 年代以来邻避运动研究现状述评"，载《江苏社会科学》2016 年第 1 期。

并完善相应的法律应对机制。应竭力避免因项目前期准备不足
就草率决策，后期项目建设运营中出现问题又缺乏科学有效的
应对方案，进而发生大规模的垃圾焚烧邻避冲突。

决策民主化是在决策过程中充分发扬民主，广泛听取多方
面意见，按照多数人的态度依程序进行决策，并注意照顾声音
微弱的少数人利益。发达国家在垃圾焚烧项目建设前，首先会
对垃圾焚烧项目的具体情况进行公示，这方面的形式很多，如
调查问卷、听证会等，并注意广泛听取相关社会团体和民众的
意见。实现垃圾能源项目的决策科学化和民主化是密切相关的，
两者既互为表里，又是相互促进的。在我国解决此类邻避冲突
过程中，必须加快建立与项目相关的完备公共参与机制，进一
步促进项目行政决策的科学化和民主化。

三、严格执行垃圾焚烧信息公开制度，完善多元化权利 救济机制

近年来，国外多数发达国家都建立了垃圾焚烧企业的污染
监测和信息公开制度。一些国家的法律还严格规定垃圾焚烧企
业排放标准，许多地方性法律法规制定了比国家法更严格的排
放标准和技术标准，部分垃圾能源优秀企业也出于根本利益的
考虑制定了更严格的污染排放标准。当下，越来越多国家认识
到规范垃圾焚烧企业自行监测的重要性，逐步建立起针对企业
自行监测的有效制约机制，并依法加强对涉事企业的信息公开
和社会监督。不仅明确要求垃圾焚烧企业全部开展"5+1"监
测，即常规 5 个参数，再加上 1 个温度。同时，还要求垃圾焚
烧企业按照标准要求开展全指标的自行监测。严格执行企业全
面公开自行监测信息，公开方式可以是通过互联网，也可以是
通过垃圾焚烧企业的宣传栏及电子屏幕等形式。在垃圾焚烧企
业取得排污许可证以后，将实现垃圾焚烧企业按排污许可证要

求的信息全公开，进一步加大其信息公开力度。[1]

当一个新风险增加了危险时，人们可能会更关注危险本身而不是和危险相伴随的利益。在很多有关危险的信息充分而有关收益信息不充分的场合，危险的规模实际上是非常小的。[2]从邻避项目信息处理角度来看，就是应当将与项目有关对公众态度有影响的信息予以及时公开，并由民众基于自己的认识进行判断和选择。因此，建立完善的垃圾焚烧企业定期监督监测机制，督促其依法公开相关项目建设和运行信息，同时加强对不符合建设标准和排污标准垃圾焚烧企业的严厉处罚都是非常必要的。正义应涉及环境领域，对进行某种活动或生产某种商品的权利进行分配，从而确保人们在对环境资源的诸多利用间保持协调一致，并与环境的可持久居住性和睦共存。[3]从实质上看，垃圾焚烧项目引发邻避效应的根源就在于此类企业的污染排放，而垃圾处理过程中又存在着信息风险，会使信息带来的预期效果具有不确定性。[4]因此，应建立垃圾焚烧企业的严格检测和污染信息公开制度，从源头上遏制其违规甚至是违法排放问题。随着我国工业化和城市化的加快推进，垃圾能源类邻避冲突在沉寂一段时间后还可能纠纷再起，各级政府机关在依法行政和维护公民合法权益的同时，更应科学妥善开展市政工程项目建设，提前预判此类项目风险发生的概率，完善并严格

〔1〕 "生态环境部：中国垃圾焚烧厂排放标准与国际接轨"，载中国新闻网，https：//baijiahao. baidu. com/s? id = 1634849438401656291&wfr = spider&for = pc，2021年12月7日访问。

〔2〕 [美] 凯斯·R. 孙斯坦：《风险与理性——安全、法律及环境》，师帅译，中国政法大学出版社2005年版。

〔3〕 [美] 彼得·S. 温茨：《环境正义论》，朱丹琼、宋玉波译，上海人民出版社2007年版，第24页。

〔4〕 庞素琳等：《城市生活垃圾处理与社会风险评估研究》，科学出版社2014年版，第67页。

执行与项目相关的信息公开制度，避免因发生邻避冲突影响当地政府的公信力和经济社会稳定。

　　针对垃圾焚烧项目造成的污染，受严重影响的普通群众相较于政府和垃圾焚烧企业则属于弱势的一方。如果不能有效保障社会公众的利益表达，则最终可能引发较大规模的群众性环境邻避运动。为此，许多发达国家建立了宪法司法保护机制。[1]从一定层面来看，域外国家宪法的司法保护有一定优势，其可以有效发挥权利的长处和纠正权力的缺陷，尽可能扩大救济的范围，把救济提升到更高的国家层面。在国外，有相当一部分宪法诉讼是专门针对国家侵犯公民合法权益的行为提起的。就垃圾焚烧项目引发的环境污染，致使公众身体健康、个人合法权益和私有财产遭到危害时，公民可以从宪法层面申请司法保护，在一定情形下高位阶的宪法也更能保护公众的利益。

　　对因垃圾焚烧危及民众身体健康等合法权益的，域外许多国家和地区建立了专门司法救济制度，并完善了诉讼费用的救助程序。只要当事人在经济上确有困难，并且其诉讼不是显然没有胜诉希望的，就可以向相关法院申请司法救助。此外，国际上许多发达国家还将代表弱势群体利益的社会团体也纳入诉讼救助范围，这极大拓宽了该弱势群体提起诉讼维护其合法权益的有效途径。同时，也避免了弱势群体因司法程序费用较高，无法充分表达自身利益，最终酿成严重的垃圾焚烧邻避冲突。而且，要想举证垃圾焚烧项目对自身权益的侵害，因涉及大量的专业知识，对于普通群众而言有一定难度，因此要明确法院在立案阶段的释明责任，尽可能避免因当事人专业知识缺乏而

---

　　〔1〕　陈秀梅：《冲突与治理：群体性事件的治理与利益表达机制的有效性研究》，中国社会科学出版社 2015 年版，第 191 页。

导致的利益表达不畅。[1]

　　此外，意大利、瑞典、挪威、芬兰、丹麦等国还设立了诉讼保险制度。所谓诉讼保险制度是指公民预料自己未来有可能介入诉讼纠纷，在介入诉讼之前，按照规定向保险公司交付一定数额的司法诉讼保险费用。当公民需动用司法程序介入诉讼之时，可依照保险合同由保险公司支付相关的诉讼费用及律师费等。诉讼保险制度使得保险公司成为法律援助资金来源的途径之一，在减轻国家财政负担的同时，增加了普通民众提起诉讼维护自身合法权益的机会，给予受垃圾焚烧项目影响的民众充分的利益表达。[2]此外，在完善多元化权利救济机制方面，比较典型的是韩国还出台了《环境污染损害纠纷调解法》，建立了该国的中央环境调解委员会，以实现对相关环境污染损害纠纷的依法调解。

　　〔1〕　陈秀梅：《冲突与治理：群体性事件的治理与利益表达机制的有效性研究》，中国社会科学出版社 2015 年版，第 192 页。

　　〔2〕　陈秀梅：《冲突与治理：群体性事件的治理与利益表达机制的有效性研究》，中国社会科学出版社 2015 年版，第 193 页。

优化我国垃圾能源项目邻避危机
法律治理的具体路径

第一节　加快推进我国垃圾能源项目
邻避危机法律治理的立法工作

一、对广东省这方面地方立法及其实施情况的评价

　　广东省作为我国经济发展水平较高的省份，在垃圾治理及相应的分类立法方面虽然一直走在全国前列，但其有关垃圾能源项目邻避危机治理的立法文件却屈指可数。截至 2021 年 11 月底，广东省涉及"垃圾"方面的立法文件有 122 件，其中现行有效的有 100 件（如表 5-1），但现行有效的立法多以地方规范性文件为主，且效力级别较低。

表 5-1　广东省涉及"垃圾"方面现行有效的立法文件统计

类别	现行有效件数	名称
地方性法规	省级地方性法规（2 件）	《关于居民生活垃圾集中处理设施选址工作的决定》《广东省城乡生活垃圾处理条例》（已失效）
	设区的市地方性法规（4 件）	《广州市生活垃圾分类管理条例》《云浮市农村生活垃圾管理条例》《揭阳市

类别	现行有效件数	名称
		生活垃圾管理条例》《河源市农村生活垃圾治理条例》
地方政府规章	5件	《珠海经济特区餐厨垃圾管理办法》、《汕头经济特区城乡生活垃圾管理规定》（已失效）、《深圳市生活垃圾分类和减量管理办法》、《深圳市餐厨垃圾管理办法》、《深圳市城市生活垃圾处理费征收和使用管理办法》（已失效）
地方规范性文件	89件	略

注：此表数据根据广东省已发布的立法文件进行统计，时间截至 2021 年 11 月 30 日。

在广东省发布的相关立法文件中，真正涉及垃圾能源项目邻避危机法律治理的，只有 2016 年 12 月广东省人大常委会发布的《关于居民生活垃圾集中处理设施选址工作的决定》（以下简称《选址工作决定》），其他规范性文件只是在处理垃圾管理及环境污染问题时稍许涉及邻避危机治理问题。

从《选址工作决定》的文本上看，该决定首先点明了垃圾处理设施的公益性，树立了全民参与的信念；坚持了科学选址、集中建设、长期补偿、各方受益的原则；确立了政府在垃圾处理设施选址工作的责任主体作用，并且鼓励利用既有用地建设垃圾处理设施，最重要的是明确了建立健全生态补偿长期机制，最后该决定还提出了纠纷协商解决机制。从总体上看，该《选址工作决定》对于垃圾处理设施选址中的一系列问题，进行了较详细的规定并提出了一些应对策略，可操作性较强，充分体现出该省在垃圾能源项目邻避危机立法治理方面的超前性和先进性。

　　2016 年以前，我国其他省份是一直没有明确的法律文件规定生活垃圾处理设施选址等邻避难题解决机制的，在这方面广东省走在了全国兄弟省份的前列。《选址工作决定》第 13 条第 2 款规定："公民、法人或者其他组织认为政府及有关部门关于居民生活垃圾集中处理设施选址的行为不当的，应当通过行政复议、诉讼等法定途径解决。"这首次以立法形式明确了邻避纠纷的司法解决途径，使之前很多不能通过司法途径解决的问题真正得以"落地"。在该《选址工作决定》实施以前，广东省曾爆发了多起社会影响较大的环境邻避事件，如 2009 年广州市番禺区垃圾焚烧厂项目、2011 年东莞市虎门镇垃圾焚烧厂项目、2013 年广州市花都区狮岭垃圾焚烧厂和江门市鹤山核燃料项目、2014 年茂名市 PX 项目，甚至在 2015 年发生了近十起邻避事件，[1] 从 2016 年至今，广东省社会影响较大的邻避事件发生量减少很多，这无疑与垃圾焚烧科技进步、媒体舆论正面引导、政府严格监督、群众有效参与等因素密切相关，同时也说明该《选址工作决定》的发布实施，为该省垃圾焚烧类邻避纠纷的解决提供了很大助力。

二、我国其他省份这方面的地方立法及实施情况的分析

　　2017 年 12 月，国家发展和改革委员会等发布了《关于进一步做好生活垃圾焚烧发电厂规划选址工作的通知》，随后各地方政府相继转发了该通知并作了一些补充说明。但是，从各省市目前的实施情况来看，制度上仍然缺乏对垃圾能源类邻避危机

〔1〕　2015 年广东省发生有社会影响的邻避事件有：云浮市罗定朗塘镇垃圾焚烧厂项目、湛江市吴川浅水镇垃圾焚烧厂项目、惠州市水口移动信号发射塔建设项目、陆丰市碣石核电项目、阳江市阳春海螺水泥厂垃圾焚烧项目、清远市城区垃圾中转站项目、汕头市潮阳金灶镇垃圾焚烧项目、潮州市饶平垃圾焚烧厂项目、深圳市坪山新区垃圾焚烧发电厂项目。

法律治理问题进行的专门的立法规制，还存在许多制度性空白。以 2018 年湖南省住房和城乡建设厅、湖南省发展和改革委员会、湖南省国土资源厅、湖南省环境保护厅发布的《关于进一步加强城镇生活垃圾焚烧处理设施建设的通知》为例，该通知内容仅包括：目标任务、建设要求、保障措施三项内容，规定得十分宽泛，也不具体，对于真正破解垃圾能源类邻避危机来说可操作性不强。这也是各省市在有关此类邻避危机法律治理立法中普遍存在的问题，即法律位阶不高，法律适用性不强，法律救济途径不健全。

当公民面对垃圾焚烧类邻避设施选址风险时，因为比较缺乏维护其合法权益的法律法规依据，最终选择司法途径维权的公民等社会主体仍然偏少。由此，必然带来此类邻避抗争事件的不断发生，有的甚至因"街头散步运动"影响到当地经济发展和社会稳定。除广东省以外，国内其他各省市也发生过不少此类邻避事件，影响比较大的如 2014 年杭州市余杭区中泰垃圾焚烧厂邻避事件、2016 年湖北省仙桃市垃圾焚烧邻避事件等。目前，各省市针对垃圾焚烧类邻避危机治理的专门立法不足，致使现实中针对很多此类邻避事件，一些地方政府仍习惯于采用"应急式"等应对策略，政府态度上也比较强硬，这很难从根本上解决民众关心的利益诉求，而且大多数此类项目最终都以停建、缓建或迁建为主，运用法律手段成功应对此类邻避冲突的案例比较少。

三、应及时总结这方面地方立法的实施经验，加快推进我国垃圾能源项目邻避危机法律治理的国家立法工作

第一，及时填补法律空白，加快制定专门性法律。当前，

我国对邻避问题进行规制的立法散见于多部相关的法律法规中，如《环境保护法》《城乡规划法》《突发事件应对法》《环境影响评价法》《固体废物污染环境防治法》《水污染防治法》《大气污染防治法》《放射性污染防治法》等，对环境邻避危机进行治理的专门法律还没有，进行垃圾能源类邻避危机治理的专门法律更是没有。国家法律上的空白容易造成政府权力的滥用或不作为，也导致公民的诉求无法通过法律途径获得救济，这还会使一些地方政府与当地公民之间的关系长期紧张，加剧了不信任危机，邻避运动也应运而生。因此，可以吸收韩国等发达国家进行专门立法的做法，特别是加快对垃圾能源类邻避危机治理的国家立法工作，尽快出台直接调整该类邻避危机选址或建设等一系列问题的专门性法律。

第二，规范垃圾能源项目操作流程，满足邻避治理的法律需求。在加快制定专门法律的同时，也要保证国家立法内容的规范有效。法律应当明确邻避设施选址决策的法律责任主体、规范选址决策的法律程序、制定邻避设施建设的法律标准、确定邻避设施附近居民的法律补偿方式、阐明邻避纠纷法律解决机制等内容，尽力为破解邻避设施选址和建设难题提供明确法律依据，依法保障公民合法权益。

第三，着重明确此过程政府的法律权责，加快提升政府治理专业能力和综合水平。垃圾能源项目的选址、建设和运营，都离不开政府的开放决策和严格监督实施。在垃圾能源项目以前很多真实案例中，一些政府的选址决策往往会绕开公民参与这一问题，忽视与项目周边居民之间的利益沟通与反复博弈。此外，在对此类邻避设施进行风险评估时又缺乏专业、中立的第三方机构介入，也更容易招致民众的质疑。邻避冲突爆发时，政府往往会采取强力压制或应急维护稳定举措，这一定程度上也会致使当地政府的公信力下降。因此，在后续制定专门法律时，应把树形象和转作风放到重要位置，改变由政府包揽一切的固有做法，通过法律规定合理配置各方的权利和义务，明确政府的法定权力和责任，依法规范项目选址和建设流程，加强对政府失职失责和不作为的法律监管，将政府权力置于制度笼子之中，加快提升政府推进垃圾焚烧邻避项目治理的专业能力和综合水平。

第二节　推进我国垃圾强制分类制度实施范围，从源头上破解此类邻避困境

垃圾从产生到最终无害化处理是一项巨大的工程体系，而垃圾前端的分类是开展后续垃圾处理的前提条件。而且，垃圾分类程度的高低关系到垃圾能源的利用率，故推进严格科学的垃圾分类，特别是强制性垃圾分类制度，对于我国实现垃圾减量化、资源化、无害化问题是十分必要的。根据我国目前垃圾围城的现状，城乡仍需加快制定合理可行的垃圾分类标准，增强垃圾分类宣传教育，提高公民垃圾分类意识，促进垃圾分类的全民参与，打造一套精细完善的垃圾分类回收法律体系，并对个别公民不配合进行垃圾分类的行为，依法实施必要的行政处罚或从事社区公益性工作，以便从源头上破解我国垃圾能源类邻避项目的难题。

一、我国推进生活垃圾强制分类试点城市的基本经验

为加快促进公民形成垃圾分类意识，明确公民进行垃圾分类的法定义务，从 2017 年 3 月开始，我国在 46 个重点城市进行了生活垃圾强制分类制度试点工作，既取得了很多成绩，同时也面临着很多现实执法难题。客观上而言，要公民树立主动进

行垃圾分类的意识，扭转公民"一丢了之"的投放观念，是一个循序渐进的过程，但不等于我国在推进生活垃圾强制分类方面是漫无边际和没有时间限定的，下一步还要继续执行好国务院的《生活垃圾分类制度实施方案》，适时推出更大范围内的城市垃圾强制分类活动，尤其是先促进两类主体（公共机构和相关企业）带头实施好生活垃圾强制分类工作，以此促进所在城市公民加快形成垃圾分类意识。虽然，推进垃圾分类工作有时效果不明显，甚至会前功尽弃，但在加大垃圾分类宣传力度、采取激励奖励措施、实现商业化运作方面还是可以有所作为的。一些城市在这方面也做出了很多成绩，如依靠文明社区考核体系、个人社会信用体系、积分奖励体系等考评体系，招募志愿者进行宣讲、指导和监督，借助各类媒体平台和舆论力量等，提升公民进行垃圾分类的义务意识。有的城市还相继制定了各自的生活垃圾管理条例，通过严格执行垃圾强制分类制度促进公民垃圾分类义务意识的加快形成。[1]

依法确定相关法律责任主体，纳入政府和相关企业考评体系。对住宅小区而言，生活垃圾分类投放管理责任人一般情况下应是所属的物业服务企业，因为物业负责住宅小区的管理工作，并且具有独立的财产，作为责任主体适格。而在特殊情况下，也就是在没有实行物业管理的小区，社区居委会也适宜作为责任主体。因为我国《城市居民委员会组织法》第3条规定，将"协助人民政府或者它的派出机关做好与居民利益有关的公共卫生……工作"设定为居委会的法定职责，将其作为无物业管理小区的垃圾分类管理责任人较为稳妥。另外，政府应当是担负环境义务的主体，也应当是垃圾分类的"带头人"。如广州

---

〔1〕 有的城市规定了对公民个人或企业单位乱扔垃圾行为的处罚措施，即可分别给予200元到500元不等，甚至更高金额的罚款。

的立法单独为国家机关、社会组织等设定强制义务，强调这些机构的带头作用，并且建立了电子政务信息平台曝光制度，其他城市也计划将机关干部、公务人员带头等写入立法，均体现了政府及其工作人员"先行一步"的理念。[1]

注意以各自城市垃圾系统的处置能力为核心开展工作，适时统一垃圾分类标准。2017 年的《生活垃圾分类制度实施方案》中，将垃圾简单分为有害垃圾、易腐垃圾、可回收物三类。各省市的立法也大都以此为基础，虽语言表述各有不同，分类方式也各有差别，但这些都不妨碍推进相关城市的垃圾分类工作。各省市以各自垃圾系统的处置能力为核心，因地制宜地制定了垃圾分类标准，不同城市也没有贸然搞"一刀切"的做法。但是，随着垃圾分类实践经验的不断丰富，加快建设全国统一的垃圾分类标准也是势在必行的，其必须遵循以下几个原则：一是有害垃圾必须单独分类。因为有害垃圾中含有大量化学物质，若与普通垃圾混合在一起，不幸被填埋会对土壤、水源以及周遭环境造成危害，甚至最终危害到生态链。因此，有害垃圾必须单独分类，也应当设立单独的收集、运输、处理体系。二是分类标准必须明确而稳定。分类标准一旦制定实施后，决不能轻易变动，若是频繁改变，不仅会有损法律和政府权威，更会使垃圾分类工作难以向高级阶段迈进。

实施赏罚有度的奖惩制度。推进垃圾强制分类制度，需奖励和惩罚制度相结合。奖励根据各省市经济发展情况不同，采取了不同的方式，有的城市甚至并未设置奖励。已设置奖励的，如上海市建立了居民"绿色账户""环保档案"的方式，对正

---

[1] 应雁："生活垃圾分类的地方立法研究——基于 12 城市立法的比较"，载《中共宁波市委党校学报》2019 年第 4 期。

确分类投放垃圾的居民给予可兑换积分奖励。[1]惩罚措施一般是各城市立法中不可或缺的，其形式一般包括：罚款、吊销许可证、责令停业整顿等。但是，惩罚并不是目的，在遵循谦抑性原则的基础上应该赏罚有度，同时加大政府财政投入，发挥教育、宣传和媒体引导等途径的促进作用，加快推进生活垃圾强制分类工作。

二、未来应推进我国垃圾强制分类制度的实施范围

第一，垃圾强制分类制度应由一线大城市向二三线城市扩展。2002年，住房和城乡建设部拟定了北京、上海、杭州、广州等8个垃圾分类收集试点城市；2015年，推出了第一批26个生活垃圾分类示范城市；2017年，《生活垃圾分类制度实施方案》要求46个城市先行实施生活垃圾强制分类，这里面包括直辖市、省会城市和计划单列市以及住房和城乡建设部等部门确定的第一批生活垃圾分类示范城市，自此我国进入了垃圾强制分类时代。[2]从我国推行垃圾分类制度的历史来看，第一批重点一线大城市已经被垃圾强制分类政策所覆盖，未来即将转向各省市的二三线城市推行垃圾强制分类制度。近年来，随着二三线城市的经济崛起，生活垃圾的产生量也是巨大的，并且这些城市的垃圾末端处理设施尚在建设和发展完善阶段，因此，攻克这些城市的垃圾强制分类问题仍是较为艰难的。

第二，垃圾强制分类制度应由城市向农村扩展。随着城市垃圾强制分类制度的推行，农村的垃圾强制分类工作也势必要

---

〔1〕 路向军："我国生活垃圾强制分类：经验与趋势"，载《2019中国环境科学学会科学技术年会论文集》（第2卷），第2099~2103页。

〔2〕 路向军："我国生活垃圾强制分类：经验与趋势"，载《2019中国环境科学学会科学技术年会论文集》（第2卷），第2099~2103页。

展开。农村有着独特的自然特色和人文优势，其垃圾分类的模式应与城市有所不同。一方面，农村的部分生活垃圾来自大自然，也能回归于大自然，可以采取就地还田、就地处理等方式；而对于一些不可降解的垃圾和有害垃圾则可以单独回收利用，进行无害化处理。另一方面，农村是熟人社会，熟人之间容易互相监督，一般不须采取特别的监管手段，推行垃圾强制分类制度比城市更加容易。农村有着城市无可比拟的自然优势，也有着推行垃圾强制分类制度的群众基础，因此，向我国农村地区推行垃圾强制分类制度是未来的大势所趋，一些沿海省份的农村地区已经在这方面走在了全国前列。

三、加快垃圾强制分类方面的立法工作

我国已有涉及垃圾分类的法律法规包括：《固体废物污染环境防治法》《循环经济促进法》《环境保护法》《清洁生产促进法》等相关法律，以及《城市市容和环境卫生管理条例》和《废弃电器电子产品回收处理管理条例》等重要的行政法规，此外还有一些生活垃圾管理方面的地方性法规和部分政府规章，但全国性的垃圾分类专门立法尚未出台，直接调整垃圾分类关系的法律仍有空白。虽然，各地方根据自身发展制定了不少有关垃圾强制分类的地方性法规和规章，但现行地方立法中凡对公民设定强制性分类义务的，均属于《立法法》规定的"先行立法"行为，一些做法是否妥当还需要不断总结立法经验予以完善。因此，我国在这方面地方立法进行探索实践的同时，还必须加快及时制定和出台垃圾强制分类方面的专门立法，通过上位法的更大权威性规定公民进行垃圾强制分类的义务，以避免下位法与上位法的冲突，保证我国垃圾分类法律体系及其强制分类执行制度的连贯性和一致性。

第三节　运用市场化和税收优惠措施实现垃圾资源的高效回收与再利用

一直以来，垃圾处理被看作社会公益事业，政府部门全面承担了垃圾处理产业链中的主要角色，但是产生的社会效益和环境效益并不显著。实现垃圾的高效资源化回收与再利用，必须要有企业主体介入，采用商业化模式运作，让企业"有利可图"才能形成长效机制。因此，在垃圾处理过程中，以政府为主导，引入市场化企业，充分利用好市场机制，实施市场化运作，才是实现垃圾回收与利用产业化发展的最佳选择。其一，拓宽资金渠道，与社会资本合作。引入社会资本，可以分摊产业链各个环节的投入成本，减轻政府在垃圾处理设施建设、垃圾回收运营管理、垃圾分类推广宣传等方面财力、人力、物力的投入负担，以此来促进政府职能归位，通过制定相关产业发展政策，规范垃圾回收与利用的市场秩序。其二，利用市场竞争机制，提高投入产出水平。以垃圾运输为例，政府一般用政府采购方式委托相关国有企业处理，由于缺乏市场竞争，价格往往比较高。引入专业化垃圾处理企业参与，不仅能够实现流程化处理，降低中间环节成本，提高资金投入产出水平，而且能够通过市场竞争，优化资源配置，规范垃圾处理产业有序发展。[1]其三，构建资源回收利用体系，培育垃圾处理全产业链。达到垃圾的高效资源化回收与再利用目标，应当发挥市场的决定性作用，通过完善的利益分配机制，将垃圾收集、分类、运输和处理等环节有机连接起来，建立垃圾处理"一条龙"式产业

---

〔1〕 吴世钧："以市场化机制创新垃圾分类回收模式——以'虎哥回收'为例"，载《浙江经济》2018 年第 19 期。

链，降低中间环节成本，提高垃圾处理产业化和规模化水平。[1]

为了实现垃圾资源的高效回收与再利用，可采取比较优惠的税收政策。其一，精简税收优惠条目，理顺政策间的关系。已经出台的垃圾回收与利用政策，仍然是一些粗线条式的优惠，现行的税收优惠条目尚不系统化，因此需要精简条目，推行系统化的优惠政策。其二，扩大对垃圾处理行业的优惠政策范围。近年来，垃圾分类企业、垃圾运输物流业等垃圾配套服务蓬勃兴起，政府应当对这些新兴的垃圾处理服务企业进行垃圾处理前端的优惠性安排，以激励垃圾处理服务行业的进步与发展。其三，建立规范灵活的优惠政策审批程序。目前，税收优惠审批还存在着滞后性问题，为此，政府有关部门应当精简机构实现高效行政，打造"一站式服务""一个窗口办事"，改变多部门相互"扯皮"现象，提高行政效率，保证税收优惠真正落实到企业手中。此外，加大对产业性税收优惠政策的调节力度。税收优惠政策的调整和完善要从改善经济秩序和产业发展角度考虑，要将税收征收逐渐从经济价值为基础转移到产量之上。其四，调整区域性税收优惠政策。各地区工业发展程度不同，实施垃圾优惠政策后可能会加剧地方发展的不平衡，因此，对于没有享受垃圾税收优惠的地区应当给予其他特有的优惠，以此来实现均衡发展。[2]也只有通过市场化手段和税收优惠措施，实现了垃圾资源的高效回收与再利用，才能实现垃圾处理上的减量和再资源化，并为后续的成功破解垃圾焚烧邻避冲突提供更大可能。

---

〔1〕 马鸿庆："城市固体废物管理法律问题研究"，中央民族大学 2011 年硕士学位论文，第 78 页。

〔2〕 刘群："垃圾治理的税费政策研究"，东北财经大学 2013 年硕士学位论文，第 58~59 页。

第四节　开发新的城市旅游项目，加快垃圾焚烧类邻避设施旅游项目建设

　　垃圾处理设施建设并非都会引发民众的邻避抗争，垃圾焚烧设施如果能实现"精雕细刻"，做到"美观典雅"也是能够与附近居民和谐相处的。邻避运动是现代国家发展进程中普遍存在的问题，但随着近年来科技的发展以及垃圾焚烧类邻避设施旅游项目的开发建设，一些经济较发达的国家和地区，此类邻避冲突已经逐渐减少，并且相关"邻避设施"也慢慢转变为"邻喜设施"，甚至成了"邻利设施"。

　　相对于具有先进垃圾焚烧设施建设技术的发达国家而言，我国在垃圾焚烧邻避设施建设方面还基本处于初级发展阶段，对垃圾焚烧厂的改造优化还比较薄弱，将其作为旅游项目进行开发还有很大的成长空间。因此，下面（表5-2）笔者整理出一些典型城市在垃圾焚烧类邻避设施旅游项目开发建设做得比较好的情况，分析其基本特点，以此为我国相关城市推进后续此类邻避设施旅游项目开发建设提供有益借鉴和经验。

表 5-2　典型城市垃圾焚烧类邻避设施旅游项目开发建设情况分析

名称	位置	基本特点
新加坡超级树公园垃圾焚烧厂	建设在新加坡最繁华的地区——滨海湾，隐藏在超级树公园地下	将公园观光旅游与垃圾焚烧相结合，能够处理新加坡的大部分树叶垃圾

续表

名称	位置	基本特点
维也纳施比特劳垃圾焚烧发电厂	位于奥地利维也纳市区，紧邻学校和高级住宅区	（1）能处理维也纳三分之一垃圾，每年焚烧25万吨生活垃圾。 （2）采用了世界上先进的废气净化处理技术，并且能够供热。 （3）童话城堡风格，可供学生参观
大阪舞洲垃圾焚烧厂	距离日本大阪中心区10公里	（1）自负盈亏式工厂 （2）技术、生态和艺术融为一体 （3）主要处理可燃垃圾和大型垃圾 （4）营利性：富余电能可实现市场交易约7千万元（人民币）
哥本哈根垃圾焚烧发电厂	丹麦哥本哈根市中心	集垃圾焚烧、滑雪、攀岩等功能为一体的城市公共空间
香港污泥处理厂T·PARK	中国香港	（1）全球最大污泥处理厂，实现了自给自足 （2）供电、海水淡化、零污水排放 （3）环保教育与休闲娱乐中心

第一，充分发挥PPP（公共私营合作）模式优势，开展政府和社会资本合作。建设垃圾焚烧类邻避项目，并将其开发成新的城市旅游项目是一件不容易实现的工作，仅凭政府的"一己之力"恐难以维持，需要充分发挥企业的作用。上述典型国家或城市的邻避设施建设和运营，大多采取的是政府和社会资本合作模式。政府负责投资，企业负责设计、建设和运营，也就是常见的PPP模式。企业自身的技术专业程度和研发水平是该项目成功的关键，而政府更大程度上是作为监管者和受益者。因此，在筛选合作企业时，需要政府严格把关，对于企业资质及其技术水平须进行仔细考察。

第二，对外公开运营，制定严格要求。上述典型国家或城市的示例中，垃圾焚烧项目以环境治理为基点，又衍生出各类玩赏项目，比如公园观赏、滑雪、攀岩等休闲娱乐场所，这使得此类邻避设施在开发建成城市旅游项目后，便具有对外开放并获得一些收入的特性。一方面，这增加了该项目自身的旅游特色魅力，能够吸引大量游客来访；另一方面，也需解决保障公众安全的问题，必须提高其安全性能，尽力杜绝安全隐患和重大事故发生。因此，该旅游项目的对外运营，需要制定严格的要求，既要满足美学价值享受，也要满足安全价值需求。

第三，环境治理作为第一目标，盈利作为"副产品"。此类邻避设施项目建设的核心目的是解决垃圾焚烧问题，必须将环境治理作为第一目标。吸引民众旅游并非出于营利需求，更多的是发挥宣传教育作用。通过亲自参观游览，民众不仅能够对垃圾焚烧减少恐惧，还会增加对焚烧技术的好奇，这能够极大提升公民对垃圾焚烧项目的支持态度，有效避免邻避事件再次发生。

第五节　保障公民环境知情权、参与权、监督权等基本权利，规范垃圾焚烧企业的建设与运营

　　一个垃圾能源项目建设和运营要达到良好效果，必须处理好企业、公民和政府三者之间的关系。首先，企业要具备科学完善的垃圾处理全产业链，这对该邻避项目的建设和运营起着决定性作用；其次，政府能够对垃圾焚烧企业的建设和运营进行有效监督，这在此类项目建设和运营中起着保障性作用；最后，公民的认同、参与和监督，这在项目建设运营中起着前提性作用。此三者紧密互动关系，可用下图（图5-1）予以说明。

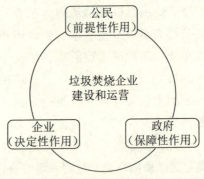

图 5-1　企业、公民、政府三者关系图

近年来，随着我国科技加速发展，相关企业垃圾处理能力的不断增强，法治政府建设不断推进，各级政府的执政和治理能力也在加快提升。然而，在一些垃圾能源项目建设和运营的真实案例中，公民的相关合法权益很容易被忽视，项目周边民众的知情权、参与权、监督权等权利长期得不到保障，这也是近年来导致此类邻避冲突频繁发生的重要原因。虽然，企业、公民和政府在垃圾能源项目建设运营中起着不同的作用，但是根据经济学上的"木桶原理"，目前保障公民相关合法权利方面的短板对整体效果的影响是最大的，因此，依法保障公民的知情权、参与权、监督权等基本权利，就成为此类项目建设和运营中需要首先解决的问题。下一步，应在以下四个方面采取有效措施，加快解决垃圾能源项目推进中公民权利保障方面的短板。

第一，保证项目信息的及时、公开、透明，建立规范有效的风险沟通机制。垃圾焚烧类邻避冲突的大规模发生，往往在于信息不对称问题。在很多案例中，政府和相关企业没有第一时间将此类项目的规划和风险公之于众，使得该邻避设施的风险被人为放大，所以保证项目信息及时、准确公开，提高民众内心认同感和信任感，促成官民之间的良性互动，建立规范有效的风险沟通机制极为必要。在此类项目规划前期，政府、企业应尽早主动与公众进行邻避风险沟通，告知其项目安全评估报告、预期风险级别、预设防控手段等一系列民众关心的问题，帮助公众消除抵触情绪，促进对环境风险的理性认知，缓解彼此在项目风险认知上的冲突。另外，在畅通风险沟通机制时，政府要进行自由、平等的双向沟通交流，将公众作为平等的合作伙伴，换位思考，切实关心民众的真实想法，不强迫公众接受此类邻避设施规划和建设的决定。

第二，规范网络和社交新媒体发声渠道，避免其片面放大群众情绪。公众对于垃圾能源项目建设存在抵触情绪是正常的，各方需给予充分理解。但近年来由于互联网和社交媒体的快速发展，"耸人听闻"的碎片化信息、个人不满情绪的表达充斥在网络空间，给邻避设施建设添上了莫须有的"污名"。再加上网络传播的匿名性、非当场性以及过低的门槛，"污名"到处扩散，激发民众的恐慌情绪，舆论"一边倒"，以至于形成"一发不可收拾"的局面。[1]纵观以往发生的此类邻避冲突事件，普通民众容易轻信网络谣言，无视政府发布的环境评价信息和风险防控报告，使得政府与公众之间的信任危机愈演愈烈。诚然，这种信任危机与政府前期的风险沟通工作有缺陷存在一定联系，但这与网络媒体的"煽风点火"也脱不开干系。因此，对于互联网和社交新媒体上发布的与垃圾焚烧项目相关的文章，需要进行严格的审查和监管，尤其是对造谣编造虚假信息者，必须严惩不贷，不能姑息。为保证项目信息公开透明，不仅需要各类媒体承担起对信息的过滤责任，发挥正确导向功能，防止虚

---

〔1〕 樊良树："'中国式邻避行动'的特征、困境及展望"，载《中国国情国力》2016年第5期。

假信息的传播；也需要政府依法规范网络新媒体的发声渠道，实现与官方网络媒体的有效协同。这有利于避免公民因虚假信息而产生恐慌情绪，也可以帮助政府掌握解决问题的主动权，以加强对邻避运动的合法控制。[1]

第三，采用多元协调共治模式，提供更多理性沟通渠道。公民利益诉求的表达难也是此类邻避冲突爆发的重要原因之一。在规划设立垃圾焚烧邻避设施过程中，受到项目影响的附近民众应当享有同样的机会参与决策，也应有平等的权利去监督邻避设施建设过程。民众应当作为积极的参与者和监督者，而非事后的受害者和抱怨者。在决策立项初期，政府就应采用调查问卷、信息公开发布会、召开专家听证会等方式，及时告知附近民众相关风险、环境评价结论、专家建议等信息，实现公众与政府、专家以及企业之间的信息交流与沟通，进而对于是否应当设立该邻避设施做出正确判断，做到科学民主地决策。[2]

第四，提高公众参与能力，规范公众参与秩序。公民参与能力既包括公民对政府决策的认知和态度，也包括参与决策和制约行政行为的实际能力。相对来说，在垃圾能源项目决策和实施过程中，我国公民的参与能力还是处于较低水平的，主要原因是此类项目建设和运营的高度专业化，普通公民很少知道这方面的专业知识。另外，此类邻避设施一般都建设在偏远郊区和贫困农村地区，附近民众更注重经济发展问题，环境风险意识相对较低。在公民参与能力不高的情况下，其自发、无意识的公众参与实践往往会演变成"聚众闹事"行动。为解决此

---

〔1〕 胡陶："公民参与视角下邻避冲突的解决机制研究"，贵州大学 2017 年硕士学位论文。

〔2〕 任峰、张婧飞："邻避型环境群体性事件的成因及其治理"，载《河北法学》2017 年第 8 期。

类问题，需要加快建立健全相关宣传教育机制，提升公民的理性参与能力，依法规范公民参与秩序。一是从源头上，依托社区对邻避设施建设地附近公民进行常态化的宣传和教育，组织公民亲身参与或网上学习相关的邻避设施知识，打消其心理顾虑；二是政府可以组织邻避设施附近居民，到国内外垃圾焚烧厂进行实地考察，改变其对垃圾焚烧项目"脏、乱、差"的传统印象；三是组织专门的层次较高的宣教学习，请知名专家开办讲座，进行垃圾能源项目方面的重点讲解，与公民进行积极友好的沟通交流。[1]

第六节　加快升级垃圾焚烧企业技术标准，坚决禁止可能造成严重污染的项目上马

垃圾能源发电项目是现今多数国家采取的垃圾处理方式，这源于其具有其他处理方式无法比拟的优势。首先，垃圾焚烧后体积缩小为原来的 5%，充分实现了垃圾减量化；其次，垃圾焚烧后可以利用热能发电，实现了垃圾的资源化。此外，垃圾焚烧后可有效遏制其因漫天飞舞对环境造成的污染，实现了垃圾的相对无害化。即便垃圾焚烧有减量化、资源化、无害化的优势，但焚烧垃圾的过程也会不可避免地产生一些废气，主要是烟尘、二氧化硫、氯化氢、氮氧化物、重金属、二噁英等有害物质，其严重威胁人体健康和破坏生态环境，必须加以妥善处理。[2]因此，政府必须严格控制垃圾焚烧企业的准入资质，加快升级已建成垃圾焚烧企业的技术标准，坚决禁止可能造成

---

〔1〕　胡陶："公民参与视角下邻避冲突的解决机制研究"，贵州大学 2017 年硕士学位论文，第 11 页。

〔2〕　程伟、鞠阿莲："日本生活垃圾焚烧处理现状及启示"，载《环境卫生工程》2019 年第 6 期。

严重污染的新项目上马。

垃圾焚烧技术升级需要充分发挥企业的主体作用，促使企业拿出一部分利润进行技术创新，通过制度促使其勇于承担生态文明建设的主体责任。其一，充分发挥市场导向作用，激励垃圾焚烧企业自觉行动，加快垃圾焚烧技术升级进程。其二，国家和企业应加大对垃圾焚烧技术的科研投入，企业自己进行的技改投入应进行相应的税费减免或依法扣除。同时，积极与科研院所、高校进行合作，形成"企业为主体、市场为导向、产学研相结合"的垃圾焚烧技术创新体系，促进最新科研成果的加快转化。其三，鼓励垃圾焚烧企业进行制度创新，运用税收优惠和经济激励政策，提升垃圾焚烧企业的专业化能力和盈利水平，最大限度避免对周边环境造成二次污染。

坚决禁止可能造成严重污染的新项目上马，就需要充分发挥政府、公众乃至全社会的监督作用。其一，强化地方政府的生态环保意识，严格落实领导干部在任和离任的生态环境建设工作责任制，坚持不懈推动生态文明领域改革。政府应加快完善此方面的行业准入标准，严格控制垃圾焚烧企业的准入资质，探索建立企业"黑名单"末位淘汰机制。同时，还要严格执行相关企业的日报告制度，对违法违规企业进行罚款、停业等处理，以实现源头上严防严控、过程上严加管控、后果上严格惩治的完整体系。其二，加大对垃圾焚烧企业的监管力度，做好垃圾焚烧环境评估工作，对可能造成环境污染的项目坚决制止，不允许任何人或任何企业拥有特权。其三，健全公众参与机制，拓宽公众参与监督渠道。政府监管部门要随时或定期向社会公布监管信息，保证公众对垃圾焚烧企业建设和运营数据享有充分的知情权和监督权，鼓励和引导社会公众理性参与决策并依法监督邻避项目的建设运营。[1]

第七节 应做好垃圾焚烧类邻避项目的社会 稳定风险评估和科学预警工作

社会稳定风险评估（"稳评"）是在项目前期推动中，对可能影响社会稳定的因素开展系统调查，综合群众和社会各方意见进行的科学分析工作，其目的主要是给予政府部门充分的信息支持，以确保实现科学化的决策。垃圾焚烧项目兼顾经济发展与社会稳定的双重性，必须在科学决策的前提下才能稳步推进与逐步推广实施。近些年，我国垃圾能源项目引发的邻避冲突接连不断，这对城市经济发展和社会稳定都提出了严峻考验，对此要加快建立健全社会稳定风险评估机制，并做好项目科学预警工作。

第一，通过走访调查等多种形式，制作详细的群众信息采集报告。首先，合理界定垃圾焚烧项目影响的公众范围。公众意见是稳评工作的决定因素，应当保证邻避设施影响到的所有居民的知情权、参与权，及时充分地向他们传递相关信息。其次，通过走访调查等多种方式，收集真实准确的数据信息。实地走访调查工作应坚决禁止形式主义和摆拍做派，更不能例行公事、敷衍了事，需要进行真实准确的群众意见调查，达到公众参与效果。最后，由专业人员将实地调查采集的数据制作成群众信息采集报告，为后续稳评工作提供科学依据和实证指导，实现促进政府进行科学决策和民主决策的最终目标。

第二，增加民众邻避心理类目，助力稳评工作。对于垃圾

---

〔1〕 李杨："广州市生活垃圾焚烧处理经验启示"，载《辽宁行政学院学报》2020年第1期。

焚烧邻避项目，公众往往会对其危险程度认知过高，该项目对环境和社会的实际影响很有可能并不是民众邻避心理的直接来源。在稳评中加入民众邻避心理类目，此举将有利于保证结果的客观性。对于邻避心理的评估，应以公众参与结果为准，大多数人能够正确认识项目的意义和危害，并信任相关的治理措施，就应该是低风险，否则就是中风险、高风险。[1]

第三，预判社会稳定风险等级，提前做好科学预警工作。稳评主体在完成稳评后，应结合此类项目实际情况和数据统计信息，客观评价项目存在的风险等级。针对高风险和强风险事项，稳评主体应高度重视并提供科学的预警方法，及时向决策部门进行专题汇报，尽力为保障垃圾焚烧项目顺利推进扫清障碍。

总体而言，稳评能促使公民积极参与项目相关工作，引导其正确看待邻避项目，避免垃圾能源类邻避危机恶化，从而为推进此类项目顺利建设，实现我国垃圾能源产业的高质量发展和早日达到环境治理目标作出应有的贡献。

第八节　对一些敏感的垃圾焚烧项目危机，应及时通过听证会、市民会议等形式予以化解

垃圾焚烧项目正式动工前要经历立项，有关部门和企业出具环境评价报告书，环保部门批准环评报告书，然后政府进行核准后企业正式动工。在已发生的此类邻避事件中，一般都是公民在企业正式动工前或政府作出正式核准立项的决定后，公众才知晓有此项目，项目的选址、对项目进行环境影响评价等

---

〔1〕 马珊珊、赵心田、吴瑶明："邻避项目社会稳定风险的评估与防范"，载《中国工程咨询》2015 年第 7 期。

前期工作，许多公众根本不知情，更别说进行相应形式的公众参与了。比如，由于没贴相关告示，湖北省仙桃市垃圾焚烧项目在企业开始建设时，公众仍不知道该项目的存在。目前，政府对此类项目信息的披露基本都在官网上，而通过该网站查询知道该消息的群众是少之又少的，老百姓基本也没有天天浏览政府官网的习惯，而对于跟周围群众生活密切相关的邻避项目，公众如果没有话语权表达自己的基本态度，那么很可能采取如"散步""聚众抗议""静坐"等方式维护自身合法权益。因此，为了使此类项目顺利推进，就必须在前期以多种温和协商的方式听取公众意见，如让公众通过听证会、座谈会、市民会议等方式参与到项目决策中来，充分保障其知情权、参与权等基本权利。

一、垃圾能源项目信息公开工作要及时主动

垃圾能源项目的信息公开是公众参与的前提，除了涉及国家秘密、技术和商业秘密和个人隐私不能公开的信息，关于垃圾焚烧项目的信息应进行最大限度的公开。不仅政府要及时主动公开信息，而且还应当基于公众的请求依法公开项目信息。当公民依法请求政府公开项目信息时，政府不能以与申请人无直接利益关系为由予以拒绝。在项目建设周围显著位置还应当以张贴告示等方式进行项目公示。无论是政府的立项决定还是环评报告书，只要与项目有关并涉及公众利益的都应当公开。以后，政府还应当更及时主动的公开相关项目信息，避免因为项目操作不规范引发公众对政府的信任危机。

二、应采取多种形式提高公众的参与度

1. 环评阶段的公众参与还有许多细致工作要做

公众参与应当贯穿于项目建设始终。其中，最重要的是应当参与到环境影响评价中，因为项目环评结果能从科学、专业的角度，评价该地区是否适合建立垃圾焚烧厂，对于最后的核准也会有重大影响。因此，在这个阶段应充分吸收公众的意见。公众参与有多种形式，可以通过听证会、座谈会、新闻通气会等方式，对于项目敏感、公众反对的声音较大的，应举行听证会、市民会议等形式来听取公众意见。听证会应当发挥实质的作用，不能流于形式。具体来说，政府应当提前将听证会的时间和地点以及听证会上将重点讨论的内容告知公众，以便公众了解相关问题以及查阅相关的专业知识，提前准备在听证会上有针对性的发言。在代表的选择上，可以借鉴厦门市"PX"项目中的做法，采取摇号随机抽取的方式选择公众代表。[1]同时，对于听证会还可以进行全程直播，接受广大公众的监督。听证会中会涉及许多专业知识，而公众一般不具备这样的知识，为了使公众与政府的对话更具有效性、平等性，政府应当为公众指派专家，或者由公众自己邀请专家参会，由政府支付相关费用。为了进一步保证专家的中立性，专家应当只就专业知识作出事实判断，而价值判断由公众自己进行。同时，不仅要重视专家的专业知识，而且对公众的朴素认识也应予以重视。

2. 其他环节的公众参与更应该予以重视

除了环评阶段的公众参与外，其他环节也应努力吸纳公众积极参与。首先在项目立项开始时，就应该邀请公众代表对项

---

〔1〕 王锡锌主编：《公众参与和中国新公共运动的兴起》，中国法制出版社2008年版，第160页。

目选址地进行考察，由于各地的气候、地形、经济状况、人口分布等都不一样，因此必须因地制宜地对项目拟选址地进行仔细考察。选址地初步确定后，还需要对项目周边居民进行大范围调查走访，发放调查问卷询问民意。如果在立项之初，当地群众的反对声就非常强烈，就应该搞清楚反对的根源在哪里，确实无法短期内克服的，那就应该考虑另行选址或者暂缓推进项目，不然会给后续工作带来巨大困难。在项目最后的核准阶段，也要更多听取社会各行业公众的意见，并在科学反复论证的基础上作出决定。

三、应保证决策结果真实反映公众的意愿

公众参与应当是对决策结果具有影响力且富有实际意义的参与，而不应当只是"形式""走过场"。只有公众参与意见被决策系统充分理性地对待，才能满足公众参与的目的，公众也才会在垃圾焚烧项目中积极配合。然而，现在有一些听证会、座谈会等公众参与形式，仅仅是交流、表达、意见交换的一种机制，对最后决策结果并没有法定约束力。现行法律也很少规定公众参与对最后决策结果的约束力。但是，政府还是应当对公众参与过程中的意见给予认真对待并积极作出回应，公众参与的结果应当在决策结果中有充分的体现。首先，在立法中应当规定公众参与在最后决策中所占的比例，也就是政府应当将一部分决策权给公众，并且规定当公众的决策权遭受到侵害时相应的法律救济。[1]具体来说，在垃圾焚烧项目中，对项目的核准与否公众应当享有部分的表决权。鉴于我国政府决策对于专家意见的依赖性，所以应更多吸收代表普通公众利益的专家

---

[1]　王锡锌主编：《行政过程中公众参与的制度实践》，中国法制出版社 2008 年版，第 14 页。

参与对项目方案的论证。这样既能保证论证的科学性，又能保证其民主性。此外，最后决策结果不仅应对采纳公众意见的情况进行充分说明，对未采纳的公众意见也要进行合理解释，以充分保障公众参与的有效性和说理性。

第九节　政府应在推进生活垃圾分类及强制分类
制度方面投入更多资金和保障力量

　　为实现垃圾处理上的"3R"原则，[1]其前提条件在于实现垃圾的科学分类。这项工作做得好可以减少最终的垃圾焚烧量，其现实意义十分重大。对于可回收的垃圾在垃圾投放、收集时直接进行回收，就不用在垃圾焚烧时由专门的人员或者机器再一次进行分类回收。对于可降解的如厨余垃圾进行生物填埋，对于易燃易爆的垃圾另行处理，使整个垃圾焚烧系统各个环节相互衔接，实现有效、安全地运转。2019 年 7 月，《固体废物污染环境防治法（修订草案）》正式向社会征求意见，[2]这意味着我国要将"生活垃圾分类制度"加快纳入法治轨道。上海市率先颁布了《上海市生活垃圾管理条例》，这也标志着生活垃圾强制分类制度试点方针正式开展。[3]试点正在各地迅速开展，通过各地的试点来看，生活垃圾强制分类取得了一定效果，但是其中也出现了一系列问题，如公众对于垃圾分类目录不清晰，

---

〔1〕　即减量化（reduce）、再使用（reuse）和再循环（recycle），最早在 2002 年 10 月 8 日举办的"能源·环境·可持续发展研讨会"上提出。随着科技进步，垃圾的能源回收以及焚烧污染控制技术逐步成熟，对垃圾中的能源回收也逐步成为现实。4R 从 3R 演变而来，4R 在 3R 基础上增加了 Recovery（回收再用），是指通过垃圾焚烧等方式对前三个 R 无法进一步回收利用的能源进行回收利用。

〔2〕　并于 2020 年 4 月 29 日，对该法进行了第二次修订。

〔3〕　黄锡生："生活垃圾强制分类的制度困境及其破解"，载《人民法治》2019 年第 14 期。

出现"分类投放、集中运输"的现象，"垃圾分类设施建设不完备"等，因此就当前出现的问题，应及时采取一系列办法予以改进，特别是应加强这方面的资金投入和执法力量配备。

一、完善垃圾分类的相关配套措施

在生活垃圾分类方面，首先是要完善垃圾分类收集设施。通过试点的效果来看，公众普遍反映对于垃圾分类目录不太清楚，而且各试点城市采取了不同的分类方法，有的试点城市采取"三分法"而有的采取"四分法"，这更让公众晕头转向。对公众进行垃圾分类知识的教育，让其了解和掌握垃圾分类目录是一方面，此外政府可以在垃圾投放设施上加大投资力度，使其设计更人性化。国内绝大部分垃圾分类的垃圾桶，只是标明"有害垃圾""厨余垃圾""可回收物"等几个大字，对于不同类别垃圾都包含哪些垃圾有的并没有注明。因此，针对目前各试点城市的公众对垃圾分类目录普遍存在的疑惑，可以在垃圾桶上除了标明垃圾的各种分类外，还可以在投放点醒目位置标明其所包含的生活中常见垃圾。同时，还可以在各类垃圾分类设施上，针对不同垃圾采用不同的图案使得其更加醒目，比如在可回收垃圾上可用饮料瓶、纸张的图案来标明，厨余垃圾用瓜果蔬菜以及其所包含的垃圾中更加细化的图案进行标注。根据不同的场所设计不同种类的垃圾桶，比如学习瑞典的做法，在大学校园里通过开圆孔、长槽及大开口，分别用来投放饮料瓶、纸张和其他垃圾；在写字楼公司的茶水间设有抽屉式的垃圾分类箱，以标签的方式标明纸杯、各种瓶子以及残余食品等不同垃圾投放的位置。[1]

---

〔1〕 贾明雁："瑞典垃圾管理的政策措施及启示"，载《城市管理与科技》2018 年第 6 期。

对于改善垃圾"分类投放，混合运输"的问题，这一点可借鉴日本的做法。日本川崎市的垃圾运输车专业分工程度很高，对于不同的功能部门采用不同的垃圾运输车，同时又根据不同居民区的垃圾分布状况采用不同的运输车，比如对于居民区垃圾较少的多采用小型垃圾回收车、中型垃圾回收车。为了应对住宅的高层化，政府采用了集装箱式回收方法，同时配备附带集装箱翻倒装置的中型垃圾回收车。对于废旧的家电等大型物件，采用中型垃圾回收车、大型集装箱式货车。[1]因此，对于不同种类的垃圾，要采用不同的垃圾运输车，避免因各种垃圾混合运输发生物理化学反应，造成新的污染。同时，还要根据不同垃圾采用不同类型的垃圾运输车。对于水分和气味较大的垃圾，应采用密闭性较好的垃圾运输车，避免在运输中产生漏液、废气对环境造成污染。对于可回收利用体积较大的，应采用容量比较大的运输车。在垃圾运输车性能上，应尽量选用清洁能源类的垃圾运输车，减少因汽车尾气对环境造成的污染。

二、合理利用市场机制促进垃圾分类

垃圾分类不能仅依靠政府来进行治理，要通过明确政府、生产者与消费者的责任，运用社会多方面力量进行综合治理。生产者在生产产品时，其产品的包装也间接产生垃圾，因此生产者应当对生活垃圾分类承担相应责任。德国《包装法》规定，产品制造商要承担产品包装、再利用和回收的责任。因此，我国生产者也应严格按照《循环经济促进法》及有关产品包装的规定，按照产品标准进行包装，不能过度包装。同时，生产者应当注明对产品消费后进行分类的方式，而消费者有义务按照

---

[1] 孟健军：《城镇化过程中的环境政策实践：日本的经验教训》，商务印书馆2014年版，第80页。

产品说明书，对消费后产生的垃圾进行分类。[1]

我国居民生活垃圾中，占比最大的就是厨余垃圾。美国、日本等国生活垃圾分类做得比较好的一个原因就是在蔬菜、肉类的销售市场上，一般是直接将其中不能食用蔬菜的根部、肉制品的骨头部分直接剔除，由这些大型超市统一进行处理。因此，我国在食品销售上也可加快改进，可以对蔬菜、水果等食品进行深加工，减少消费者烹饪时不必要的烦恼，这样既减轻了垃圾处理和分类的负担，又便于提高垃圾分类处理的效率。

三、建立更多促进旧物回收和交易的二手商品店

旧物回收交易也就是通常所说的跳蚤市场，将一些还能利用的产品进行流转出售，可最大程度实现物尽其用。目前，跳蚤市场或二手商品店一般销售的都是一些耐用品，比如一些二手奢侈品、家电、鞋帽和书籍等。但是，不应该只限于耐用品，只要产品还有利用价值，就可以拿到此类场所进行出售。比如，不穿的衣物、家具等都可以再进行出售利用。随着经济的快速发展，各类商品的可得性很高，人们丢弃了很多东西并不是因为产品本身坏了，而很多仅仅是因为不喜欢或者产品过时了。因此，一些商家可以扩大此类市场的营业范围，丰富可回收产品的种类，促进二手产品的加快流动。此外，政府对经营二手商品的店铺或市场应给予一定补助，促进此类店铺的快速发展，加快改变国人"喜新厌旧"的消费习惯，使人们更愿意接受旧物并积极主动地促进或从事这一新兴产业。

---

[1] 贾明雁："瑞典垃圾管理的政策措施及启示"，载《城市管理与科技》2018年第6期。

四、加快提高公众环保意识，提高垃圾分类宣教成效

为了更好推动生活垃圾分类制度实施，政府不仅要制定相关法律、完善相关处理设施，还应对公众进行垃圾分类方面的宣传教育，提高公众环保意识，让其加快了解并积极参与到此类活动中。一是要加强垃圾分类宣传力度。对于具体的生活垃圾分类目录及垃圾丢弃方法，政府应印成便于携带的小册子，便于公民对垃圾分类标准进行了解学习。同时，政府还可以继续在政府官网、户外显示屏以及利用新老媒体等途径，加强垃圾分类知识的宣传普及，更好推动我国垃圾分类及相关单位强制分类制度的实施。二是要提升垃圾分类教育效果。可根据不同学龄中小学生发放垃圾分类辅助读本，对垃圾分类知识设置必要课程进行专门讲解，使国民从小就树立垃圾分类意识。同时，还可以在学校、居民区等场所定期举办公益讲座，讲解垃圾科学分类常识。在图书馆、博物馆等公共场合设立学习点，印发有关读物及宣传资料，让公众通过更多渠道了解垃圾分类。三是设立生活垃圾分类志愿者等公益岗位，对居民垃圾回收点的垃圾分类工作进行现场指导。一些试点城市已经做出了很多成绩，目前应继续巩固成果，杜绝消极懈怠情绪。

第十节　政府应依法加大对垃圾焚烧企业造成环境污染的行政处罚力度

从环境公平正义的角度看，政府对于垃圾焚烧企业超标排放进行处罚，不仅是对企业违法行为的惩罚，更是对普通民众环境权益受损的一种补偿。作为理性的经济人，垃圾焚烧企业追求自身的经济效益本无可厚非。但是，当企业违法成本远低于所得利益时，一些企业就会铤而走险，不惜牺牲大多数人的

利益，破坏生态环境。比如，福建省原环保厅对于紫金矿业造成重大水污染事故进行处罚时，紫金矿业却在收到处罚信息后立即收获了一个涨停板，公告处罚信息发布后第二天的收盘价格比之前高出了 1/3，让人唏嘘不已。[1]因此，有很多人对此荒诞现象纷纷感叹"排污是一种理性选择"。为了遏制这种违法行为，政府应摆脱现实利益羁绊加大对涉事企业的行政惩罚力度，增加其违法成本，促使垃圾焚烧企业积极转变生产方式，依法合规开展经营活动。具体包括以下四个方面措施：

一、严格污染物排放标准，加大行政惩罚力度

垃圾焚烧企业对环境造成的主要威胁是排放的气体中含有二噁英。因此，应当严格控制垃圾焚烧过程中二噁英的排放标准。近年来，随着焚烧技术不断的改进，生活垃圾焚烧过程中产生的二噁英基本可控。目前，我国主要用的机械炉排焚烧炉技术、流化床焚烧炉技术等，一般都符合欧盟标准和我国规定的二噁英排放标准 $0.1ngTEQ/Nm^3$。[2]但是，很多企业为了节省成本，对企业清洁排污系统的投入不够或者由于环保部门监管不够，污染物从排污系统未经净化就直接向大气中排放。因此，对垃圾焚烧企业应进行实时监测，环保部门也可以随时进行抽查，一旦发现企业排放浓度超标应立刻让企业进行整改。同时，企业也应当做好相关记录，按年度或者季度向社会公开其排污情况。而且，对排污超标次数多的企业应加大处罚力度，按其超标次数分段进行依法处罚。对于"屡教不改"的涉事企业，可以责令其停业整顿。让垃圾焚烧企业的违法成本大大高于其

---

〔1〕 李铮：《环境行政处罚权研究》，中国环境科学出版社 2012 年版，第 1 页。
〔2〕 "论垃圾焚烧厂的非必要性"，载保定重金属开采联盟，http://www.zgxrjy.com/ lianmenggushi/33606796.html，2021 年 11 月 26 日访问。

采取清洁措施的成本，这样就能使企业自觉加大排污清洁系统的投入，按照标准进行排放。

二、提高环境行政执法中的公众参与度

环境行政处罚部门对垃圾焚烧企业进行行政处罚，不仅是涉及行政相对人即涉事企业的权利义务，同时也涉及行政相关人即周围居民的利益。虽然，《行政处罚法》对行政处罚的种类与幅度作出了明确规定，但是基于个案的特殊性，行政机关拥有的自由裁量权还是比较大的。而且，由于垃圾焚烧项目背后涉及的利益比较复杂，一些行政处罚也只是点到为止，而且处罚后对企业后续整改措施的督察力度也不到位。为了改变这一现象，应当引导公众参与到行政执法过程中去，公众参与执法能监督环保行政处罚部门自由裁量权的合法合理行使，进而提升执法效率与水平。首先，可以学习浙江省嘉兴市的做法，建立"公众环保检查团"，由热爱环保事业的热心市民组成，环保部门对垃圾焚烧企业进厂进行指导检查时，"公众环保检查团"的代表可以跟随行政执法人员对企业进行执法检查，监督和纠正企业的环境违法行为。同时"公众环保检查团"具有"点单权"，可以根据环保部门的规定，定期对垃圾焚烧企业进行进厂抽查，以监督企业的行为。[1]同时，政府对垃圾焚烧企业实施行政处罚举行听证会时，应当允许公众参与其中。而且，政府应对拟作出的处罚提前公布，不仅涉事企业可以对自己的行为进行陈述辩解，公众也可以就处罚种类与幅度提出自己的意见与看法，从而实现监督政府自由裁量权的规范行使。政府还应当将公众意见做好记录，作为后期正式行政处罚的重要裁量依

---

〔1〕 崔浩等：《环境保护公众参与研究》，光明日报出版社2013年版，第158页。

据。这样不仅可以规范政府的裁量行为，同时使行政处罚也更加民主化、程序化和透明化，增强当地政府的公信力。

三、强化政府环境行政处罚的公共服务功能

促使人们守法的方式有两种：一种是人们崇尚法治的权威，出于自愿而守法，接受法律的既定规则并以此来指导自己的行为；另一种是人们拒绝遵守法律的规则，但是基于害怕受到法律的惩罚而被动的遵守法律。[1]政府要树立自己的权威与公信力，应当减少行政强制手段的使用，而多以提供服务的方式来引导人们自觉遵守法律，不仅要做市场的监管者还应当做市场的服务者。近年来，许多企业为了提升自己的技术实现达标排放，纷纷选择引进国外先进的技术。目前，比较先进的技术有：斯托克焚烧技术、比利时的 Waterleau 炉等。[2]这些技术虽然先进，但从国外引进的价格也往往不菲，这对于部分中小企业来说，无论从财力还是操作该技术的技术人员角度来说都非常吃力。因此，政府应该对采用先进焚烧技术的企业给予一定税费补贴，支持企业的技术革新创新行为。此外，还可以指派专业技术人员对企业的技改活动进行指导。对于企业进行原有技术改造提供技术人才服务和支持，引导企业加快改进其清洁排放系统，在实现经济效益的前提下加快此类企业实现产业升级。

四、加强对环境行政执法的多层次监督

垃圾焚烧企业事关当地政府的切身利益，当地环境执法部门对涉事企业可能会存在执法不严的问题。因此，应加强对环

---

〔1〕　李铮：《环境行政处罚权研究》，中国环境科学出版社 2012 年版，第 88 页。
〔2〕　"垃圾焚烧发电海外经验：在曲折中发展"，载北极星电力新闻网，https：//news. bjx. com. cn/html/20131107/470820. shtml，2021 年 10 月 26 日访问。

境行政执法部门自身的监督。目前，同体监督作用虽然有限，但仍应进一步强化环境行政系统内上下级之间的业务指导关系，发挥行政系统内部同级党政职能部门监督的积极作用，用制度依法规范环境执法部门的行政行为。同时，还要大力发挥异体环境监督的作用。首先，要发挥人大职能作用，通过备案审查或专项质询对环境行政执法薄弱环节进行监督。广东省就发生过某环境局长因回答不出人大代表的质询而遭免职的情况，以后还是要把人大及其常委会的环境监督作用发挥得更多、更充分些。其次，检察机关通过发挥自身法律监督职能，对环境行政执法活动进行依法监督，同时还应加快完善环保行政执法与刑事司法衔接工作机制和方法，[1]毕竟执法和司法实践都是在不断发展的。法院应通过行政诉讼、各类案件的执行等方式进行必要的合法性审查。最后，还应当加强公众及新老媒体对此类企业执法不公案件的举报和曝光，健全完善对环境行政处罚案件的社会监督机制。

第十一节　依法严厉问责因处置垃圾焚烧类群体性事件不力的官员

一、湖北省仙桃市垃圾焚烧邻避事件官员被问责的启示

2016 年 6 月 25 日，湖北省仙桃市发生部分群众走上街头，反对建设垃圾焚烧发电项目事件。6 月 25 日晚，仙桃市委市政府举行生活垃圾焚烧发电项目新闻通气会，就市民所关心的有关问题进行解答。6 月 26 日 12 时，仙桃市委市政府作出决定，

---

〔1〕 2017 年 1 月 25 日，原环境保护部、公安部和最高人民检察院联合研究制定了《环境保护行政执法与刑事司法衔接工作办法》，共 39 个条文。

停止"生活垃圾焚烧发电项目"。6 月 27 日，仙桃市市长周文霞通过视频对全市人民承诺已经停止该项目。[1]在这个事件中，仙桃市市委书记冯云乔因在处置仙桃市重大群体性事件中领导不力、工作失职，造成恶劣影响，湖北省委决定，免去其市委书记（副厅级）职务，终止其提拔任用程序，另行安排工作。同时，对仙桃市市长周文霞和市委秘书长郑章均作诫勉谈话处理。[2]

通过这一真实发生的案例，一些官员在处理该事件中的一些做法仍值得我们进行深入分析和总结经验教训。比如，在事件发生后，市长周文霞第一时间到达现场，走上街头与群众进行面对面的沟通，控制事件的进一步恶化。同时，该市还及时召开了新闻通气会，对于公众的疑问及时予以回应，而不是采取简单的传统维护稳定的方式。只要相关领导干部能够放低姿态，改变强硬的态度，坚持积极与群众进行耐心沟通交流，这对于迅速了解公众诉求，查找之前决策过程中的不足，并在尊重民意的情况下最后决定停建该项目都是有积极意义的。当然，该邻避事件发生后，对有关官员进行了行政问责，这既给予办事不力的官员以一定惩戒，及时平息民愤，也对其他官员起到了警示教育作用。但是，其中也有一些问题值得我们进行深刻反思：

1. 行政问责决定有前后失衡之嫌

该事件中被问责的官员主要是处理该事件中的行为失职者，而没有对垃圾焚烧项目前期负责人员进行处理。通过记者采访

---

〔1〕 "湖北仙桃'垃圾焚烧'群体事件舆情分析"，载新浪博客，http://blog. sina. com. cn/s/blog_ 70d686c0102wl52. html，2021 年 11 月 10 日访问。

〔2〕 "湖北仙桃民众抗议垃圾焚烧厂 市委书记处置失当被免职"，载搜狐网，https://m. sohu. com/news/a/111669185_ 171986/，2021 年 11 月 22 日访问。

可知，抗议民众主要是由于仙桃市政府刻意隐瞒垃圾焚烧发电厂建设，从选址到招标和建设已超过两年，除官方在网上的公示外，更多居民无从知情。该垃圾焚烧发电厂在建设施工中也未打标语，其用途附近居民甚至都不知晓。[1]当前，在邻避事件频发的背景下，垃圾焚烧这类重大项目在落地前，应当做足、做细相关前期工作。对于项目环评信息应当充分告知公众，还要与公众进行充分沟通，并对项目周边群众提供项目工作机会、推进福利设施建设、进行合理经济补偿等工作。仙桃市垃圾焚烧邻避事件的发生，就是因为项目前期工作没有做好，这才导致该群众性事件的最终爆发。对于项目前期负责人员没有进行相应问责，这体现出问责处理上的失衡。

2. 对《公职人员政务处分法》等有关问责处分的规定还需进行细化解释

此案例中，对官员问责的主要依据《中国共产党问责条例》及《湖北省行政问责办法》等有关规定。《湖北省行政问责办法》第12条主要规定了问责的方式，第13条规定按照行为性质进行具体裁量。但是，何种行为对应哪种具体问责方式却没有明确标准，这就使行政机关在具体操作中的自由裁量权较大，可能会基于多种因素的考虑，导致对某些官员的问责力度不够。此外，由于我国《公职人员政务处分法》刚刚实施不久，除了该法第39条第2、3项规定[2]与本案有一些关系外，并没有找到其他法律依据对失职失责官员的行为予以处分的规定，而且

---

〔1〕 沙雪良：“湖北仙桃群众反对垃圾焚烧发电项目　市委书记处置不力被免”，载《京华时报》2016年8月24日。

〔2〕 该法于2020年7月1日施行，其第39条规定："有下列行为之一，造成不良后果或者影响的，予以警告、记过或者记大过；情节较重的，予以降级或者撤职；情节严重的，予以开除：……（二）不履行或者不正确履行职责，玩忽职守，贻误工作的；（三）工作中有形式主义、官僚主义行为的；……"

对该法第 2 项"不履行或者不正确履行职责，玩忽职守，贻误工作的"情形，各地也会根据具体情况有不同的理解，这可能也会导致有失公允的情况发生。

3. 个别官员的严重失职行为已明显违法，并缺乏对处置邻避事件的应有责任心

领导是否能在事件发生后的第一时间内赶赴现场，对于群体性事件的处理与控制有着关键性的作用。[1]领导越早到达现场，就能越早了解事件起因、参与的人数、事件的严重程度，并迅速作出反应及时化解危机，避免邻避事件的进一步恶化。然而，仙桃市爆发垃圾焚烧邻避事件后，仙桃市市委书记不仅没有马上赶赴现场处置危机，而是在事件发生 15 个小时后才从家中赶往现场，已经错失了对事件进行处理的最佳良机。该事件中，该市市委书记作为处置该事件的"第一责任人"，事发后没有立即赶往现场，导致相关的应急处置工作存在领导不力问题，其严重失职行为情节较重，理应予以行政撤职处理。如果造成了更严重后果且情节严重的，那也是可以给予开除公职处分的。

4. 一些官员的应急预警和现场处置能力还不高

对于处置此类事件中暴露的官员应急处置能力不高的问题，应在公务员招录时增加对应急处置能力的考查，平时要加强对领导干部应急处置能力的培训，使其在事件发生后能冷静应对。同时，还要加强相关科学预案制定工作，加强平时的实战化演练。加快完善处置此类事件的科学预警机制，重视专家作用，对一些事发前的端倪性信息进行有效捕捉，进而及早对事件发生作出科学预判，采取规范有效的预防性措施。

---

〔1〕 戚建刚：《我国群体性事件应急机制的法律问题研究》，法律出版社 2014 年版，第 179 页。

二、严格规范因处置类似事件不力官员的行政问责工作

1. 条件成熟可制定专门法律，实现官员问责标准上的统一

目前，我国处理垃圾焚烧邻避事件的法律依据主要是《突发事件应对法》和《公职人员政务处分法》。但是，《突发事件应对法》对突发事件的界定是比较宽泛的，其对因垃圾焚烧导致社会安全事件的规制还是有些"力不从心"的，毕竟该类邻避事件的性质是比较特殊的，条件成熟可以学习韩国等国制定类似《促进区域性垃圾处理设施建设法》的法律处理此类邻避冲突，也许会更有针对性一些。特别是不能当下出现了一些比较棘手问题，就仓促推进相关立法工作，而是要根据我国近年来此类邻避冲突多发，各地又普遍应对能力不足、官员问责标准不统一的实际情况，加快制定专门法律提高我国应对此类事件的法律治理能力。

2. 实现项目不同阶段行政问责的协调一致

邻避事件虽然具有突发性，但是事件的爆发往往都是公众对政府的某些行为积怨已久，并不是简单的一时冲动而致。此类事件的发生，大多是因项目在前期选址、规划时没有对信息进行充分披露，周围群众不知情以及相关补偿等没及时到位引起的。因此，对官员进行追责时，不仅要对事发后处理不当的官员进行问责，还应对项目前期严重失职失责人员一并进行问责。因为在前期工作中，若能与公众及时沟通，对公众合理需求采取得力措施，许多矛盾冲突是可以避免的。因此，对于项目前期的负责人进行追责问责具有正当性。此外，还要对责任进行细化，区分直接责任、间接责任、决策责任、执行责任等，不仅要追究正职领导干部责任，对于副职等相关领导干部的失职行为也要一并追究。

3. 对官员平时的绩效考核应纳入问责体系中[1]

在此类事件处置中，有时为了快速平息事件往往将对事件负有主要领导责任人员予以免职，而不论该官员的平时政绩如何。所以，在对官员进行问责时，不能因一次行政处理不当就"一棒子打死"，而是应将该官员平时工作成绩和办事能力考虑在内。对于平时政绩考核情况比较好，为地方发展作出很大贡献的官员应从轻处理，不能让平时兢兢业业仅因一次失误就被撤职的好干部寒心，因为这样做就可能使其他好干部无法放开手脚勤勉地工作。当然，对于平时就庸政懒政又处事不当的官员，则应该依法进行追责问责，以起到对其他官员惩戒与教育并举的作用。

第十二节　依法规范环境NGO发展，发挥其促进垃圾能源类邻避项目落地的社会"减震器"作用

目前，我国环境NGO（非政府组织）普遍存在自治性不高、受政府的控制较多、资金不足等现实问题，这些都影响了其职能发挥。基于NGO在协调政府与公众之间关系的重要作用，应采取有效措施改变其尴尬处境，使其更好发挥促进垃圾能源项目落地的社会"减震器"作用。

一、政府应当转变观念，发挥合规环境NGO的积极作用

一直以来，我国行政权力都是比较强势的，以至于第三方组织作用的发挥受到很多限制。环境NGO具有自愿性、非营利

---

〔1〕　戚建刚：《我国群体性事件应急机制的法律问题研究》，法律出版社2014年版，第230页。

性、公益性的特点，其对调和政府与公众之间的关系具有重要作用。环境 NGO 因其专业性和独立性能够被政府和公众所信赖，能对政府政策进行客观评估和判断，充当桥梁，能用其专业知识把抗争居民从非理性拉回到理性轨道上，从而促进利益相关者之间的协商对话。[1]而且，NGO 内部有不少环境专业人士，对垃圾焚烧项目中的专业知识能进行很好的解读，可避免政府单纯宣教效果不好的问题。同时，其还可就专业问题向政府发问，并对有关问题发表自己的独立看法，使其和政府的对话变得更有效，也便于政府重视并及时采纳相关意见。目前，环境 NGO 不仅在宣传环保知识、增强公众环保意识方面起到了思想启蒙作用，近年来还将环境正义理念延伸到司法诉讼领域，如中华环保联合会提起的环境民事公益诉讼，对于保护环境、遏制企业恶意排污行为都起到了重要作用，有效弥补了政府公共服务上的不足。因此，为更好发挥环境 NGO 的积极作用，政府应积极转变观念，对合规运营的环境 NGO 予以足够重视，必要时积极吸收其参与对公共事务的管理。

这点可学习德国的做法，德国环境 NGO 环境与自然保护联盟的参与力度就非常大，NGO 能够参与环境听证会，提出对政府的质询，还能够参与议案与政策讨论，提出自己的利益诉求。在地方性的市政和州的方面，他们积极参与计划建设项目和实施，考虑替代性的能源和交通政策。[2]因此，我国可有选择性地借鉴国外成熟经验，提高我国环境 NGO 的发言权，特别是在垃圾焚烧项目进行论证和建设过程中，应当听取其合理意见，并允许其就项目相关问题提出自己的参考方案，政府也应当认

---

〔1〕 沈琼璐、杨蓓蕾："上海环境邻避冲突治理探究"，载《中国国情国力》2016 年第 2 期。

〔2〕 崔浩等：《环境保护公众参与研究》，光明日报出版社 2013 年版，第 191 页。

真予以考量，这样就使一些公共项目决策过程中更好地吸纳了民意，促进了项目决策的科学化和民主化。

二、强化环境 NGO 自律意识，依法维护项目周边群众合法权益

我国环保民间组织共分为四种类型：一是由政府发起成立的环保民间组织，如中华环保联合会、中华环保基金会、中国环境文化促进会等组织；二是由民间自发形成的环保民间组织，如自然之友、地球村等；三是学生环保社团及其联合体，包括学校内部的环保社团、多个学校环保社团联合体等；四是国际环保民间组织驻华机构。[1]由政府发起的环保 NGO 与政府的职能活动密切相关，受政府的控制较多，自治性较低。一些由民间自发形成的草根 NGO 相对来说自治性就高一些，政府对于这些草根 NGO 基本采取"三不政策"，即"不承认""不干预""不取缔"。[2]虽然，民间草根 NGO 存在于体制外，但其日常活动免不了与政府打交道，其现实活动也自然受到政府的规制与监督。因此，对于由政府发起的环保组织，在双重管理体制下政府应当放松管理，由"业务主管部门"变为"业务指导部门"，减少直接性干预，不以指令方式领导和干预 NGO 活动，而是以业务指导建议形式与 NGO 进行交流。对于民间草根 NGO，政府可给予方针与政策上的指导，但政府不可进行过多干预，以免有阻碍其依法维护项目周边群众合法权益之嫌。但是，政府放宽对环境 NGO 的限制，并不意味政府放松自身的合规性监管职责，环境 NGO 还是要严格遵守国家宪法法律，依法

---

〔1〕　百度百科，https://baike.baidu.com/item/中国环保民间组织/2586747?fromtitle，2021 年 9 月 22 日访问。

〔2〕　王锡锌主编：《公众参与和中国新公共运动的兴起》，中国法制出版社 2008 年版，第 144 页。

按章程开展相关活动。

三、增加对合规运营环境 NGO 的经费资助

费用问题是困扰我国环保民间组织生存和发展的主要问题之一，我国 76.1% 的环保民间组织没有固定经费来源。[1]当前，我国 NGO 的主要经费来自会员入会费、社会募捐，而这些经费与 NGO 平时开展活动所需要的经费相比是远远不够的，经费不足会限制 NGO 职能发挥，导致其正常运转出现困难。因此，国家可以对一些经费不足又能实现合规运作的环境 NGO 进行一定经费资助，以保障其正常运转。具体来说，政府可以建立专项基金，资金一部分来源于政府财政拨款，也可接受相关社会捐赠，而且还可以通过对污染环境企业的罚款补充基金的不足。专项基金的运转还要制定专门管理体系，对于环境 NGO 开展正常活动应提高基金的支付效率。当然，政府在放宽对环境 NGO 管制措施的同时，环境 NGO 未经批准是不得接受国家组织资助的。在保证环境 NGO 非营利性特征的基础上，可允许其通过提供服务获得相应收入，以便维持其正常运行。

第十三节　善于运用环境司法裁判机制解决此类邻避纠纷，从及时化解邻避冲突角度做好法院信访调解工作

环境权作为一项基本权利，也应通过行使立法权、行政权和司法权予以法律保障，对公民环境权的司法保护也是基本人

---

〔1〕　百度百科，https://baike.baidu.com/item/中国环保民间组织/2586747?fromtitle，2021 年 9 月 22 日访问。

权保障的应有之义。垃圾能源项目对周围群众生活环境具有重要影响，而且有些企业违规排放易造成严重污染，因此理应赋予群众通过司法手段维护自身合法权益的权利。垃圾能源项目易引发邻避型群体性事件，处理不当容易上升为政治性事件，而通过司法途径可以将敏感的政治性事件转化为法律事件，起到"大事化小，小事化了"的效果。因此，在垃圾能源项目过程中应充分畅通司法救济途径，善于运用环境司法裁判手段介入此类邻避项目的诉讼裁判和信访调解工作。

一、加快完善环境公益诉讼有关法律制度

自 2018 年最高人民法院和最高人民检察院《关于检察公益诉讼案件适用法律若干问题的解释》（2020 年修正）规定并实施检察环境公益诉讼以来，环境公益诉讼案件数量有了大幅度提升。从中国裁判文书网公布的数据来看，2017 年环境公益诉讼案件有 35 件，2018 年则有 68 件，而 2019 年则达到了 120 件。[1]赋予检察机关可以提起环境公益诉讼的职能，解决了以往环境公益诉讼因原告不适格或者没有资质提起此类诉讼的问题。环境公益诉讼相比普通诉讼，能解决民事诉讼中因"无损害则无救济"导致许多潜在危害得不到救济的问题。我国环境公益诉讼在保护环境、监督企业排污行为方面发挥了重大作用。垃圾焚烧项目会对公众生活环境产生重要影响，可以通过环境公益诉讼抑制此类企业的非法排污行为。但是，环境公益诉讼还有一些需要完善的地方，如关于诉讼费用的规定。目前，环境公益诉讼费用还没有统一立法规定可实施减免，各地做法也不一，如重庆、贵州的做法是规定原告可以缓交诉讼费，被告

---

〔1〕 中国裁判文书网，wenshu. court. gov. cn/website/wenshu/181217BMTKHN T2 W0/index. html? pageId，2021 年 3 月 22 日访问。

败诉由被告承担诉讼费，原告败诉可以免交诉讼费。可以把这一有效做法进行推广，为环境公益诉讼扫清诉讼费用上的障碍。

二、裁判中加强对具体行政行为的合法性审查

基于行政机关行为的部门性、专业性程度，司法机关往往对于行政行为不加以干预。不仅如此，一般政府对于垃圾项目的各个环节都严格履行了手续，很难找出政府的违法行为。比如，在江桥垃圾焚烧厂项目中，根据《生物质发电项目环境影响评价文件审查的技术要点》的规定，垃圾焚烧厂不能在城市建成区，居民认为江桥垃圾焚烧厂的选址违反了该规定，但是上海环科院认为是"扩建"而非"新建"，认为项目是合法的。[1]针对这种情况，司法机关应加大对此类项目审批程序是否合法的审查，还应对项目实质性内容进行合法审查，不仅要听取政府的意见，更应形成自己独立专业的判断。对于审批文件不合法的地方，司法机关应给出明确意见。对于审批文件是否有"明显不合理"的情况，要结合该垃圾焚烧项目对当地居民环境造成影响的具体情况进行综合判断。

三、加强对垃圾焚烧类信访纠纷的司法调解工作

信访调解是及时化解社会风险的一项有效机制。近年来，涉法案件在信访案件中所占比例越来越多，严重损害了司法机关的权威。对于涉法信访案件，应当充分发挥司法机关作用并分阶段进行。[2]当发生因垃圾焚烧项目引发诉讼时，在立案阶

---

〔1〕 沈琼璐、杨蓓蕾："上海环境邻避冲突治理探究"，载《中国国情国力》2016年第2期。

〔2〕 庄圆："人民法院参与信访治理策略研究"，中国矿业大学2019年硕士学位论文，第26页。

段法院对该类案件应采取"分流"机制，对能调解的尽量进行司法调解，最大限度及时化解相关方之间的利益冲突，这样既能及时解决相关利益冲突，又便于后续执行。在诉讼阶段，法官对涉案法律问题应积极予以释明，减少当事人对法官适用法律公正性的怀疑，从而减少信访发生概率。在诉讼后期，即当法院判决生效后，一些当事人不服判决去法院信访等部门表达诉求的问题，法院应当利用各方力量合力化解矛盾。法院要坚持党委政府领导、法院牵头、社会力量多方参与的调解机制，充分利用人民陪审员密切联系群众的优势，积极邀请陪审员参与矛盾化解。同时，还可以邀请工会、妇联以及当事人的代理人积极参与调解，及时化解社会矛盾。

第十四节　依法规范新老媒体对垃圾焚烧类邻避事件的报道，依法保障其社会监督权

一、应加快将媒体行为纳入法律框架内依法进行保护

在发达国家，媒体一直被视为是立法权、行政权、司法权外的"第四种权力"，其在社会生活中对国家政治、经济生活发挥着重要监督作用。在我国，对于垃圾焚烧类邻避项目的报道也应该是实事求是的，不能违反新闻报道的三大原则，[1]并通过专业的报道服从服务于党、国家正在致力奋斗的事业和社会主义市场经济的发展需要。新闻媒体不仅要充当党和政府的喉结，还应当成为对公权力进行有效监督的载体。为了更好发挥各类媒体的社会监督作用，应依法规范新闻媒体对相关邻避事件的报道尺度，同时注意依法保护新老媒体的社会监督权。

---

〔1〕　即真实性、新鲜性和导向性。

二、新闻媒体应增强守法意识，避免不实报道

新闻媒体触及社会的方方面面，因此其中的利益机制较为复杂。同时，有些媒体由于自己的职业责任感不强，对事件报道失之偏颇，更有甚者为了自己的利益编造事件，比如北京市发生的"纸馅包子"事件，身为媒体从业者的訾某为了挣钱并想出名，自导自演了"纸馅包子"事件，造成了社会恐慌，并受到当时北京市工商局、北京市食品安全办公室的一系列调查、整治，这不仅浪费了社会资源，更是损害了党和政府的形象。[1]因此，新闻媒体应加强自身法律责任意识，提升专业职业素养，特别要保证涉及垃圾焚烧邻避项目的新闻要体现客观性、真实性，严格遵守法律，增强社会责任感，无愧于公众的信任与期待。

三、媒体应增强职业责任感，为弱势群体发声

受垃圾焚烧项目影响最大的是项目周边群众，而民众一般掌握的各类资源较少，无法使自己的意见及时反映到决策中去。通过一些负责任媒体的宣传报道，可以将公众意见直接反馈给社会，引起社会广泛关注进而形成巨大的社会影响力，这样就便于将普通公众意见反馈到决策层。垃圾焚烧项目涉及利益比较广，一些利益集团利用自身多种优势，可将自身利益诉求迅速反映给决策系统，以至于形成决策系统将利益向利益集团倾斜的问题。因此，新闻媒体应当努力为项目涉及的弱势群体和普通公众发声，将公众分散、多样化的意见进行提炼，将其变成有组织、有效的诉求向决策系统及时反馈。

---

〔1〕 陈秀梅：《冲突与治理：群体性事件的治理与利益表达机制的有效性研究》，中国社会科学出版社 2015 年版，第 178 页。

四、依法保障新老媒体的社会监督权

微博、微信、QQ、论坛等即时通讯方式的发展，使信息能在短时间内迅速传播，引起公众热烈讨论，网络以其公开性、及时性成为民众参与垃圾能源项目讨论的有效渠道。在依法促进各类媒介发展的同时，应加强对移动互联网应用程序信息服务的规范管理，促进行业的健康发展。目前，现有的绝大多数APP都要求用户在使用时进行实名认证，一旦出现激烈的此类邻避冲突时，也便于政府职能部门对谣言"制造者""散布者"及时进行后台锁定，直至依法予以严厉的法律制裁。这对于公民言论自由权的合法行使，依法保障新老媒体的社会监督权都具有重要现实意义。

参考文献

一、中英文著作类

1. 王佃利等：《邻避困境：城市治理的挑战与转型》，北京大学出版社 2017 年版。

2. 戚建刚、易军：《群体性事件治理中公众有序参与的行政法制度研究》，华中科技大学出版 2014 年版。

3. 戚建刚：《我国群体性事件应急机制的法律问题研究》，法律出版社 2014 年版。

4. 徐再荣等：《20 世纪美国环保运动与环境政策研究》，中国社会科学出版社 2013 年版。

5. 孟健军：《城镇化过程中的环境政策实践：日本的经验教训》，商务印书馆 2014 年版。

6. 李铮：《环境行政处罚权研究》，中国环境科学出版社 2012 年版。

7. 周丽旋 等：《邻避型环保设施环境友好共建机制研究——以生活垃圾焚烧设施为例》，化学工业出版社 2016 年版。

8. 陈秀梅：《冲突与治理：群体性事件的治理与利益表达机制的有效性研究》，中国社会科学院出版社 2015 年版。

9. 胡象明 等：《大型工程的社会稳定风险管理》，新华出版社 2013 年版。

10. 杭正芳：《邻避设施区位选择与社会影响的理论与实践》，西北大学出版社 2014 年版。

11. 范铁中：《社会转型期群体性事件的预防与处置机制研究》，上海大学出版社 2014 年版。

12. 庞素琳等：《城市生活垃圾处理与社会风险评估研究》，科学出版社 2014 年版。

13. 任景明：《从头越——国家环境保护管理体制顶层设计探索》，中国环境出版社 2013 年版。

14. 崔浩等：《环境保护公众参与研究》，光明日报出版社 2013 年版。

15. 王名扬：《美国行政法》，中国法制出版社 1995 年版。

16. 江国华编著：《中国行政法（总论）》，武汉大学出版社 2012 年版。

17. 舒国滢主编：《法理学导论》（第 2 版），北京大学出版社 2012 年版。

18. 王树义等：《环境法前沿问题研究》，科学出版社 2012 年版。

19. 姜明安主编：《行政法与行政诉讼法》（第 6 版），北京大学出版社、高等教育出版社 2015 年版。

20. 汪劲：《环境法学》（第 3 版），北京大学出版社 2014 年版。

21. 汪劲：《中外环境影响评价制度比较研究》，北京大学出版社 2006 年版。

22. 周珂主编：《环境与资源保护法》，中国人民大学出版社 2010 年版。

23. 王锡锌主编：《行政过程中公众参与的制度实践》，中国法制出版社 2008 年版。

24. 王锡锌主编：《公众参与和中国新公共运动的兴起》，中国法制出版社 2008 年版。

25. 吴卫星：《环境权研究——公法学的视角》，法律出版社 2007 年版。

26. 韩从容：《突发环境事件应对立法研究》，法律出版社 2012 年版。

27. 李瑶：《突发环境事件应急处置法律问题探究》，知识产权出版社 2012 年版。

28. 陈海秋：《转型期中国城市环境治理模式研究》，华龄出版社 2012 年版。

29. 刘伯高：《政府公共舆论管理》，中国传媒大学出版社 2008 年版。

30. 刘爱军：《生态文明与环境立法》，山东人民出版社 2007 年版。

31. 雷润琴：《信息博弈——公民·媒体·政府》，清华大学出版社 2011 年版。

32. 徐耀魁主编：《西方新闻理论评析》，新华出版社 1998 年版。

33. 孙立平：《断裂：20 世纪 90 年代以来的中国社会》，社会科学文献出版社 2007 年版。

34. 丘昌泰、黄锦堂：《解析邻避情节与政治》，翰芦图书出版有限公司 2006 年版。

35. ［美］凯斯·R. 孙斯坦：《风险与理性——安全、法律及环境》，师帅译，中国政法大学出版社 2005 年版。

36. ［美］彼得·S. 温茨：《环境正义论》，朱丹琼、宋玉波译，上海人民出版社 2007 年版。

37. ［美］约翰·罗尔斯：《正义论》，何怀宏等译，中国社会科学出版社 2003 年版。

38. ［日］山本节子：《焚烧垃圾的社会》，姜晋如、程艺译，知识产权出版社 2015 年版。

39. ［英］约翰·基恩：《媒体与民主》，郄继红、刘士军译，社会科学文献出版社 2003 年版。

40. ［印］阿马蒂亚·森：《正义的理念》，王磊、李航译，中国人民大学出版社 2012 年版。

二、中英文刊物类

1. 于建嵘："从刚性稳定到韧性稳定——关于中国社会秩序的一个分析框架"，载《学习与探索》2009 年第 5 期。

2. 张紧跟："邻避冲突何以协商治理：以杭州九峰垃圾焚烧发电项目为例"，载《行政论坛》2018 年第 4 期。

3. 张紧跟："地方政府邻避冲突协商治理创新扩散研究"，载《北京行政学院学报》2019 年第 5 期。

4. 张乐、童星："'邻避'行动的社会生成机制"，载《江苏行政学院学报》2013 年第 1 期。

5. 黄震、张桂蓉："居民对垃圾焚烧发电项目风险感知的影响因素研究——基于 H 省 J 市垃圾焚烧发电项目的实证分析"，载《行政论坛》2019 年第 1 期。

6. 李修棋："为权利而斗争：环境群体性事件的多视角解读"，载《江西社会科学》2013 年第 11 期。

7. 谭爽、胡象明："中国大型工程社会稳定风险治理悖论及其生成机理——

基于对 B 市 A 垃圾焚烧厂反建事件的扎根分析",载《甘肃行政学院学报》2015 年第 6 期。

8. 谭爽:"'冲突转化':超越'中国式邻避'的新路径——基于对典型案例的历时观察",载《中国行政管理》2019 年第 6 期。

9. 李德营:"邻避冲突与中国的环境矛盾——基于对环境矛盾产生根源及城乡差异的分析",载《南京农业大学学报(社会科学版)》2015 年第 1 期。

10. 严燕、刘祖云:"风险社会理论范式下中国'环境冲突'问题及其协同治理",载《南京师大学报(社会科学版)》2014 年第 3 期。

11. 冯仕政:"沉默的大多数:差序格局与环境抗争",载《中国人民大学学报》2007 年第 1 期。

12. 郭小平:"'邻避冲突'中的新媒体、公民记者与环境公民社会的'善治'",载《国际新闻界》2013 年第 5 期。

13. 郭巍青、陈晓运:"垃圾处理政策与公民创议运动",载《中山大学学报(社会科学版)》2011 年第 4 期。

14. 黄岩、文锦:"邻避设施与邻避运动",载《城市问题》2010 年第 12 期。

15. 陈宝胜:"邻比冲突治理若干基本问题:多维视阈的解读",载《学海》2015 年第 2 期。

16. 何艳玲:"'邻避冲突'及其解决:基于一次城市集体抗争的分析",载《公共管理研究》2006 年第 0 期。

17. 华启和:"邻避冲突的环境正义考量",载《中州学刊》2014 年第 10 期。

18. 王彩波、张磊:"试析邻避冲突对政府的挑战——以环境正义为视角的分析",载《社会科学战线》2012 年第 8 期。

19. 童志锋:"动员结构与农村集体行动的生成",载《理论月刊》2012 年第 5 期。

20. 童志锋:"历程与特点:社会转型期下的环境抗争研究",载《甘肃理论学刊》2008 年第 6 期。

21. 黄晗:"网络赋权与公民环境行动——以 PM2.5 公民环境异议为例",

载《学习与探索》2014 年第 4 期。

22. 张向和、彭绪亚："垃圾处理设施的邻避特征及其社会冲突的解决机制"，载《求实》2010 年第 S2 期。

23. 贾明雁："瑞典垃圾管理的政策措施及启示"，载《城市管理与科技》2018 年第 6 期。

24. 朱芒："公众参与的法律定位——以城市环境制度事例为考察的对象"，载《行政法学研究》2019 年第 1 期。

25. 王奎明、于文广、谭新雨："'中国式'邻避运动影响因素探析"，载《江淮论坛》2013 年第 3 期。

26. 李佩菊："1990 年代以来邻避运动研究现状述评"，载《江苏社会科学》2016 年第 1 期。

27. 李雪姣："美国避免邻避冲突的做法和启示"，载《企业导报》2015 年第 18 期。

28. "纽约的垃圾设施选址"，载《现代物业（下旬刊）》2013 年第 10 期。

29. 陈佛保、郝前进："美国处理邻避冲突的做法"，载《城市问题》2013 年第 6 期。

30. 刘晓亮、侯凯悦："志愿和竞争选址：邻避冲突解决机制的西方经验与中国选择"，载《华东理工大学学报（社会科学版）》2017 年第 3 期。

31. 北京市市政市容委赴德国奥地利考察组、王清文："德国、奥地利垃圾焚烧处理考察纪实"，载《城市管理与科技》2010 年第 6 期。

32. 宋雄伟："英国垃圾焚烧厂讲究利益分享"，载《环境教育》2014 年第 8 期。

33. 盛任立："新加坡城市固废处理现状与经验探析"，载《环境保护》2015 年第 7 期。

34. 张芝兰、朱陵富、潘阿虎："赴韩国、新加坡垃圾焚烧厂的考察报告"，载《环境卫生工程》1997 年第 2 期。

35. 郑旭涛："改革开放以来我国邻避问题的演变趋势及其影响因素——基于 365 起邻避冲突的分析"，载《天津行政学院学报》2019 年第 5 期。

36. 廖秀健："'对抗式'重大决策社会稳定风险评估模式构建"，载《中国行政管理》2018 年第 1 期。

37. 刘芯同、马光焱："政府治理邻避冲突中决策优化研究"，载《当代经济》2018年第16期。

38. 马奔、王昕程、卢慧梅："当代中国邻避冲突治理的策略选择——基于对几起典型邻避冲突案例的分析"，载《山东大学学报（哲学社会科学版）》2014年第3期。

39. 应雁："生活垃圾分类的地方立法研究——基于12城市立法的比较"，载《中共宁波市委党校学报》2019年第4期。

40. 王语懿、李盼文："将中国新加坡'无废城市'合作打造成绿色'一带一路'合作典范　零废物，新加坡是怎么做到的?"，载《中国生态文明》2018年第4期。

41. 张瑞久、逄辰生、陈浩："荷兰城市固体废物的管理与综合处理"，载《节能与环保》2010年第3期。

42. 宋言平、王建清："荷兰垃圾管理理念变革及借鉴经验"，载《城市管理与科技》2008年第6期。

43. 原佳楠："邻避冲突的良善治理——基于公共治理理论框架"，载《贵阳市委党校学报》2017年第2期。

44. 周是今："瑞典为何没有'垃圾围城'"，载《金融博览》2010年第3期。

45. 米飞飞："瑞典人从垃圾中掘'金'"，载《中外企业文化》2016年第10期。

46. 杨君、高雨禾、秦虎："瑞典生活垃圾管理经验及启示"，载《世界环境》2019年第3期。

47. 吴世钧："以市场化机制创新垃圾分类回收模式——以'虎哥回收'为例"，载《浙江经济》2018年第19期。

48. 高新宇："'中国式'邻避运动：一项文献研究"，载《南京工业大学学报（社会科学版）》2015年第4期。

49. 樊良树："'中国式邻避行动'的特征、困境及展望"，载《中国国情国力》2016年第5期。

50. 程伟、鞠阿莲："日本生活垃圾焚烧处理现状及启示"，载《环境卫生工程》2019年第6期。

51. 李杨："广州市生活垃圾焚烧处理经验启示"，载《辽宁行政学院学报》2020 年第 1 期。

52. 马珊珊、赵心田、吴瑶明："邻避项目社会稳定风险的评估与防范"，载《中国工程咨询》2015 年第 7 期。

53. 黄锡生："生活垃圾强制分类的制度困境及其破解"，载《人民法治》2019 年第 14 期。

54. 康伟、杜蕾："邻避冲突中的利益相关者演化博弈分析——以污染类邻避设施为例"，载《运筹与管理》2018 年第 3 期。

55. 张勇杰："邻避冲突中环保 NGO 参与作用的效果及其限度——基于国内十个典型案例的考察"，载《中国行政管理》2018 年第 1 期。

56. 王佃利、王铮："城市治理中邻避问题的公共价值失灵"，载《社会科学文摘》2018 年第 8 期。

57. 葛晓龙、刘姣："中国的邻避困境及其治理路径研究"，载《经贸实践》2018 年第 12 期。

58. 杨磊、陈璐等："空间正义视角下的邻避冲突与邻避设施供给要件探析——以武汉某临终关怀医院抗争事件为例"，载《华中科技大学学报（社会科学版）》2018 年第 1 期。

59. 邵任薇："化解邻避效应的补偿机制研究——杭州市天子岭静脉小镇的启示"，载《上海城市管理》2018 年第 6 期。

60. 李巍："协商民主视阈下邻避冲突的行政法规制"，载《西部法学评论》2017 年第 3 期。

61. 张瑾："邻避冲突的国家治理"，载《江苏行政学院学报》2017 年第 2 期。

62. 王惠、于家富："横加公司诉美国政府案对我国应对环境邻避冲突的法律启示"，载《环境保护》2017 年第 6 期。

63. 任峰、张婧飞："邻避型环境群体性事件的成因及其治理"，载《河北法学》2017 年第 8 期。

64. 陈昌荣、周林意："环境群体性事件中邻避事件：研究述评及展望"，载《常州大学学报（社会科学版）》2017 年第 4 期。

65. 张文龙："中国式邻避困局的解决之道：基于法律供给侧视角"，载

《法律科学（西北政法大学学报）》2017 年第 2 期。

66. 刘久："由涉核项目引发的邻避现象的法律研究"，载《法学杂志》
    2017 年第 6 期。

67. 王佃利等："从'邻避管控'到'邻避治理'：中国邻避问题治理路径
    转型"，载《中国行政管理》2017 年第 5 期。

68. 鄢德奎、陈德敏："邻避运动的生成原因及治理范式重构——基于重庆
    市邻避运动的实证分析"，载《城市问题》2016 年第 2 期。

69. 沈琼璐、杨蓓蕾："上海环境邻避冲突治理探究"，载《中国国情国力》
    2016 年第 2 期。

70. 陈越峰："城市空间利益的正当分配——从规划行政许可侵犯相邻权益
    案切入"，载《法学研究》2015 年第 1 期。

71. 刘海龙："环境正义视域中的邻避及其治理之道"，载《广西师范大学
    学报（哲学社会科学版）》2015 年第 6 期。

72. 刘泽照、朱正威："掣肘与矫正：中国社会稳定风险评估制度十年发展
    省思"，载《政治学研究》2015 年第 4 期。

73. 夏志强、罗书川："我国'邻避冲突'研究（2007-2014）评析"，载
    《探索》2015 年第 3 期。

74. 韩宏伟："超越塔西佗陷阱：政府公信力的困境与救赎"，载《湖北社
    会科学》2015 年第 7 期。

75. 谭成华、郝宏桂："邻避运动中我国环保民间组织与政府的互动"，载
    《人民论坛（中旬刊）》2014 年第 4 期。

76. 崔晶："中国城市化进程中的邻避抗争：公民在区域治理中的集体行动
    与社会学习"，载《经济社会体制比较》2013 年第 3 期。

77. 尹素琴："邻避冲突的地方政府决策诱因探析"，载《新疆财经大学学
    报》2014 年第 3 期。

78. 侯璐璐、刘云刚："公共设施选址的邻避效应及其公众参与模式研
    究——以广州市番禺区垃圾焚烧厂选址事件为例"，载《城市规划学刊》
    2014 年第 5 期。

79. 杜健勋："邻避运动中的法权配置与风险治理研究"，载《法制与社会
    发展》2014 年第 4 期。

80. 杨立华、张腾："非政府组织在环境危机治理中的作用、类型及机制——一个多案例的比较研究"，载《复旦公共行政评论》2014 年第 1 期。

81. 董幼鸿："重大事项社会稳定风险评估制度的实践与完善"，载《中国行政管理》2011 年第 12 期。

82. 董幼鸿："邻避冲突理论及其对邻避型群体性事件治理的启示"，载《上海行政学院学报》2013 年第 2 期。

83. 娄胜华、姜姗姗："'邻避运动'在澳门的兴起及其治理——以美沙酮服务站选址争议为个案"，载《中国行政管理》2012 年第 4 期。

84. 汤汇浩："邻避效应：公益性项目的补偿机制与公民参与"，载《中国行政管理学术论坛》2011 年第 7 期。

85. 陶鹏、童星："邻避型群体性事件及其治理"，载《南京社会科学》2010 年第 8 期。

86. 管在高："邻避型群体性事件产生的原因及预防对策"，载《管理学刊》2010 年第 6 期。

87. 王郅强："从零和博弈到正和博弈——转型期群体事件治理的理念变革"，载《吉林大学社会科学学报》2010 年第 6 期。

88. 石发勇："关系网络与当代中国基层社会运动：一个街区环保运动个案为例"，载《学海》2005 年第 3 期。

89. 郜慧颖："垃圾焚烧发电厂为何'吃不饱'"，载《瞭望》2019 年第 46 期。

90. 纪硕鸣：港媒："中国垃圾焚烧之争揭露背后利益链博弈"，载《当代社科视野》2014 年第 6 期。

91. 贾峰："打开'邻避'之门，我们需要什么钥匙？"，载《世界环境》2018 年第 6 期。

92. 肖盼盼："瑞典生活垃圾减量化措施及对我国的启示"，载《再生资源与循环经济》2018 年第 3 期。

93. 路向军："我国生活垃圾强制分类：经验与趋势"，载《2019 中国环境科学学会科学技术年会论文集》（第 2 卷）。

94. 马玉生："打好新形势下维稳主动仗——深入学习习近平同志关于维护

社会大局稳定的重要论述",载《人民日报》2017年1月13日。

95. 梁文悦、曹菲:"广东廉江破解生活垃圾焚烧发电厂落地难题",载《南方日报》2014年10月24日。

96. 沙雪良:"湖北仙桃群众反对垃圾焚烧发电项目 市委书记处置不力被免",载《京华时报》2016年8月24日。

97. 卢轶、周鹏程、温柔:"'花园城市'新加坡的垃圾是这样烧掉的",载《南方日报》2014年7月16日。

98. Slovic, P. Perception Risk, "Trust, and Democracy: A System of Perception", *Risk Analysis*, 1993, (13).

99. Michael J. Walker, Worth the Effort? NIMBY Public Comments offer Little Value Added, Public adminstration review.

三、网络文献类

1. 李克强:"烦苛管制必然导致停滞与贫困,简约治理则带来繁荣与富裕",载中国政府网, http://www.gov.cn/premier/2016-05/09/content_5071646.html.

2. 张井涛:"行业研报 | 垃圾焚烧发电行业仍处于上升期",载北极星固废网, https://huanbao.bjx.com.cn/news/20190604/984176.shtml.

3. 李惠钰:"给垃圾焚烧发电戴上'紧箍咒',垃圾发电能否获得民心",载北极星电力新闻网, https://news.bjx.com.cn/html/20190429/977823.shtml.

4. 筱阳:"垃圾分类变革前夜:纳入法治轨道 多领域直线拉升",载环保在线, https://www.hbzhan.com/news/detail/129952.html.

5. 张舟:"如何破解垃圾分类'关键小事'之难",载四川日报数字版, https://epaper.scdaily.cn/shtml/scrb/20191224/228881.shtml, 2021年5月19日访问。

6. 徐海云等:"专家出马揭开垃圾焚烧发电神秘面纱",载清洁网, http://www.eqingjie.com/nes/2095.html.

7. 符遥:"北京将建10座垃圾焚烧发电厂 曾因选址问题遭市民反对",载北辰网, https://www.sohu.com/a/22470481_115428.

8. 文静:"北京六里屯垃圾焚烧厂被否决 居民曾强力反建",载腾讯新闻, https://news.qq.com/a/20110209/000031.htm.

9. 陈菊丽："贵州政协委员就乌当高雁垃圾填埋场递交提案建议"，载中国网，http://cppcc. china. com. cn/2016-02/04/content_ 37734716. htm.

10. 赵紫原："经历30年发展，垃圾发电产业依然举步维艰"，载中国能源报，https://baijiahao. baidu. com/s? id = 1632666333303425323&wfr = spider&for=pc.

11. 陈济朋："新加坡疏解'邻避效应'之鉴"，载新华网，http://www. xin-huanet. com/mrdx/2016-08/10/c_ 135581007. htm.

12. "世界银行报告：不采取紧急措施2050年全球垃圾量将增长70%"，载国际环保在线网，http://www. huanbao_ world. com/a/zixun/2018/0921/44460. html.

13. "借鉴海外国家如何走出垃圾焚烧的'邻避困境'？"，载环保网，https://ecep. ofweek. com/2014-05/ART-93011-8470-28827832. html.

14. 俞飞："垃圾围城，如何走出'邻避困境'？"，载新浪财经，http://fi-nance. sina. com. cn/roll/20140517/014919137541. shtml.

15. "生态环境部：中国垃圾焚烧厂排放标准与国际接轨"，载中国新闻网，https://baijiahao. baidu. com/s? id=1634849438401656291&wfr=spider& for=pc.

16. "垃圾焚烧发电海外经验：在曲折中发展"，载北极星电力新闻网，ht-tps://news. bjx. com. cn/html/20131107/470820. shtml.

17. "湖北仙桃'垃圾焚烧'群体事件舆情分析"，载新浪微博，http://blog. sina. com. cn/s/blog_ 70d686c20102wl52. html.

18. "湖北仙桃民众抗议垃圾焚烧厂 市委书记处置失当被免职"，载搜狐网，https://m. sohu. com/news/a/111669185_ 171986/.

19. 生态环境部环境与经济政策研究中心："怎样防范邻避类项目环境社会风险？这6招要用好！"，载中国环境报，http://www. huanweitoutiao. com/qiye/76397. html.

20. "垃圾焚城——一份来自上海松江区垃圾焚烧争议的调查报道"，载新浪博客，http://blog. sina. com. cn/s/blog_ 683c74c901016npo. html.

21. "荷兰垃圾焚烧处理'透明化'政府放心百姓满意"，载中国环保在线，http://www. conchventure. com/View. cshtml? viewId=1485.

四、学位论文类

1. 原珂："中国特大城市社区冲突与治理研究"，南开大学 2016 年博士学位论文。

2. 尹怀香："城市生活垃圾分类回收法律制度研究"，中国海洋大学 2015 年硕士学位论文。

3. 张超："城市居民生活垃圾分类回收法律制度研究"，山西财经大学 2017 年硕士学位论文。

4. 王喆："突发环境事件中行政应急权的法律规制研究"，兰州大学 2019 年硕士学位论文。

5. 马晓雪："社会稳定风险评估的法治化研究"，天津师范大学 2018 年硕士学位论文。

6. 庄圆："人民法院参与信访治理策略研究"，中国矿业大学 2019 年硕士学位论文。

7. 黄孝义："垃圾处理场选址制度研究——以克服邻避情结和选址歧视为目标"，华东师范大学 2015 年硕士学位论文。

8. 王秀云："环境法公众参与制度研究——从近年来涉环境群体性事件分析入手"，复旦大学 2014 年硕士学位论文。

9. 王晓："公众参与化解环境邻避冲突的法律问题研究"，山东大学 2018 年硕士学位论文。

10. 张杰："我国能源法的立法研究"，东北林业大学 2019 年硕士学位论文。

11. 马鸿庆："城市固体废物管理法律问题研究"，中央民族大学 2011 年硕士学位论文。

12. 刘群："垃圾治理的税费政策研究"，东北财经大学 2013 年硕士学位论文。

13. 胡陶："公民参与视角下邻避冲突的解决机制研究"，贵州大学 2017 年硕士学位论文。

14. 黄胜波："多中心治理视角下的邻避冲突治理研究"，湖南大学 2015 年硕士学位论文。

15. 杨锐："环境法视域下我国邻避冲突治理机制研究"，山东师范大学

2018 年硕士学位论文。

16. 范婧楠："我国城市生活垃圾分类管理的法律制度研究",甘肃政法学院 2018 年硕士学位论文。

17. 罗睿："地方政府邻避冲突的治理困境及对策探究",湖南大学 2018 年硕士学位论文。

18. 黄馨瑶："破解邻避困境的法律机制研究",广东外语外贸大学 2017 年硕士学位论文。

附 录

住房和城乡建设部等部门关于进一步加强城市生活垃圾焚烧处理工作的意见

（建城［2016］227号）

各省、自治区住房城乡建设厅、发展改革委（经信委）、国土资源厅、环境保护厅，直辖市城市管理委（市容园林委、绿化市容局、市政委）、发展改革委、规划国土委（规划局、国土房管局）、环境保护局：

为切实加强城市生活垃圾焚烧处理设施的规划建设管理工作，提高生活垃圾处理水平，改善城市人居环境，现提出以下意见：

一、深刻认识城市生活垃圾焚烧处理工作的重要意义

近年来，我国城市生活垃圾处理设施建设明显加快，处理能力和水平不断提高，城市环境卫生有了较大改善。但随着城镇化快速发展，设施处理能力总体不足，普遍存在超负荷运行现象，仍有部分生活垃圾未得到有效处理。生活垃圾焚烧处理技术具有占地较省、减量效果明显、余热可以利用等特点，在发达国家和地区得到广泛应用，在我国也有近30年应用历史。目前，垃圾焚烧处理技术装备日趋成熟，产业链条、骨干企业

和建设运行管理模式逐步形成，已成为城市生活垃圾处理的重要方式。各地要充分认识垃圾焚烧处理工作的紧迫性、重要性和复杂性，提前谋划，科学评估，规划先行，加快建设，尽快补上城市生活垃圾处理短板。

二、明确"十三五"工作目标

贯彻落实创新、协调、绿色、开放、共享的发展理念，按照中央城市工作会议和《中共中央国务院关于进一步加强城市规划建设管理工作的若干意见》要求，将垃圾焚烧处理设施建设作为维护公共安全、推进生态文明建设、提高政府治理能力和加强城市规划建设管理工作的重点。到 2017 年底，建立符合我国国情的生活垃圾清洁焚烧标准和评价体系。到 2020 年底，全国设市城市垃圾焚烧处理能力占总处理能力 50% 以上，全部达到清洁焚烧标准。

三、提前谋划，加强焚烧设施选址管理

（一）加强规划引导。牢固树立规划先行理念，遵循城乡发展客观规律，综合考虑经济发展、城乡建设、土地利用以及生态环境影响和公众诉求，科学编制生活垃圾处理设施规划，统筹安排生活垃圾处理设施的布局和用地，并纳入城市总体规划和近期建设规划，做好与土地利用总体规划、生态环境保护规划的衔接，公开相关信息。项目用地纳入城市黄线保护范围，规划用途有明显标示。强化规划刚性，维护政府公信力，严禁擅自占用或者随意改变用途，严格控制设施周边的开发建设活动。根据焚烧厂服务区域现状和预测的垃圾产生量，适度超前确定设施处理规模，推进区域性垃圾焚烧飞灰配套处置工程建设。选择以垃圾焚烧发电作为主要处理方案的地区，要提出垃圾处理的其他备用方案。

（二）统筹解决选址问题。焚烧设施选址应符合相关政策和标准的要求，并重点考虑对周边居民影响、配套设施情况、垃圾运输条件及灰渣处理的便利性等因素。优先安排垃圾焚烧处理设施用地计划指标，地方国土资源管理部门可根据当地实际单列，并合理安排必要的配套项目建设用地，确保项目落地。加强区域统筹，实现焚烧设施共享。鼓励利用现有垃圾处理设施用地改建或扩建焚烧设施。

（三）扩大设施控制范围。可将焚烧设施控制区域分为核心区、防护区和缓冲区。核心区的建设内容为焚烧项目的主体工程、配套工程、生产管理与生活服务设施，占地面积按照《生活垃圾焚烧处理工程项目建设标准》要求核定。防护区为园林绿化等建设内容，占地面积按核心区周边不小于300米考虑。

四、建设高标准清洁焚烧项目

（一）选择先进适用技术。遵循安全、可靠、经济、环保原则，以垃圾焚烧锅炉、垃圾抓斗起重机、汽轮发电机组、自动控制系统、主变压器为主设备，综合评价焚烧技术装备对自然条件和垃圾特性的适应性、长期运行可靠性、能源利用效率和资源消耗水平、污染物排放水平。应根据环境容量，充分考虑基本工艺达标性、设备可靠性以及运行管理经验等因素，优化污染治理技术的选择，污染物排放应满足国家、地方相关标准及环评批复要求。

（二）推进产业园区建设。积极开展静脉产业园区、循环经济产业园区、静脉特色小镇等建设，统筹生活垃圾、建筑垃圾、餐厨垃圾等不同类型垃圾处理，形成一体化项目群，降低选址难度和建设投入。优化配置焚烧、填埋、生物处理等不同种类处理工艺，整合渗滤液等污染物处理环节，实现各种垃圾在园区内有效治理，提高能源综合利用效率。

（三）严控工程建设质量。生活垃圾焚烧项目建设应满足

《生活垃圾焚烧处理工程技术规范》等相关标准规范以及地方标准的要求，落实建设单位主体责任，完善各项管理制度、技术措施及工作程序。项目建设各方要正确处理质量与进度、成本之间的关系，合理控制项目成本和建设周期，实现专业化管理，文明施工。严禁通过降低工程和采购设备质量、缩短工期、以次充好、偷工减料等恶意降低建设成本。

（四）合理确定补贴费用。分析项目投资与运行费用，应明确处理规模、建设期、建设水平、工艺设备配置、垃圾热值、分期建设、运营期限、余热利用方式等边界条件，充分考虑烟气、渗滤液和灰渣的处理要求。垃圾处理补贴评价内容包括工程分析、垃圾处理补贴费用分析、其他成本节约与合法收益分析三部分。工程分析要根据工程技术要求，对主设备质量成本、建设水平、运行数据等进行客观评价。垃圾处理补贴费用分析按《建设项目经济评价方法与参数》进行，其中基准收益率可参照行业平均水平分析计取，以进厂垃圾量计算，吨垃圾售电超过280千瓦时的部分按当地标杆电价计算。其他成本节约与合法收益分析应考虑建设期和成本变化等因素影响。

（五）加强飞灰污染防治。在生活垃圾设施规划建设运行过程中，应当充分考虑飞灰处置出路。鼓励跨区域合作，统筹生活垃圾焚烧与飞灰处置设施建设，并开展飞灰资源化利用技术的研发与应用。严格按照危险废物管理制度要求，加强对飞灰产生、利用和处置的执法监管。

五、深入细致做好相关工作

（一）深入调研摸清底数。在垃圾焚烧项目前期，要在项目属地入社区、入村广泛开展调研，与村社干部、群众代表等深入交流座谈，认真倾听群众意见，系统分析各方诉求。对疑虑和误解，应耐心做好沟通解释工作，要充分考虑其合理诉求，积极研究解决措施；对采取不当方式表达不合理要求的，应依法依规坚决予以制止。

（二）周密组织发挥合力。在项目建设过程中，各部门要加强协同配合。项目主管部门做好统筹安排，城市规划、发展改革、国土资源、环境保护等部门各负其责，与项目属地政府统一思想，切实形成合力，市场主体做好相关配合保障。根据建设任务和时间要求，将基本建设程序和开展群众工作紧密结合。要抓好工作细节，注重方式方法的针对性，注重群众工作实效。对推进生活垃圾处理工作不力，影响社会发展和稳定的，要追究有关责任。

（三）广泛发动赢得支持。要围绕群众关注的问题深入开展解疑释惑工作，将考察焚烧厂的所见所闻、焚烧技术装备、污染控制等内容制作成视频宣传片和画册，连续播放、广泛宣传，打消顾虑，争取群众对项目建设的信任和理解。充分发挥学校作用，组织师生学习有关垃圾焚烧处理知识、焚烧厂项目建设有关做法等，建立广泛牢固的群众基础。

六、集中整治，提高设施运行水平

（一）集中开展整治工作。结合生活垃圾处理设施的考核评价工作，对现有垃圾焚烧厂的技术工艺、设施设备、运行管理等集中开展专项整治。焚烧炉必须设置烟气净化系统并安装烟气在线监测装置。对未按照《生活垃圾焚烧污染控制标准》要求开展在线监测和焚烧炉运行工况在线监测的焚烧厂，应及时整改到位，并通过企业网站、在厂区周边显著位置设置显示屏等方式对外公开在线监测数据，接受公众监督。对于不能连续稳定达标排放的设施，要及时停产整顿，认真分析存在的问题和原因，采取针对性措施予以解决。对于生产使用中的问题，要按照《生活垃圾焚烧厂运行维护与安全技术规程》要求，严格控制燃烧室内焚烧烟气的温度、停留时间与气流扰动工况，设置活性炭粉等吸附剂喷入装置，有效去除烟气中的污染物。对于设备老化和工艺落后问题，要尽快组织实施改造，保证设施达标排放。对整治后仍不能达标排放的设施，依法进行关停处理。对故意编造、篡改排放数据的违法企业，依法加大处罚力度。

（二）实施精细化运行管理。加强对垃圾焚烧过程中烟气污染物、恶臭、飞灰、渗滤液的产生和排放情况监管，控制二次污染。落实运行管理责任制度和应急管理预案，明确突发状况上报和处理程序，有效应对各种突发事件。建立清洁焚烧评价指标体系，加强设备寿命期管理，推行完好率、合格率与投入率等指标管理，推进节能减排与能源效率管理，达到适宜的水利用率、厂用电率、物料消耗量和能源效率，有效实现碳减排。

（三）构建"邻利型"服务设施。在落实环境防护距离基础上，面向周边居民设立共享区域，因地制宜配套绿化、体育和休闲设施，实施优惠供水、供热、供电服务，安排群众就近就业，将短期补偿转化为长期可持续行为，努力让垃圾焚烧设施与居民、社区形成利益共同体。变"邻避效应"为"邻利效益"，实现共享发展。

七、创新方式，全面加强监管

（一）严格招投标管理。加强市场准入管理，严格设定投资建设运行处理企业的技术、人员、业绩等条件。培育公平竞争的市场环境，鼓励推广政府和社会资本合作（PPP）模式。完善市场退出机制，加快信用体系建设，建立失信惩戒和黑名单制度，鼓励和引导专业化规模化企业规范建设和诚信运行。对于中标价格明显低于预期的企业要给予重点关注，加大监管频次。对于中标企业恶意违约或不能履约的情况，依照特许经营合同或相关法律法规，给予严厉的经济惩罚或行政处罚，必要时终止特许经营合同。

（二）加强监管能力建设。建立全过程、多层级风险防范体系，杜绝违法排放和造假行为。焚烧厂运行主体要向社会定期公布运行基本情况，公示污染物排放数据，接受公众监督。通过驻场监管、公众监督、经济杠杆等手段进行监管，采用信息化、互联网+、开发 APP 等方式实现全过程监管。加强全国城镇生活垃圾处理管理信息系统上报工作，所有规划、在建和运行的焚烧项目情况必须将相关信息录入系统并及时更新。强化设施运行监管，按照《生活垃圾焚烧厂运行监管标准》和《生活垃圾焚烧厂评价标准》要求，完善生活垃圾处理设施考核评价工作。

（三）推进实现共同治理。在设施规划建设管理过程中，要落实各有关部门、社会单位和公众以及相关机构的责任，共同开展相关工作。社会单位和公众是产生垃圾的责任主体，要树立节约观念，减少垃圾产生，依法依规参与焚烧厂规划建设运行监督。要积极开展第三方专业机构监管，提高监管的科学水平。依托 AAA 级垃圾焚烧厂等标杆设施，在保证正常安全运行基础上，完善公众参观通道，开展宣传教育基地建设，向社会公众开放，定期组织中小学生参观学习，形成有效的交流、宣传和咨询平台。充分发挥新闻媒体作用，引导全社会客观认识生活垃圾处理问题，凝聚共识，营造良好舆论氛围。

住房和城乡建设部

国家发展和改革委员会

国土资源部

环境保护部

2016 年 10 月 22 日

广东省人民代表大会常务委员会关于居民生活垃圾集中处理设施选址工作的决定

（2016 年 12 月 1 日广东省第十二届人民代表大会常务委员会第二十九次会议通过）

为推进本省居民生活垃圾集中处理设施选址工作，推动居民生活垃圾集中处理设施建设，提高居民生活垃圾集中处理能力，改善城乡人居环境，提升生态文明建设水平，根据有关法律法规，结合本省实际，作出如下决定：

一、居民生活垃圾集中处理设施是社会公共服务和环境保护的重要基础设施，是满足社会公共利益需要的公益性项目。居民生活垃圾集中处理是关系民生的基础性公益事业，是政府必须而且应当及时提供的公共服务。推进居民生活垃圾集中处理设施选址等相关工作是全社会的共同责任，应当全民参与。

居民生活垃圾集中处理设施的选址等相关工作应当坚持科学选址、集中建设、长期补偿、各方受益的原则。

本决定所称居民生活垃圾集中处理设施是指采用焚烧、卫生填埋、综合处理等工艺技术，以减量化、资源化和无害化为目标，将居民生活垃圾集中进行处理的规模化终端设施。

二、省人民政府应当加强对本省居民生活垃圾集中处理设施选址工作的统筹、指导和监督。

地级以上市、县级人民政府是居民生活垃圾集中处理设施选址工作的责任主体，应当建立选址工作责任制，健全综合联动机制，统筹、协调、监督本行政区域内居民生活垃圾集中处理设施选址工作。乡镇人民政府、街道办事处应当在职责范围内做好相关工作。

村民委员会、居民委员会应当协助做好居民生活垃圾集中处理设施选址工作。

三、居民生活垃圾集中处理设施选址应当坚持规划先行、区域统筹、联建共享、环境保护，加强规划引导，做好与土地利用总体规划、城乡规划、环境保护规划的衔接。

四、县级以上人民政府批准的本行政区域城乡生活垃圾处理专项规划应当确定居民生活垃圾集中处理设施的布局、处理规模和处理方式。城乡生活垃圾处理专项规划应当依法进行环境影响评价。

地级以上市、县级人民政府城乡规划部门应当将城乡生活垃圾处理设施专项规划中确定的居民生活垃圾集中处理设施用地，纳入控制性详细规划和城市黄线保护范围，并依法向社会公布。严禁擅自占用设施用地或者随意改变用途。

五、居民生活垃圾集中处理设施服务多个区域的，选址时可以由所服务的区域分别确定一个备选选址方案，然后进行备选选址方案比选。

确定备选选址方案和备选选址方案比选应当科学、公开、公平、公正，通过论证会、听证会、公开征求意见等多种方式，充分听取周边居民、专家以及社会有关方面的意见。

六、鼓励利用既有生活垃圾处理设施用地建设垃圾焚烧处理设施。

鼓励采取产业园区选址建设模式，统筹生活垃圾、建筑垃圾、餐厨垃圾等不同类型垃圾处理，优化配置焚烧、填埋、生物处理等不同种类处理工艺，形成一体化项目群，避免垃圾处理设施重复选址和分散选址。

七、地级以上市、县级人民政府应当建立健全居民生活垃圾集中处理设施异地长期生态补偿的长效机制，科学合理设置补偿方式、补偿标准和补偿期限，使补偿成为长期可持续行为。

居民生活垃圾集中处理设施服务多个区域的，以居民生活垃圾集中处理设施所在村（居）为接受补偿区域，以居民生活垃圾输出区域为提供补偿区域。

生态补偿费主要用于生活垃圾集中处理设施周边环境改善、公共服务设施和基础设施建设和维护、集体经济发展扶持、村（居）民回馈等。

居民生活垃圾集中处理设施所在地人民政府和设施运营单位应当加强对周边村（居）的扶持和回馈，因地制宜设立共享区域，配套绿化、体育和休闲设施，实施优惠供水、供电、供热等服务，安排村（居）民就近就业，实现共享发展。

八、居民生活垃圾集中处理设施应当依照相关建设、技术和环保标准设计、建设和运营，配备完善的污染控制及监控设备。

居民生活垃圾集中处理设施所在地人民政府和设施建设、运营单位应当健全生活垃圾处理设施建设、运营和排放监管制度，确保达到无害化处理的要求，并按规定向社会公开相关信息。

（以下省略）

韩国促进区域性垃圾处理设施建设法[1]

第一章　总则

第1条（目的）

本法旨在促进垃圾处理设施的选址和建设，从而保护环境，提高国民生活质量，改善处理设施周边居民的福祉。

（本条于2007年12月27日根据第8810号法案全部修订）

第2条（定义）

本法案中术语定义如下：

垃圾处理设施，参照《垃圾管理法案》第2条定义；

垃圾处理设施建设机构负责人，是指以下几条中包含人员：环境部长，或拟建设及管理垃圾处理设施的地方政府负责人（包括根据《地方管理法案》第159条规定成立的地方政府各部门协会，下同），垃圾处理设施包括：填埋区大于15万平方米，且日处理能力不低300吨的垃圾填埋设施；日处理能力不低于50吨的垃圾焚烧设施；

鉴于对邻近地区环境的影响，由环境部认定并公布的（仅指由环境部建设的），或者由地方政府在其《城市条例》中认定的（仅指由环境部建设的）其他垃圾处理设施。

依据《Sudokwon垃圾填埋场公司建立和管理章程》，拟建设和管理上条子项 i、ii 中规定的垃圾处理设施的 Sudokwon 垃圾填埋场管理公司总裁。

（本条于2007年12月27日根据第8810号法案全部修订）

---

[1]　本法于1997年由韩国立法研究所制定。该法附则部分内容主要是关于该法案的生效日期和修订日期，以及对一些专用系统原理的解释和说明。

第 3 条（与国家土地规划的协调）

根据《总统令》，如果特别都市市长、都市市长、省长、特别自治省省长、县/郡长根据《国土框架法案》，制定本省（道）或本市/郡的总实施规划，应包含其辖区内垃圾管理和处理设施建设的专项规划。

（本条于 2007 年 12 月 27 日根据第 8810 号法案全部修订）

第 4 条（基本城市规划的响应）

如果特别都市市长、都市市长、省长、特别自治省省长、县/郡长根据《国土规划与利用法案》第 18 条，制定本省（道）或本市/郡的基本城市规划，应包含本法案第 3 条所规定的总实施规划、《地区平衡发展和支持地方中小企业法案》第 5 条规定的大区发展规划、《垃圾管理法案》第 9 条规定的包含垃圾处理设施建设的垃圾排放基本规划，并且上述各项规划应协调地纳入基本城市规划中。

（本条于 2007 年 12 月 27 日根据第 8810 号法案全部修订）

第 5 条（工业园区等项目配套垃圾处理设施的建设和运营）

（1）拟开发或扩建一个工园区、工厂、旅游度假区或旅游设施时（旅游设施的定义参照《促进旅游法案》，下同），按照总统令，应直接或委托他人建设和运行垃圾处理设施，以处理项目区内产生的废弃物；

工业园区或工厂排放垃圾总量超过总统令规定的；

工业园区或工厂规模超过总统令规定的；

旅游场所或旅游设施的规模超过总统令规定的。

（2）第（1）节中的项目，由于不可避免的情况，需要将垃圾处理设施建设在项目区外的，应依据总统令提交建设方案并由环境部审批。已审批事项需要修改时，应重新经环境部审批。

（本条于 2007 年 12 月 27 日根据第 8810 号法案全部修订）

第 6 条（住宅开发项目配套垃圾处理设施的建设和运营）

（1）拟开发公寓或住宅项目规模超过总统令规定，应根据总统令相关要求建造垃圾处理设施；或向所属的特别自治省/市/郡/县支付相同数额的垃圾处理设施建设费用。

（2）特别自治省/市/郡/县收到第（1）条规定的垃圾处理设施建设费用后，应全部用于处理该住宅区所产生垃圾。

（3）若住宅开发方逾期未足额缴纳第（1）条规定的费用，特别自治省/市/郡/县应参照地方税务的处理办法和标准，补足该项金额。

（4）第（1）条款所规定费用的计算方法和支付程序，应遵守总统令的相关规定。

第 7 条（垃圾处理设施的用地保障）

在第 5 条和第 6 条第（1）节情况下，需要建设垃圾处理设施的，应采取措施以确保在工业及住宅项目开发、建设和扩建计划中，包含保障垃圾处理设施选址的计划。

（本条于 2007 年 12 月 27 日根据第 8810 号法案全部修订）

第 8 条（垃圾处理费用的分级应用）

当运营垃圾处理设施的地方政府部门需要处理从本市/郡/县外运来处理的废弃物时，在收取垃圾处理费用时，可能收取地方政府市政条例规定范围外的额外费用，以用于处理额外的垃圾。

第二章　促进垃圾处理设施项目的建设

第 9 条（垃圾处理设施的选址）

（1）垃圾处理主管部门如计划建设垃圾处理设施，应制订并公布备选场址及选择计划，以下情况除外：

属于本法案第 5 条情况的；

属于本法案第 6 条第（1）节情况，且来自该住宅区外的垃圾量不超过设施处理能力的 50%。

（2）第（1）节规定的垃圾处理设施选址应考虑以下事项：

垃圾的类型和产量；

本域的基本情况及特点；

垃圾处理设施的类型和规模；

选址的标准与方法。

（3）选址主管部门公布第（1）节规定的选址计划后，应立即成立由当地居民代表参加的选址委员会（以下简称"选址委员会"），居民代表的选择和参与应按总统令相关规定进行。

（4）当选址委员会根据第（3）节规定确定选址后，应按总统令规定程序选择一个专业机构对提议选址进行适宜性论证，并吸取其论证结论。特殊情况除外——如果选址委员会认为没有必要由专业机构进行选址适宜性论证，可以免除论证程序，或按总统令规定由相关专家出示选址的书面专家意见。

（5）在第（1）节情况下，如果该区域多数居民首领认可在本区域内建设垃圾处理设施，选址委员会可根据第（4）节的规定只对该区域进行设施选址适宜性论证。

（6）选址委员会应将选址适宜性论证过程和论证结果向该区域内居民公开（如果是第（4）节和（5）节的情况，选址委员会已经免除论证过程或由专家出示专家意见，应对免除论证原因给予解释说明，将专家意见公布于众，并为信息公开提供必要的协助）。

（7）若选址委员会拟选的场址边界距离另一个地方政府（不包括《地方管理法案》第 159 条规定的地方政府代理机构，本节下同）辖区边界在 2000 米半径以内，选址委员会在确定选址前应要求垃圾处理设施主管部门向邻区政府提交关于设施选址适宜性的论证材料和相关数据，征询邻区政府意见。若垃圾处理设施主管部门未能与邻区政府达成一致意见，选址委员会应按照《环境仲裁法》第 4 条的规定向国家环境仲裁委员会提出申请进行调解。

（8）若垃圾处理设施建设机构拟修改法定的重要事项，如选址面积等，必须获得选址委员会的批准。若选址委员会还未成立，应该参照第（3）款成立选址委员会。

（9）若垃圾处理设施选址面积等改动后，设施边界距离毗邻地方政府边界在 2000 米半径以内时，选址委员会应要求建设主管机构征询邻区政府意见，达成一致意见后方可批准设施选址面积的修改。如果未能与邻区政府达成一致意见，可 参照第（7）款的规定申请调解。

（10）关于第（3）节和第（8）节的操作（选址委员会的成立和运营），应符合总统令的相关规定。

（本条于 2007 年 12 月 27 日根据第 8810 号法案全部修订）

第 10 条（垃圾处理设施选址的确定和公布）

（1）按第 9 条规定完成垃圾处理设施的选址后，建设主管机构应该确认并公布其选址位置并向公众公示选址图纸等资料，公示时间应不少于一个月。依据总统令重要事项的变更同样应符合本规定。（2007 年 12 月 27 日根据第 8810 号法案修订）

（2）、（3）已删除；（1999 年 5 月 8 日，由 5867 法案。）

（4）垃圾处理设施建设主管机构确定和公布设施选址情况前，应与其辖属的特别自治省/市 /郡/县负责人协商；（2007 年 12 月 27 日根据第 8810 号法案修订）

（5）垃圾处理设施选址公布内容及相关事项应符合总统令的规定。（2007 年 12 月 27 日根据第 8810 号法案修订）

第 11 条（选址位于城区外时的法律界定）

若根据第 10 条宣布的垃圾处理设施选址位于城区（城区概

念参照《国土规划利用法案》第 6 条第 1 节）以外，则已选地址根据同一法案第 36 条（1）被划为城市规划控制用地，拟建设施根据同一法案第 43 条（1）被列为城市规划设施。

（本条于 2007 年 12 月 27 日根据第 8810 号法案全部修订）

第 ll-2 条（垃圾处理设施选址内的限制活动）

（1）任何个人在已公布的垃圾处理设施选址内从事以下活动，都必须经过特别自治省/市/郡/县的审批许可，以下活动获得许可后需要发生变更的，需要遵守同样的审批程序：

- 改变土地的地形和质量；
- 建设建筑物及构筑物；
- 设置安装构筑物；
- 采取土壤、石、砂或沙砾；
- 总统令所规定的土地分割；
- 总统令所规定的货物露天存放。

（2）特别自治省省长/市/郡/县长批准第（1）款的行为前，应与垃圾处理设施建设机构进行磋商。

（3）特别自治省省长/市/郡/县长有权命令违反本条第（1）节规定的个人，将选址恢复到原有状态。

（本条于 2007 年 12 月 27 日根据第 8810 号法案全部修订）

第 11-3 条（垃圾处理设施建设计划的审批）

（1）已根据第 10 条第（1）节公布垃圾处理设施选址的建设机构，应制定垃圾处理设施建设的详细计划。

（2）地方政府和 Sudokwon 公司总裁根据本条第（1）节制定了详细计划后，应报环境部审批。已通过审批获得许可的，如需对总统令规定内容发生变更，应遵守同样的程序，报环境部审批。

（3）若环境部长签字批准了本条第（1）节所规定的垃圾处

理设施建设计划，或批准了第（2）款规定的建设变更计划，应分别通过官方公报、网络媒体及至少一个核心日报进行公布。

（4）本条第（1）节中规定的垃圾处理设施建设计划所包含的内容，应符合总统令的规定。

（本条于 2007 年 12 月 27 日根据第 8810 号法案全部修订）

第 12 条（其他法律法规授权的法律界定）

（1）若垃圾处理设施选址情况按照第 11-3（3）条进行公布后，则表明该设施建设机构已获得以及以下任一项所述的许可、指定、授权、批准、认可、确定、注册或公开声明：

本法第 11-2（1）条的许可；

《垃圾管理法案》第 29（2）条所规定的垃圾处理设施建设许可证；

《国土规划和利用法》第 56（1）条所规定的土地开发许可，第 86 条的城市规划设施项目执行者的公告，第 88 和第 91 条所规定的实施计划的许可证、授权和公告；

《供水及水利项目建设法案》第 17 和 49 条所规定的供水工程许可证，第 52 和 54 条所规定的专有供水管线建设许可证；

《排水法案》第 16 条所规定的污水排放执行许可；

《公共水系管理法案》第 5 条所规定的占有和使用公共用水的许可，符合该法案第 8 条的执行计划的报告与批准；

《海港法案》第 9（2）条所规定的港湾工程执行许可，第 10（2）条所规定的执行计划批准；

《河流法案》第 30 条所规定的河流保护工程执行许可，第 33 条的河流占用许可，第 50 条所规定的河流使用许可；

《道路法案》第 10 条到第 16 条所规定的道路路线识别，第 24 条所规定的区域道路测定，第 34 条所规定的道路建设执行许可，第 38 条所规定的道路占用许可；

《农田法案》第 34 条所规定的农田变更许可；

《山区管理法案》第 l4 条所规定的山区变更许可，第 15 条的山区变更报告；

《森林资源创造和管理法案》第 36（1）条所规定的森林采伐许可，第 36（4）条所规定的森林采伐报告，第 45（1）条所规定的预留森林活动许可，第 45（2）条所规定的预留森林活动报告；

《防止土壤侵蚀和坍塌法》第 14 条所规定的森林采伐许可，第 20 条所规定的侵蚀控制土地取消认定；

《草原法案》第 23 条所规定的草原更改许可；

《私有道路法案》第 4 条所规定的私有道路建设许可；

《葬礼服务相关法案》第 27 条所规定的私人墓地改葬许可；

《农业和渔业村庄调整法案》第 22 条所规定的将农业设施用作其他用途的许可；

《公共水系再利用法案》第 9 条所规定的回用许可，第 15 条所规定的建设计划许可；

（2）若环境部长拟批准一个涉及本条第（1）节某些领域的垃圾处理设施建设计划，应向其他相关部委的长官征求意见。后者应在收到环境部长征求意见函之日起 30 天内予以答复。

（本条于 2007 年 12 月 27 日根据第 8810 号法案全部修订）

第 13 条（可预知损失的仲裁调解）

（1）若第 11—3 条所述的垃圾处理设施建设计划，可预见其建设和运营对附近居民造成损失，则垃圾处理设施建设机构应采取措施。

（2）如果上述可预见损失造成纠纷，纠纷中一方或双方应根据《环境纠纷调解法》向国家环境仲裁委员会提出纠纷调解的申请。

（3）本条第（2）节所述的仲裁调解应符合《环境纠纷调解法》，在此情况下，针对本条第（2）节所述的调解结果将被视为适用于本法所有其他条款。

（本条于 2007 年 12 月 27 日根据第 8810 号法案全部修订）

第 14 条（土地征用等）

（1）垃圾处理设施建设机构按本法第 10 条公布选址后，为实现垃圾处理设施建设，可能会征取和使用下述的土地及物品，并按公示中所述的拆迁措施进行拆迁：

土地、建筑物以及该土地上的其他固定物体；

与土地、建筑物以及该土地上的其他固定物体相关的所有权外的其他权利。

（2）在实施本条第（1）节时，若选址已经确定并公布，即被视为符合《土地征用与赔偿法案》第 20（1）条和第 22 条所规定的，为建设公共工程征用土地、项目已经获得批准、批准项目已经公示。根据同一法律第 23（1）条与第 28（1）条规定，如果申请裁定需要在设施选址公布之日起三年之内提交。

（本条于 2007 年 12 月 27 日根据第 8810 号法案全部修订）

第 15 条（对选址内居民的支持）

如果垃圾处理设施建设给当地居民基本生活保障造成损失，垃圾处理设施建设机构可按照总统令相关规定向该选址的居民提供支持，但根据第 18 条关于搬迁的规定，即将搬迁的居民除外。

（本条于 2007 年 12 月 27 日根据第 8810 号法案全部修订）

第 16 条已删除（1999 年 2 月 8 日依据第 5867 号法案删除）

第三章　对处理设施附近受影响地区的支持

第 17 条（周边受影响区域的确定和公布）

（1）自垃圾处理设施建设计划公布之日起，垃圾处理设施建设机构应在法定时期内，确定和公布由于垃圾处理设施的建设和运营而环境受到影响的周边区域（以下简称"周边受影响区域"）。

（2）当建设机构拟根据本条第（1）节确定和公布周边受影响区域之前，应由依据本法第17-2条成立的"居民支持顾问团"（以下简称"支持顾问团"）选择专业研究机构对环境影响进行调查，并将调查结果集中。除非"支持顾问团"对周边受影响区域认为不需要进行环境影响调查，则可以免除调查或由相关专家出示书面研究意见。

（3）周边受影响区域分为以下几类：

直接影响范围：根据本条第（2）款所述的环境调查结果所划定的，由于环境变化对人和动物、农产品、家禽家畜、森林产品或渔业产品会产生直接影响，从而需要搬迁的区域；

间接影响范围：本条第（2）款所述的环境调查结果所划定的，根据总统令规定可能受影响的，且在直接影响范围以外的区域。如有特别需要，总统令规定区域以外的区域也可以被包含在内。

（4）在直接影响范围内拥有土地的人，可以要求垃圾处理设施建设机构按照总统令的规定购买其土地，这种情况应依据《公共工程征地与赔偿法案》的规定进行交易。

（5）建设机构应按本条第（4）款规定购买的土地应用于建设服务居民的便利设施和公益设施，或绿化带，或总统令规定的其他用途。

（本条于2007年12月27日根据第8810号法案全部修订）

第17-2条（支持顾问团的组建标准和功能）

（1）垃圾处理设施建设机构应组建支持顾问团，顾问团应由设施所在特别自治省、市/郡/县的垃圾处理主管议员、居民代表、市议会成员，以及由居民代表与合格的政府长官、官员和议员商议后推举的专家组成。以下人员不能成为支持顾问团成员：

无行为能力、限制行为能力以及宣布破产尚未恢复的人员；

法庭宣判为非劳动非重大惩罚监禁的人员，监禁完毕或赦免的人员，刑满释放后未满两年的人员；

法庭宣判为非劳动非重大惩罚监禁，且监禁延期的人员；

法庭宣判为政治权利被暂停和取消的人员。

（2）支持顾问团的功能如下：

如第 17（2）条所述选择专门研究机构调查环境影响；

商讨第 20 条所述的居民便利设施建设；

商讨第 22（4）条中所述的周边影响区域项目建设；

推荐居民监督员的人选；

总统令规定的其他事项。

（本条于 2007 年 12 月 27 日根据第 8810 号法案全部修订）

第 18 条 （搬迁措施）

（1）若垃圾处理设施超出总统令所规定的规模，建设机构可采取措施将选址范围内和直接影响范围内的居民搬迁；

（2）在此情况下，双方需要依据《公共工程征地与赔偿法案》进行本条第（1）节所述的搬迁活动。

（本条于 2007 年 12 月 27 日根据第 8810 号法案全部修订）

第 19 条 （地区发展计划的响应）

（1）若依据第 11-3 条公布的垃圾处理设施建设计划超过法定规模，地方政府负责人（不包括《地方管理法案》第 159 条规定的地方政府部门协会；下同）应该在相关区域的地区发展规划中，提出促进地区发展的相关内容，例如促进周边地区工业的发展、扩建基础设施等。

（2）环境部长或 Sudokwon 填埋公司总裁可要求周边影响区域的特别都市市长、都市市长、省长、特别自治省省长、县/郡长，在地区发展规划中提出本条第（1）节所述的促进开发的相关内容。

（本条于 2007 年 12 月 27 日根据第 8810 号法案全部修订）

第 20 条（便民设施的建设）

垃圾处理设施建设机构应在与支持顾问团磋商后，在法定影响区域内建设如身体锻炼设施等便民设施。如果支持顾问团认为不需要建设全部或部分便民设施，建设机构应将等量的资金注入第 21 条所述的居民支持基金。

（本条于 2007 年 12 月 27 日根据第 8810 号法案全部修订）

第 21 条（居民支持基金的创建）

（1）垃圾处理设施建设机构应创建居民支持基金以支持周边被影响区域内的居民。

（2）居民支持基金的来源如下：

垃圾处理设施建设机构的出资；

所处理垃圾的处理费用中，按照总统令规定应用于居民支持的部分；

依据第 8 条产生的额外费用；

居民支持基金管理的累积收入；

拟将垃圾运入处理设施处理的其他地方政府缴纳的费用：

（3）环境部长可将居民支持基金的管理和运营委派给特别都市市长、都市市长、区长或特别自治省省长。

（4）居民支持基金的运行和管理必须符合总统令的法律规定。

（本条于 2007 年 12 月 27 日根据第 8810 号法案全部修订）

第 22 条（利用居民支持基金支持周边被影响区域）

（1）居民支持基金应用于帮助周边被影响区域内居民增加收入和提高福利。

（2）第（1）节所述的项目支持基金的种类和额度，可根据直接被影响区域和间接被影响区域的划分而不同。

（3）第（1）节所述的支持基金可由周边被影响区内的居民或家庭提供。

（4）本条第（1）-（3）节规定的必要事项，如项目支持的种类、标准和方式方法等，应符合总统令的相关规定。

（本条于 2007 年 12 月 27 日根据第 8810 号法案全部修订）

第 23 条（设施及辅助设施的建设标准）

（1）垃圾处理设施建设机构应在主干道周围建设如景观、防尘、隔音等辅助设施，以防止对周边影响区域造成环境污染。

（2）本条第（1）节中提及的辅助设施建设必要事项，例如辅助设施的种类、标准等，应符合总统令的相关规定。

（本条于 2007 年 12 月 27 日根据第 8810 号法案全部修订）

第 24 条 已删除

（1997 年 8 月 28 日根据第 5396 号法案删除）

第 25 条（当地居民监督）

（1）若支持顾问团要求，垃圾处理设施建设机构可允许由支持顾问团推荐的居民监督者（以下简称"居民监督者"）对垃圾运入和处理过程进行监督。

（2）垃圾处理设施建设机构应对本条第（1）节中所述的居民监督行为进行管理，依据以下条款支付相应津贴：

若垃圾处理设施建设机构为环境部，则由环境部制定和公布其标准；

若建设机构为地方政府，则以当地政府颁布的《市政条例》

相关规定为准；

若建设机构为 Sudokwon 填埋公司，则由该填埋公司制定和公布其标准。

（3）本条第（1）节中所述的居民监督者活动的数量和范围应符合总统令的相关规定。

（本条于 2007 年 12 月 27 日根据第 8810 号法案全部修订）

第 25-2 条（居民监督者的资质）

居民监督者必须是支持顾问团推荐的，到任职时在周边被影响区域内连续居住时间不少于 2 年的居民；属于以下任何条款中的个人不能为居民监督者：

无行为能力、限制行为能力以及宣布破产尚未恢复的人员；

法庭宣判为非劳动非重大惩罚监禁的人员，监禁完毕或赦免的人员，刑满释放后未满两年的人员；

法庭宣判为非劳动非重大惩罚监禁，且监禁延期的人员；

法庭宣判为政治权利被暂停和取消的人员。

（本条于 2007 年 12 月 27 日根据第 8810 号法案全部修订）

第 26 条（环境影响调查与公示）

已经建设和运营超过总统令规定规模垃圾处理设施的建设机构，应按照总统令定期对设施建设与运营对周边区域的环境影响进行调查，并向公众公布调查结果。

（本条于 2007 年 12 月 27 日根据第 8810 号法案全部修订）

第四章　附则

第 27 条（对民营投资项目的支持）

环境部长或地方政府负责人可依据《地区平衡发展和支持地方中小企业法案》和《私人参与基础设施建设法案》，对拟建设垃圾处理设施的个人提供资金和政策支持。

（本条于 2007 年 12 月 27 日根据第 8810 号法案全部修订）

第 28 条（对综合性垃圾处理设施的支持）

环境部长或地方政府负责人可对任何建设或拟建设综合垃圾处理设施提供支持，以有效并全面处理废弃物，包括以下：

通过压缩、破碎和分选等减少垃圾量等；

回收废品或将垃圾混合堆肥；

减少和消除垃圾中的有害材料；

垃圾的焚烧或填埋处理。

（本条于 2007 年 12 月 27 日根据第 8810 号法案全部修订）

第 29 条（研究和开发）

环境部长和地方政府负责人可委托法定的专业研究机构推进其研发工作，以促进垃圾处理设施建设和运营技术的研发和扩散，并提供资金支持。

（本条于 2007 年 12 月 27 日根据第 8810 号法案全部修订）

第 30 条（权力委托与执行）

（1）依据总统令规定，本法案所规定的环境部长的权利，部分可授权给特别都市市长、都市市长、区/县长、特别自治省省长，以及地方环境部门负责人。

（2）为了提高依本法案所建的垃圾处理设施的管理和运营效率，如有必要，环境部长或地方长官可授权一个法定机构对设施进行管理和运行。

（3）依据《刑法》第 129 条至第 132 条时，本条第（2）节所述的被环境部长、都市市长、区/县长、特别自治省省长授权的机构，其负责人和员工被视为公务员。

（本条于 2007 年 12 月 27 日根据第 8810 号法案全部修订）

第五章 罚则

第 31 条（罚则）

任何人在未经许可的情况下，非法进行本法 第 11-2 条第

（1）节所述的活动的，或违反第 11 条第（3）款所述的将土地恢复原有状态的规定的，将被处以最高三百万韩元的罚款。

（本条于 2007 年 12 月 27 日根据第 8810 号法案全部修订）

第 32 条（关联罚则）

（1）任何法人单位的代表、代理、职员或其各种形式的雇员参与了第 31 条所禁止的活动，不仅违法者本人将受到处罚，该法人单位也将按照相关条款被处以罚款。

（2）任何个人的代理或其各种形式的雇员所禁止的活动，不仅违法者本人将受到处罚，其代理者或雇佣者个人也将按照相关条款被处以罚款。

（本条于 2007 年 12 月 27 日根据第 8810 号法案全部修订）

后　记

　　本书对我国垃圾能源项目中邻避危机的法律治理机制进行了系统性总结，虽然有个书的模样了，但目前的"学术成果"还有诸多不尽如人意的地方。比如，在本书重点关注的国内外实证案例研究上，还是对一些典型案例的相关细节问题、法律问题的深入探讨、垃圾焚烧技术升级和公众参与的实践把握上有些"力不从心"。系统化研究的推进需要掌握的相关研究材料是纷繁复杂的，一本书也许只是一次学术旅程的暂时驿站，而且在研究过程中的规范性方面，也略显学术分析功力之不足，索性研究已至此时刻，也只能把更系统化、规范化、实证化、精细化的研究留到以后去弥补了！

　　在本书写作和研究过程中，众多师友对完善书稿提出了很多真知灼见，一些新的想法和研究视角也需要在今后的岁月里继续去践行和体会。同时，还要感谢课题组的彭春霞、芦佳敏、王金秋、杨嘉琳、王振宁、刘伟杰、王晓聪、李晓玉、安俊衡、郝淑亚、吴若惜等研究生同学，你们为本书的最终完成作出了重要贡献。

　　同时，还要感谢我的家人。一晃女儿缘缘都六岁了，一个活泼还有些调皮的小姑娘，学术研究工作某种意义上说是比较"艰苦"的，缘缘在身边的岁月总是那么让人欢欣喜悦，与娃逗乐反而有利于促进本书稿修改的推进。在泉城工作的九年里，家人和我度过了许多美好的岁月，也给予了我莫大的支持与鼓励，妻子王惠博士也提供了力所能及的学术支援，她比较忙，这就更难能可贵了。

在本书即将付梓出版之际，也要非常感谢丁春晖编辑及中国政法大学出版社诸位编辑的鼎力相助。

于家富

2021 年 11 月 22 日于泉城